桥梁创新在柳州

何奇钦 刘明友 主编

人民交通出版社股份有限公司
China Communications Press Co.,Ltd.

内 容 提 要

本书以柳州市城市桥梁建设为线索，依托各类桥型的工程实施经验，详细阐述了柳州市每一座桥梁设计和施工的创新及克服地质等难点的技术措施。本书共十章，主要对柳州市的柳江大桥、文惠大桥、静兰大桥、鹧鸪江（双拥）大桥、白露大桥、广雅大桥、白沙大桥、官塘大桥、凤凰岭大桥的工程概况、工程技术重难点与创新、关键施工技术及科研成果进行了介绍。

本书可供从事桥梁设计和施工的从业人员借鉴，也可作为相关领域工程技术人员和质量管理人员培训与学习的参考资料。

图书在版编目（CIP）数据

桥梁创新在柳州/何奇钦,刘明友主编. —北京：
人民交通出版社股份有限公司,2019.8
ISBN 978-7-114-15793-6

Ⅰ.①桥… Ⅱ.①何… ②刘… Ⅲ.①桥梁工程—建筑史—柳州 Ⅳ.①U44-092

中国版本图书馆 CIP 数据核字（2019）第 178280

书　　名：	桥梁创新在柳州
著 作 者：	何奇钦　刘明友
责任编辑：	张一梅
责任校对：	赵媛媛
责任印制：	张　凯
出版发行：	人民交通出版社股份有限公司
地　　址：	(100011)北京市朝阳区安定门外外馆斜街 3 号
网　　址：	http://www.ccpress.com.cn
销售电话：	(010)59757973
总 经 销：	人民交通出版社股份有限公司发行部
经　　销：	各地新华书店
印　　刷：	北京市密东印刷有限公司
开　　本：	787×1092　1/16
印　　张：	16.5
字　　数：	382 千
版　　次：	2019 年 8 月　第 1 版
印　　次：	2019 年 8 月　第 1 次印刷
书　　号：	ISBN 978-7-114-15793-6
定　　价：	116.00 元

（有印刷、装订质量问题的图书由本公司负责调换）

编写委员会

主　任：何奇钦（柳州市城市投资建设发展有限公司）

副主任：刘明友（中铁上海工程局集团有限公司）

　　　　邓海洪（中铁一院集团南方工程咨询监理有限公司）

委　员：何　鹏（中铁上海工程局集团有限公司）

　　　　赵帅鹏（中铁上海工程局集团有限公司）

　　　　杜智军（中铁一院集团南方工程咨询监理有限公司）

　　　　田　丰（中铁三局集团有限公司）

　　　　毕朝阳（中铁大桥局集团有限公司）

序

桥，是连接和互通的纽带；人与人的沟通，事与事的关联，地域与地域的交通等，任何事物两者间均有不可代替的联系，都离不开"桥"。在水乡发达的地域，河流纵横，桥作为纽带，将对岸的、远的地方紧紧联系在一起，实现了文化、经济、民俗、政治的大融合。

柳州，地处西江上游、柳江中游，经历亿万年地质构造的作用，柳江在柳州市蜿蜒穿梭，勾勒了柳江"九曲回肠穿过柳州""百里柳江，百里画廊"的美景。柳州人因柳江而高兴，也因柳江而烦恼：新中国成立前，因柳江天堑，两岸人民交通极不便利，发展极不平衡；新中国在党领导下，柳州人民因势而为，在柳江上建造一座座桥梁，实现了大融合、大发展、大作为：柳州已成为中国西南重工业之城，形成独特的山水工业城。

柳州人素有勤俭朴素之风，他们在跨越柳江时也美化了柳江，把每一座桥打造成一个景点。新中国成立以来，先后在柳州市区的柳江上建造21座跨江大桥，构成了"百里画廊"柳江的重要部分；每一座桥都具有不同的结构体系，并结合沿岸山形，采用不同的建筑造型，既满足了交通需求，又美化了环境。这21座大桥为柳州市赢得了"桥梁博物馆"之美誉；构成了柳州之剑、柳州之门、柳江新月（柳江之眼）、柳州之鱼等美景。

柳州跨江桥梁建设凝聚了几代人的智慧，既继承了传统建桥之精髓，又大胆创新应用新观念和新技术；这些桥中有小跨度的简支梁桥、连续现浇梁桥、连续刚构桥、连续双肋拱桥、矮塔斜拉桥、常规的和单主缆悬索桥、空间扭转独塔斜拉桥、大跨度有推力中承式钢拱桥，还有大跨度钢桁拱桥、保护性拆除新斜拉桥等。这些桥梁的建设，攻克了一个又一个技术难题多次荣获茅以升奖、詹天佑奖、鲁班奖等国家级奖项；既提升柳州桥梁建造水平，又提升了柳州的城市品质和声誉。

我从20世纪50年代起就从事国内大跨度和高难度桥梁的建设，柳州的每一座桥梁我都参与，每一座桥梁都留下了我和我的同事们辛勤的汗水与足迹；散步在江边，看到一幅幅桥梁山水画，心中荡起了波澜，当年战天斗地的劲头涌上心头；看到一座座造型优美的大跨度桥梁矗立在江上，为新时代的桥梁建设者自豪和欣慰。

柳州新一代桥梁建设者以柳州桥梁建设历程为线索，根据不同类型和结构特点及技术难度等汇编了《桥梁创新在柳州》，该书是柳州桥梁建设的一个缩影，也是一个传承，为后继桥梁建设提供一定借鉴。在此感谢参与、支持及关注柳州桥梁建设的各位人士。

唐柏石
2019年6月

注：唐柏石，湖南省常宁人，生于1944年，教授级高级工程师，毕业于湖南大学土木系公路与城市道路专业，广西路桥工程集团有限公司原总工程师、顾问，擅长喀斯特地质地貌桥梁基础和大跨桥梁重大缆索吊装施工等；先后参建了广西邕宁邕江大桥和来宾磨东大桥、杭州钱塘江四桥、重庆万州大桥等数十座大桥，先后获得多个国家科技进步二等奖和广西科技进步奖等，个人荣获"广西科学技术特别贡献奖"称号。

前　言

柳州不仅人民勤劳、工业发达，城市更是山水秀丽："江流曲似九回肠"的柳江使这座城市对桥有着一种别样的情怀。新中国成立以来，二十余座跨江大桥横空出世，使天堑变通途；每一座桥梁均各具特色，为柳州赢得了"桥梁博物馆"的美誉。柳州，简称"壶城""龙城"，因桥多且新颖，又称"桥城"；在九回肠的柳江上，设计者对柳江上的每座桥型都倾注了心血，用心雕琢"画廊"百里柳江——"一桥一景"，每一座跨江桥梁的桥型均不同，在造型上追求时尚、新颖、独特，打造地方特色。

柳州当前正处在新一轮城市发展与转型的关键时刻，处在深化改革和加快经济发展的攻坚时期，与此同时，城市交通拥堵问题愈发突出，已成为制约城市快速发展的重要因素；被"江流曲似九回肠"的柳江环绕的柳州，桥梁建设显得迫在眉睫。随着经济的飞速发展，人们对桥梁的要求不仅限于实用，而更加注重美观，因此也给桥梁建设带来了极大挑战，促使桥梁设计和施工不断创新。

本书参考汇集了柳州桥梁建设中设计和施工的创新，依托工程实例对桥梁施工重难点及创新点进行分析并给出了相应的施工关键技术。本书共十章，主要包括总述（第一章）、柳州市柳江大桥（第二章）、柳州市文惠大桥（第三章）、柳州市静兰大桥（第四章）、柳州市鹧鸪江（双拥）大桥（第五章）、柳州市白露大桥（第六章）、柳州市广雅大桥（第七章）、柳州市白沙大桥（第八章）、柳州市官塘大桥（第九章）、柳州市凤凰岭大桥（第十章）的重难点、创新点剖析及关键施工技术介绍。

本书由柳州市城市投资建设发展有限公司何奇钦策划、组织及核稿，中铁上海工程局集团有限公司刘明友主持撰写和核稿，中铁一院集团南方工程咨询监理有限公司邓海洪和杜智军全程指导。其中：第一章、第二章、第三章由何奇钦组织撰写，第四章、第五章、第八章由刘明友组织撰写，第六章由毕朝阳组织撰写，第七章由田丰组织撰写，第九章由何鹏组织撰写，第十章由刘明友和赵帅鹏组织撰写。在本书撰写过程中得到了上述工程所有建设者的大力支持，广西路桥工程集团有限公司原总工程师唐柏石（已退休）给予全程指导，人民交通出版社股份有限公司张一梅对本书撰写提出了宝贵意见，在此一并表示感谢。

在撰写本书过程中，作者结合自己的研究课题和工程实践加入了若干关键技术案例，以增加著作的说服力和适用性，力求本书对同行有一定的借鉴意义。限于作者的水平，书中错误和不妥之处在所难免，恳请广大读者批评指正。

作者

2019 年 6 月

目 录

第一章　总述	1
第二章　柳州市柳江大桥	6
第一节　工程概况	6
第二节　建设过程	6
第三节　科研成果	7
第三章　柳州市文惠大桥	8
第一节　工程概况	8
第二节　桥梁结构、工程技术重难点与创新	11
第三节　主要施工技术	17
第四节　科研成果	23
第四章　柳州市静兰大桥	24
第一节　工程概况	24
第二节　工程(技术)重难点与创新	26
第三节　旧桥保护性拆除施工技术	30
第四节　旧桥墩保护利用施工技术	48
第五节　旧桥墩新建部分斜拉桥施工技术	54
第六节　科研成果	60
第五章　柳州市鹧鸪江(双拥)大桥	61
第一节　工程概况	61
第二节　工程(技术)重难点与创新	64
第三节　锚碇深基坑施工技术	67
第四节　主塔节段吊装	74
第五节　加劲梁顶推	89
第六节　缆索系统施工	97
第七节　科研成果	99
第六章　柳州市白露大桥	101
第一节　工程概况	101
第二节　钢桁拱梁架设方法理论研究	104
第三节　主桥钢桁拱梁架设施工	109
第四节　科研成果	134
第七章　柳州市广雅大桥	135
第一节　工程概况	135
第二节　工程(设计及施工技术)重难点与创新	137

第三节	基础施工工艺	139
第四节	围堰施工工艺	141
第五节	上部结构设计、加工及安装	148
第六节	主桥系杆、吊杆及桥面梁施工	155
第七节	桥梁施工监控	157
第八节	科学研究及成果	172

第八章　柳州市白沙大桥　174

第一节	工程概况	174
第二节	工程(技术)重难点与创新	176
第三节	深水溶蚀地质塔座基础施工技术	179
第四节	钢箱梁顶推与钢主塔安装集成化与自动化施工技术	185
第五节	反对称斜拉索合理成桥状态与施工控制关键技术	189
第六节	空间扭转钢主塔制造与安装施工技术	192
第七节	科研成果	201

第九章　柳州市官塘大桥　202

第一节	工程概况	202
第二节	工程(技术)重难点与创新	205
第三节	大跨度内倾式钢箱拱桥拱肋安装技术	207
第四节	科研成果	230

第十章　柳州市凤凰岭大桥　231

第一节	工程概况	231
第二节	工程(技术)重难点与创新	234
第三节	深水钢吊箱施工技术	237
第四节	超宽叠合梁大跨度顶推智能化施工技术	245
第五节	风雨楼施工关键技术	252
第六节	科研成果	254

参考文献　255

第一章 总 述

一、柳州城市简介

柳州又称龙城,位于广西壮族自治区中北部,地处北纬23°54′~26°03′,东经108°32′~110°28′之间。柳州是中国南方一座古老而美丽的城市,白莲洞考古证实,早在3万年前就有"柳江人"生活在这里了,从建城至今已有两千一百多年的历史。她素有"桂中商埠"之称,如今是广西最大的工业基地,同时也是西南地区重要的交通枢纽。柳州属典型的喀斯特地貌,具有良好的人文历史景观和丰富的旅游资源,是国家甲级旅游城市和历史文化名城。柳州市现辖7区5县,总面积18618 km^2,其中市区面积3555 km^2。

柳州市区地形平坦,微有起伏,海拔在+85~+105m之间,东、西、北三面环山,具有典型的岩溶地貌特征。由于柳江穿流市区及气候、岩性、地质构造的影响,形成河流阶地地貌、岩溶地貌叠加的天然盆地。

柳江自北向南绕呈半岛形的柳北半岛,继而复向东北,旋即又绕行向西南,最后向东南方向流出;山峰点缀于城市之间,著名的有鱼峰山、马鞍山、鹅山、箭盘山、文笔峰、雀儿山等。诗人有诗云"江作青罗带,山如碧玉簪",故柳北半岛素有"世界第一盆景"的美誉。

二、柳州的桥与桥型

新中国成立以来,广西柳州人民用智慧在柳江上因地制宜建造一座又一座大桥,既方便了市民出行,也打造一幅幅画卷;截至2019年,共建造了21座多种桥型的跨江大桥,被誉为"桥梁博物馆"(表1-1)。

柳州的桥与桥型 表1-1

序号	桥梁名称	桥型	建造历史
1	柳州铁桥	钢桁梁	1939年10月开工,1941年接轨通车
2	柳江大桥	连续刚构	1963年开工,1968年12月26日建成通车
3	河东大桥	连续梁	1980年2月开工,1984年5月建成通车
4	壶东大桥		1988年6月开工,1989年10月建成通车
5	静兰大桥	矮塔斜拉桥	1990年10月16日开工,1992年5月建成通车;2006年9月重建,2008年12月28日建成通车
6	壶西大桥	斜拉桥	始建于1992年,1994年8月建成通车
7	文惠大桥	中承式拱桥	钢管中承式拱桥,始建于1993年,1994年12月30日建成通车

续上表

序号	桥梁名称	桥型	建造历史
8	洛维大桥	连续梁	1996年11月开工,1998年9月建成通车
9	双冲大桥	连续梁	2002年动工,2004年建成通车
10	红光大桥	悬索桥	2002年9月开工,2004年8月28日建成通车
11	文昌大桥	连续梁	2003年12月开工,2005年9月建成通车
12	螺丝岭大桥	连续刚构	2003年12月开工,2005年12月建成通车
13	阳和大桥	连续梁	2003年12月开工,2006年1月建成通车
14	三门江大桥	矮塔斜拉桥	2004年11月开工,2006年12月29日建成通车
15	鹧鸪江大桥	单主缆悬索桥	2009年6月开工,2012年8月6日建成通车
16	白露大桥	钢桁拱桥	2009年6月开工,2012年8月6日建成通车
17	柳江双线特大桥	连续梁	2009年5月开工,2013年7月建成通车
18	文惠二桥	中承式拱桥	中承式钢管拱桥,与原文惠大桥简称姊妹桥,2010年1月开工,2013年8月21日建成通车
19	广雅大桥	钢箱拱桥	2009年9月开工,2013年12月30日建成通车
20	白沙大桥	斜拉桥	2015年8月开工,2018年9月28日建成通车
21	官塘大桥	钢箱拱桥	2015年12月开工,2018年11月27日建成通车
22	凤凰岭大桥	连续梁桥	公轨两用大桥(在建),计划2021年建成通车
23	三门江轻轨大桥	斜拉桥	在建,计划2019年建成通车
24	白云大桥	连续刚构	规划,计划2019年开工

三、柳江上桥梁建设的环境条件

1. 气象与水文

柳州市地处亚热带季风区,季风环流影响明显。属亚热带边缘气候,盛暑漫长,炎热多雨。历年平均气温20.5℃,年间气温从 -2~39℃;极端最高气温39.2℃(1953年8月13日),极端最低气温 -3.8℃(1995年1月12日)。

年平均无霜期332天,平均降雨量1491mm,雨季集中在4~8月份。5~8月份以东南风为主,其余月份以北风或偏北风为主。年平均风速1.6m/s,最大风速17m/s。

柳江流域面积5.8万km²,其发源于贵州省独山,经广西融安、融水、柳城等县至凤山与龙江汇合后始称柳江,柳江流经柳州市河段蜿蜒曲折,穿城而过。柳江河流至鹿寨江口镇接纳洛清江水,江流曲折,最后在象州县石化镇与西江干流红水河相会注入黔江。柳江干流,全长773km。2005年11月,柳江下游建成红花梯级水利枢纽工程并开始蓄水后,常年水位约为77.5m。

柳江洪水由暴雨径流汇合而成,降雨的时空分布及其地形特点极易造成中下游大洪水的形成,柳州水文站最大年平均流量2050m³/s。洪水具有来势凶猛、暴涨暴落的特点。年最高水位多发生在6月下旬至7月上旬,其发生频率超过50%。每年较明显的洪水过程平均约为15次。市区内的柳江洪水,其一次过程一般为5~7天,短者仅3、5天,长者可达25天。涨水历时相对较短,约为一次洪水过程的1/4~1/3。从起涨到出现洪峰,水位变化较大,实测记录最大一次复式洪峰,其水位总变幅为19.04m(1994年),24h内最大水位涨幅达12.1m(1978年)。水位涨率一般为0.3~0.5m/h,最大涨率达1.28m/h(1978年)。

最高水位的实测最大值发生在1996年,洪峰水位为92.96m(柳州水文站,黄海85基面),流量3700m^3/s。年最高水位的最小值发生在1963年,洪水水位为74.1m,两者相差18.86m。多年平均洪水位为82.22m,年最高水位大部分在84.00m以下,水位超过84.00m的时间约占28.1%。平均每3.5年发生一次洪水,最大洪峰流量是最小洪峰流量的7.34倍。

据水文资料,柳江河有记录以来的几次特大洪水水位见表1-2。

历史特大洪水水位 表1-2

发生时间	1902年	1949年	1970年	1988年	1994年6月17日	1996年7月19日	2009年7月5日
水位(m)	91.99	89.83	89.06	89.56	89.77	92.96	89.64

柳江市区河段蓄水前主槽水深一般5m左右,洪水期可达三十余米,枯水期有些浅滩水深则不足2m,蓄水后则鲜有10m以下的水深,鹧鸪江桥等一些桥位的水深接近50m。柳江干流柳州至象州石龙三江口河段现为内河Ⅱ级航道。

2.地质条件

1)断层

柳州市位于桂中凹陷的断裂褶皱带。影响市区桥梁建设的有三门江向斜,展布于郊区柳东乡东流、三门江一带。轴部略显微弯曲状,长约7km。轴部出露下三叠系,翼部为二叠系,两翼产状平缓,一般倾角5°~15°,轴部发育近南北向次级褶皱及断层,西翼保存较好,东翼及北端受断层破坏及第四系覆盖,导致构造轮廓欠清晰。

有关断层特征见柳州市区主要断层特征表(表1-3)。

柳州市区主要断层特征表 表1-3

断层名称及编号	位 置	展布方向	长度(km)	主 要 特 征
帽合断层(1)	红庙至帽合附近	南北向	>20	北段全为第四系覆盖,破碎带宽达100m,裂隙发育,两侧地貌差异明显,东侧为南北向展布的峰丛,西侧为岩溶平原
三门江断层(2)	三门江林场往北至东流村	南北向	10	大体沿柳江发育切割T_1、P_2、P_1等地层,河西岸局部有与断层平行的裂隙带发育,断层南段破碎带宽10~20m
龙卜断层(3)	龙卜村一带	东西向	20	弧形状,由于受北东、北西断裂切割,分布不连续,断层南倾,倾角38°~60°,破碎带宽数米,C_1上部砂页岩逆冲于C_2d白云岩之上,局部地层有倒转现象
杨柳断层(4)	杨柳村至涩冲一带	东西向	18	多处被北西向断层切割,分布不连续,于古灵村南可见C_1上部砂页岩逆冲于C_2d白云岩之上,两侧地层变形强烈

续上表

断层名称及编号	位　　置	展布方向	长度(km)	主要特征
西流断层(5)	柳州钢铁厂至西流	北东东向	>15	位于谷地边缘,断面为第四系覆盖,性质不明,但破碎带宽达80m,P_1P_2地层与C_2d接触。谷地北侧一断层与西流断层使谷地形成断陷式开阔谷地
牛扒断层(6)	牛扒至拉堡北	北北东向	>10	勘探表明断层倾向北西,倾角较大,压碎岩胶结良好,胶结物主要是泥质、铁质。北西盘岩层较破碎,溶洞发育
凉水断层(7)	凉水村至鹅山	北北东向	8	性质与牛扒断层相似,小鹅山一带角砾岩分布宽300m,铁、钙质及方解石与角砾胶结紧密,局部见糜棱岩
鹅溪断层(8)	竹鹅村东的竹鹅溪一带	北北东向	3	性质、规模与凉水断层相似,断层角砾岩胶结良好,东盘岩石挤压破碎,节理裂隙发育,破碎带宽大于30m
王家村断层(9)	王家村至无线电总厂	北北西向	3~4	断层多被第四系覆盖。勘探揭露其东侧约100m还有一条平行性质大致类似的断层,它们的共同作用,使断裂带内岩石破碎,裂隙发育,断层角砾胶结不紧密,具棱角状

2)工程地质

柳州市区就区域地壳稳定性而言,属于相对稳定地区,建筑地基适宜性较好。但就某一具体建筑场地,仍需仔细地分析研究具体的工程地质条件,尤其是建筑物涉及浅层岩溶时更应引起重视。

岩体工程地质按岩性分为碳酸盐岩类、碎屑岩类、火山岩类3种。

碳酸盐岩类:灰岩岩组,主要分布于市区南部和东部,抗风化能力较强。岩溶发育,以裂隙溶洞为主,钻孔遇洞率大于60%,平均线溶洞率大于4%。抗压强度一般为85~125MPa,软化系数大于0.8。白云岩溶洞主要在基岩以下30~85m深度,浅层溶洞一般不发育,但表层易形成白云岩风化层,降低了岩石的力学强度。沿断裂带往往形成岩溶强发育带,钻孔遇洞率大于60%,钻孔平均线溶洞率大于4%。在正常情况下,属坚硬岩石,抗压强度50~160MPa。

碎屑岩类:分布于市区东、北部及新兴农场一带的低丘山地。新鲜砂岩抗压强度为70~120MPa,软化系数接近1。

火山岩类:分布于柳州市区东北的三门江一带,面积不大,包括二叠系大隆组上段、三叠系罗楼组上段地层,为坚硬中层状凝灰岩组,夹较多泥灰岩、泥岩,抗风化性差,具明显的风化壳。凝灰岩抗压强度120~250MPa。

3. 地震资料

根据广西地震局所做的历史地震调查,柳州市及附近地区在1483—1936年近500年间仅发生过5.0级左右的地震,自1970年以来,二级以上的有感地震极少。据《中国地震动峰值加速度区划图(2001)》,柳州地区设计地震动峰值加速度为0.05g,相当于地震基本烈度Ⅵ度。

第二章　柳州市柳江大桥

第一节　工程概况

柳州市柳江大桥也称为"柳江一桥"是林元培参与设计的柳州市第一座跨江大桥,桥的跨度约124m,是全国第一座T形刚构桥。柳江大桥位于广西壮族自治区柳州市,是我国采用悬臂浇筑法建成的第一座预应力混凝土T形刚构城市桥。

该桥由上海市政工程设计院设计,上海基础工程公司和柳州市政五公司施工。参与施工的上海基础工程公司承担水下部分及主桥墩的施工,柳州市政五公司承建引桥、立交桥和整个桥面。项目由董礼奎主持施工。该桥桥面结构独特,施工工艺先进,荣获1978年全国科学大会奖。

大桥全长608.04m,桥宽20m,主桥长408.19m,由3个T构和挂梁组成,最大跨度124m,挂梁长25m,采用双箱双室截面与三向预应力配筋。下部结构利用原拟采用的120m钢桁架连续梁桥的桥墩加固改建而成。

第二节　建设过程

柳江大桥历时26年,于1968年12月26日建成通车。其艰难历程如下:

(1)1942年1月,当时柳州市政建设委员会成立了桥工处筹办建桥事宜,雇请广西桥梁勘探队测量,后因各种原因未能实施。

(2)1958年,柳州市委号召全市人民开展捐款等社会赞助活动,筹得款项200多万元。随后成立柳江大桥筹建处,按连续钢桁架结构桥型方案施工,于1959年将水中2个双柱式桥墩建出水面,当时因需3700t大型进口钢材无法解决而停工。之后的5年时间里,有关设计单位又设计出数个桥型方案,因中间桥墩地质状况差等原因未能采用。1960年,有苏联专家来看过,说你们要在柳江上建大桥,得请波兰的地质专家、匈牙利的悬空专家。

(3)1963年,柳江大桥由上海市政工程设计院设计,由中国著名桥梁设计大师林元培先生参与设计,时任上海市政工程设计院副总工程师的刘作霖担任了柳江大桥的总设计师。

(4)1964年12月,国家计委、建工部批复同意在原桥址上修建120m跨径预应力混凝土T形悬臂加吊梁的桥型方案。参与施工的上海基础工程公司承担水下部分及主桥墩的施工,柳州市政五公司承建引桥、立交桥和整个桥面;项目由董礼奎主持施工,柳州市市政工程处技术员参与了大桥指挥部的工作。

(5)经过2年零9个月的艰苦奋战,柳江大桥终于飞架在柳江河上,将柳江两岸紧密连在一起,成了柳州市区内的第一座跨江公路大桥。1968年10月大桥竣工,为了纪念毛泽东诞辰,1968年12月26日宣布大桥完工并举行剪彩仪式。

第三节 科研成果

柳江大桥是林元培参与设计的柳州市第一座大桥;桥的主跨跨度约124m,是全国第一座T形刚构桥,是我国采用悬臂浇筑法建成的第一座预应力混凝土T形刚构城市桥。该桥面结构独特,施工工艺先进,荣获1978年全国科学大会奖。

第三章 柳州市文惠大桥

第一节 工程概况

一、地理与地质情况

1. 地理位置

柳州市文惠大桥位于柳州市中心城区,是联系柳州市城区南北方向的主要通道。位于柳江大桥下游770m处东门城楼旁边,北接文惠路、南接荣军北路。

2. 自然地理情况

桥位处河面开阔,水面高程约77.5m,河面宽度约445m,河床高程68.5~61.8m,床面北侧较南侧稍高,向南舒缓倾斜。北岸位于Ⅰ级堆积阶地,南岸位于Ⅰ、Ⅱ级阶地。

北岸阶地地势平坦,高程89~91m。南岸地面高程由81m向南逐渐递增,至驾鹤路高程已达94m左右。

3. 工程地质条件

1)覆盖层

(1)人工杂填土(mlQ_4):堆填厚度一般小于2m,最大厚度达8.45m。

(2)第四系全新统冲~洪积($al+plQ_4$)褐黄色亚砂土,混少量卵石:主要分布在北岸河滩及大堤杂填土之下,呈软~可塑状,最大厚度1.05m。

(3)第四系全新统河流冲积第四层(alQ_{44})圆砾混卵石和砂:分布于河床表面,圆砾占50%以上,成分主要为硅质岩,磨圆度较好,厚度0.2~11.03m。

(4)第四系全新统冲积第三层(alQ_{43})黄色黏土:主要分布于北Ⅰ级阶地,高程在90.63~85.43m,厚5.2m。

(5)第四系全新统冲积第二层(alQ_{42})黄色亚黏土:主要分布于北岸Ⅰ级阶地,高程在85.43~78.53m,厚6.9m。底部渐变为亚砂土。

(6)第四系全新统冲积第一层(alQ_{41})卵石混砂、砾及黏性土:分布于北岸,高程在78.53~63.71m,厚2.60~9.65m。

(7)第四系全新统残~冲积($el+alQ_4$)黄色亚黏土:分布于河床基岩的溶沟及溶槽中,多呈软塑状,局部混有白云岩碎块或砂、卵、砾石。

(8)第四系全新统残积第二层(elQ_2)黄~褐色亚黏土:分布于南岸,高程在92.81~71.51m,厚2.85~20.50m。

(9)第四系全新统残积第一层(elQ_{41})黄色黏土:分布于南岸,高程在79.55~72.03m,

厚 2.30~3.70m。液性指数为 $I_L=0.22~0.405$，呈硬塑状。

2）基岩

石灰系中统大埔组（C_{2d}）白云岩夹白云质灰岩，中~细粒结构，中~厚层构造。按风化程度分为以下三类：

（1）强风化岩石

灰白色或褐黄色，网纹状裂隙很发育，岩石多被切割成碎石和碎块状，局部有泥质充填。组成矿物大部分显著风化，岩性较弱，桥位处岩石强风化深度不等。

（2）弱风化岩石

灰白色，网纹状裂隙较发育，岩石多被切割成碎石和碎块状，组成矿物已有部分风化变质，岩性稍软。

（3）微风化岩石

灰白色，裂隙稍发育，局部呈网纹状，岩性质硬而脆，较新鲜完整。

3）岩溶

文惠大桥3号桥墩处发育有一大型的溶洞及溶槽，洞高1.30~5.91m，溶洞发育的高程主要在49.30~42.70m，洞顶板岩石厚度3.39~7.35m，洞内主要为软岩~流塑状黄色黏土充填（偶含少量砾卵颗粒）；局部溶槽发育深度达42.55m，槽底高程22.07m，槽内也为软~流塑状黄色黏土充填。

4）地震

根据区域地质资料分析，拟建场区内没有大断层及褶皱通过，道路数条沿线两侧发育数条基本与路线平行的逆断层，距路线2~4km，区域地质构造较为稳定，第四纪以来未发现有明显的新构造运动迹象。

二、桥梁概况

1. 桥梁简介

文惠大桥于1992年9月12日开工，至1994年12月30日竣工通车，全长587.409m，其中主桥长483.434m，引桥长103.975m，桥宽16m（北引桥宽18m），人行道宽2×2m。设计荷载汽车—15级，人群荷载3.5kN/m²，设计洪水频率1/100，对应洪水位90.44m，通航水位86.09m，航道等级为V级。设计单位是广西交通规划勘察设计院，施工单位是广西路桥工程集团有限公司，建设单位是柳州市路桥建设管理处。当时还没有推行监理制度，由建设单位的工作人员负责监造，柳州市勘察测绘研究院承担勘察工作任务。

由于交通发展的需要，柳州市政府决定对文惠大桥进行改扩建。在文惠大桥下游新建一座与原桥外观相似、桥型相同的姊妹桥，2009年9月28日开工，2013年8月21日通车。路线全长1072.98m，其中桥梁长为584.44m，主桥长483.66m，引桥长100.78m，桥宽依旧为16m。南岸引道长351.584m；北岸引道长136.956m。设计荷载为公路—I级，航道等级为V级，通航水位85.95m，通航净高为7.90m，设计洪水频率1/100，对应洪水位90.44m。设计单位是广西交通规划勘察设计研究院有限公司，施工单位是山东中宏路桥建设有限公司，建设单位是柳州市城市投资建设发展有限公司，监理单位是深圳恒浩建项目管理有限公司，勘察单位是柳州市勘察测绘研究院。

2. 桥梁实景(图3-1～图3-4)

图3-1 文惠大桥

图3-2 南岸远眺文惠如虹

图3-3 文惠大桥扩建前夜景图

图3-4 文惠大桥扩建后

3. 主要工程量(表3-1、表3-2)

文惠大桥主要工程数量表　　　　表3-1

序　号	工程项目	单　位	数　量
1	主拱肋	t	528.6
2	主拱混凝土(40号)	m³	1114
3	各类混凝土	m³	20500
4	各类钢筋	t	1320
5	吊杆(索)	t	5.5
6	φ2.0m钻孔桩	m	91

文惠大桥扩建工程主要工程数量表　　　　表3-2

序　号	工程项目	单　位	数　量
1	主拱肋	t	1102.5
2	主拱混凝土(C50)	m³	1135
3	钢横梁及格构	t	1835
4	其他各类混凝土	m³	16000

续上表

序　号	工程项目	单　位	数　量
5	各类钢筋	t	2500
6	吊杆(索)	t	20.4
7	ϕ2.5m 钻孔桩	m	572
8	ϕ2.0m 钻孔桩	m	550
9	ϕ1.5m 钻孔桩	m	2110

第二节　桥梁结构、工程技术重难点与创新

一、总体设计

文惠桥包括3孔 $L_0=108\mathrm{m}$ 中承式哑铃形钢管混凝土拱桥和两边 $L_0=62\mathrm{m}$ 上承式钢筋混凝土箱肋拱桥，以及两岸钢筋混凝土T梁桥。桥跨布置主桥采用 $1\times62\mathrm{m}$ 钢筋混凝土上承式肋拱 $+3\times108\mathrm{m}$ 中承式钢管混凝土肋拱 $+1\times62\mathrm{m}$ 钢筋混凝土上承式肋拱。南北岸引桥分别采用 $1\times30\mathrm{m}$ 及 $2\times30\mathrm{m}$ 装配式预应力T形梁桥。总长587.40m。行车道宽 $2\times12\mathrm{m}$，人行道宽 $2\times2\mathrm{m}$。文惠大桥设计荷载为汽车—15级，人群荷载为 $3.5\mathrm{kN/m^2}$；文惠大桥扩建设计荷载为公路—Ⅰ级，人群荷载为 $3.5\mathrm{kN/m^2}$。文惠大桥桥型总体布置如图3-5所示。

钢管混凝土拱桥整个结构轻巧美观，相当省料。它依靠先进的泵送混凝土工艺在钢管中压注高强度等级、低收缩、高流动性混凝土，形成轴心受压钢管混凝土构件，钢管与混凝土共同承受荷载作用，钢管使混凝土三向受压，混凝土保证了薄壁钢管的稳定性，大大提高了结构承载能力，可大幅提升跨越能力，提高结构整体性和耐久性。

根据李亚东博士的调查，世界上第一座钢管混凝土拱桥，是苏联建造的位于现俄罗斯乌拉尔的卡缅斯克(Kamensk)一条单线铁路线上跨越伊赛特河的卡缅斯克桥(图3-6)。它的主跨采用月牙形桁式两铰拱，跨度约为135m，矢高21.91m(图3-7)；以支架法施工，1939年建成。

我国1963年后开始研究钢管混凝土拱桥并推广应用。据《亚东桥话》所述，直到1990年，中国建成跨度115m的下承式系杆拱桥——四川旺苍东河桥(图3-8)，成为我国第一座钢管混凝土拱桥(因各种原因,该桥在2014年拆除)。旺苍东河桥的建成，拉开了我国建造钢管混凝土拱桥的序幕。根据福州大学陈宝春等的研究，1990—1994年为我国钢管混凝土桥的摸索阶段，全国累计建成9座跨径大于50m的钢管混凝土拱桥[1]。在1992年开工的柳州文惠大桥是广西第一座钢管混凝土拱桥，采用108m跨径的钢管混凝土结构，在当时是具有开创性意义的。从20世纪90年代至今，中国修建的各式钢管混凝土拱桥超过了400座，其中跨度超过200m的有40余座，跨度超过300m的有10余座，跨度超过400m的有6座(包括在建)，最大跨度为2013年建成的单孔跨度530m的四川合江长江一桥(波司登大桥)，中国已成为名副其实的钢管混凝土拱桥强国[5]。

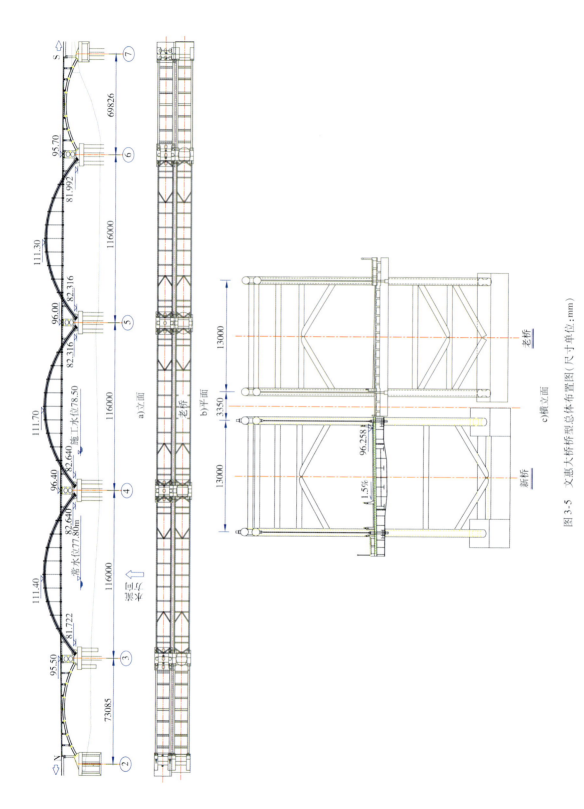

图 3-5 文惠大桥桥型总体布置图（尺寸单位：mm）

图 3-6 俄罗斯卡缅斯克桥(1939 年)

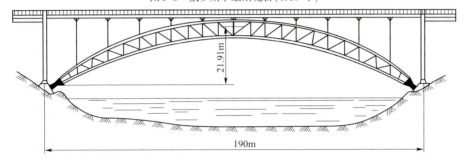

图 3-7 俄罗斯卡缅斯克桥立面布置

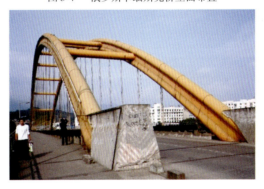

图 3-8 四川旺苍东河桥(1990—2014 年)

二、基础和墩身

文惠大桥北岸引桥桥台由于人工填土层较厚,基础采用 4φ3.5m 的挖孔桩,桩长为 14m,除 2 号桩采用 15 号片石混凝土回填外,其余的桩均用 10 号片石混凝土回填。钢筋混凝土承台厚度为 2m,浆砌片石 U 台身,引桥墩为 3 柱式钢筋混凝土墩,明挖扩大基础。主桥台为浆砌片石重力式桥台,明挖扩大基础。墩身采用外径为 8m,内径为 6m 的圆柱形空心墩。1 号墩为明挖扩大基础,2 号、4 号墩为钢筋混凝土装配式沉井,3 号墩为 6φ2.0m 钻孔灌注桩基础,南岸桥台为浆砌片石重力式桥台,明挖扩大基础。

文惠大桥扩建:引桥采用重力式 U 形桥台,8φ1.5m 的钻孔桩接承台基础,引桥墩采用 3φ1.5m 桩基接承台基础。主桥边拱桥台采用桩支护下的明挖基础,坑内平面尺寸 11.9m×14.2m(奠基岩层,分三级台阶),主桥采用 9φ2.5m 桩基础接矩形承台(只有 5 号墩采用 30φ1.5m 桩基础)。

考虑到主桥轴线与河流主流线交角25°,设计师巧妙地将墩身设计为外径8m、内径为6m的圆柱形墩身,使桥梁外观更轻盈,便于通航,利于漂浮物通过,水流阻力系数约为0.73,大大优于矩形截面,从而更加利于行洪。在文惠大桥改造时,由于紧挨着文惠大桥在下游建设新桥,于是,设计师将上游装饰成带圆端的墩柱,使两桥的基础共同具有了形如圆端形墩柱的外观,具有更优质的水流特性,水流阻力系数降至0.52的水平;此举一并解决了新桥采用公路—Ⅰ级设计荷载大大超过文惠大桥汽车—15级的设计荷载带来的新桥基础更粗壮、两桥外观不协调的问题。

根据河海大学安建峰及其导师的研究,对于矩形墩柱,当纵横向比值分别为1.0、2.0和大于3.0时,相应的水流阻力系数分别为1.50、1.30及1.10;相对于圆端形墩柱,当水流雷诺数大于或等于$2×10^5$时,相应的水流阻力系数为0.73;对于圆端形墩柱,水流阻力系数为0.52[2]。

根据上海大学邓联木、叶闽、王道增《天然河流中大尺度紊动结构的观测分析与雷诺应力计算》,国内外大中小天然的雷诺数范围为$5.7×10^4 \sim 2.25×10^8$,而文中选取试验河段河流550m宽、50m深,它两次观测到的雷诺数$2.23×10^7$和$1.05×10^8$。柳江河文惠大桥河段的水流雷诺数大于或等于$2×10^5$没有悬念[3]。

三、上构

1. 主拱

本桥中间3跨为中承式钢管混凝土肋拱,$m=1.347$,净跨径为108m,净矢高27m,肋的断面为两根哑铃形钢管混凝土,每肋由两根直径为90cm的钢管和中间两块高为40cm钢板组成,新桥厚为2cm(旧桥用1cm)。新桥主拱肋内腔灌注C50混凝土(旧桥为40号混凝土)。

新桥每孔两拱肋间设13道$\phi600×16mm$钢管横联。其中,桥面以上设7道,桥面以下设6道(1~3号、11~13号)。2号、3号、5号、6号、7号、8号、9号、11号、12号横联为一字形单管;其余1号、10号、11号和13号横联为三管组焊成K形,K形横联的主管规格为$\phi600mm×16mm$,撑管规格为$\phi600mm×16mm$,而旧桥板厚为10mm。1号、13号横联平联管内灌微膨胀混凝土,其余横联均为空钢管结构。

文惠大桥竣工后,曾经针对本项目,以9辆汽车—20级汽车分别在拱顶、$L/4$处模拟最大等效设计荷载进行荷载试验,结果见表3-3。可见施工质量比较扎实,设计略偏于保守,因处于创新的"摸索阶段",保守一些也是必要的,这也为这一以"轻便桥梁"定位的桥梁在后来提升服务能力提供了可能性,增建的新桥才得以参照其外形建设[4]。

满载情况下主拱圈静力试验结果　　　　表3-3

部　位	拱　顶		接缝处下缘	$l/4$下缘	拱脚上缘
	上缘	下缘			
实测值(MPa)	-2.57	2.96	1.52	3.68	3.60
计算值(MPa)	-3.96	3.02	3.56	4.89	5.73
实测值/计算值	0.65	0.98	0.43	0.75	0.63

注:混凝土应力,压为负,拉为正。

2. 副拱

副拱为净跨径 62m 的钢筋混凝土预制拼装拱圈,净矢跨比 1/6。截面尺寸为 $B \times H = 160\text{cm} \times 185\text{cm}$。

3. 吊杆

文惠大桥原设计吊杆 ϕ5-127 平行钢丝镦头锚吊索,2007 年维修中改为 OVM.GJ15(19) 型环氧钢绞线整束挤压吊索,新桥建设中同样采用了环氧钢绞线整束挤压吊索,并根据荷载增加的情况选用了 OVM.GJ27(31) 型吊索。吊点纵向间距 9.35m。

4. 拱上立柱

文惠大桥扩建工程钢管混凝土拱拱上立柱采用钢管混凝土结构,钢管尺寸为 ϕ800mm × 16mm,内灌注 C100 铁砂混凝土。旧桥则用 10mm 钢板作 900mm × 1000mm 矩形的拱上立柱。

文惠大桥扩建工程钢筋混凝土拱拱上立柱采用钢筋混凝土方柱结构,立柱尺寸为 800mm × 800mm,混凝土材质为 C30。

5. 墩(台)上立柱

主桥台上立柱采用薄壁式桥墩,钢筋混凝土结构,壁厚 120cm,C30 混凝土(旧桥为 25 号)。

主桥 3 号墩、4 号中墩、5 号墩、6 号墩上的墩上立柱为带装饰板的钢筋混凝土框架结构,混凝土材质为 C30(旧桥为 25 号),新旧文惠大桥外形基本一致。

6. 梁部

引桥采用钢筋混凝土 T 梁。文惠大桥主桥采用钢筋混凝土梁;新桥则于主桥边跨采用钢横梁 + 混凝土纵梁,主桥主跨采用钢格构与混凝土叠合梁,做到既满足重载车通行,又与旧桥梁高基本一致。

四、工程的重点、难点及对策

文惠大桥工程及新桥工程重点、难点、对策,分别见表 3-4、表 3-5。

文惠大桥工程重点、难点及对策 表 3-4

序号	重点和难点	对策与措施
1	沉井基础施工	1. 做好技术交底,合理规划施工季节,利用好旱季的施工条件; 2. 选调熟悉水上施工的队伍进行施工; 3. 选用适用的机具进行沉井运输、吊装; 4. 利用爆破岩石、抽吸泥砂、冲击锤破碎胶结的砂砾、回填石笼等方式挖高填低,达到下装配式沉井的条件
2	ϕ2.0m 水中钻孔灌注桩及水上承台施工	1. 争取有利季节,采用水上龙门吊安装钢护筒; 2. 灵活选择成孔工艺,桩基施工用旋转钻机,遇到流沙的,就回填混凝土或麻袋装黄土,或改为冲击钻孔; 3. 因当时市面上钻机少,所选 QL250-1 型钻机进场需等一段时间,考虑钻孔桩完成后桃花汛已来,届时承台底高程常常处于洪水面以下,考虑这里最多填 4.8m 即可筑岛至承台底,为争取有利时机,决定采取先浇筑 0.5m 厚承台混凝土并安装承台侧面 1.2m 高的钢模特殊措施

续上表

序号	重点和难点	对策与措施
3	纤薄混凝土构件安装	1. 选好吊点； 2. 做好预制件翻身的措施以及防侧倾措施； 3. 做好就位后临时固结(支撑)
4	缆索吊安装拱肋	1. 由于条件限制,需在2号墩上设中塔。部分长达42m/段的哑铃形钢管节段需地面运输,绕过中塔进行安装； 2. 钢管拱柔性大,而国内施工经验少,轴线容易超出规定,需及时观测、总结经验； 3. 安装后及时采取固结或临时固结措施； 4. 根据施工能力进行分段和预拼装,减少高空工作量和施工难度； 5. 做好焊工培训、质量检查工作,及时进行安装测量

新桥工程重点、难点及对策　　　　　表3-5

序号	重点和难点	对策与措施
1	φ2.5m钻孔灌注桩深水区施工	1. 做好技术交底,合理规划施工季节,多利用旱季好的施工条件； 2. 选调熟悉水上施工的队伍进行施工； 3. 同步搭设水中钻孔平台,平行开展各墩施工,采用龙门吊安装钢护筒及钢筋笼； 4. 科学选择成孔方式,保证施工进度和安全； 5. 开展文惠大桥振动监测、位移监测等技术手段,确保文惠大桥安全； 6. 控制好桩孔内泥浆质量和沉渣； 7. 保证混凝土来料质量合格,材料备足才开始浇筑
2	水中承台施工	1. 制订科学合理的吊箱施工方案； 2. 保证混凝土封底质量,确保不漏水。合理分区,多管同时下料。及时监测混凝土面高度、坡度； 3. 保证连续浇筑； 4. 做好大体积混凝土温度控制措施
3	浮吊安装拱肋	1. 做好航道管制措施； 2. 双浮吊同步； 3. 安装后及时采取固结或临时固结措施； 4. 根据施工能力进行分段和预拼装,减少高空工作量和施工难度,本桥双拱肋连同横联分三个大节段施工； 5. 做好焊工培训、质量检查工作,确保中间产品合格,安装和组拼过程及时进行测量纠偏

续上表

序号	重点和难点	对策与措施
4	钢管混凝土填充	1. 从拱脚往上泵送压注混凝土； 2. 分段开窗振捣后焊接封闭钢管； 3. 混凝土固结后用敲击法检查密实情况，必要时在拱肋钢管上开钻小孔压注胶体材料保证钢管与混凝土的密贴； 4. 设计好混凝土的配合比，注意检查来料质量是否合格
5	大体积混凝土施工	1. 合理布置降温水管，及时通水降温； 2. 及时覆盖混凝土表面，控制外表面散热速度，以控制内外温差； 3. 选择合适的材料配合比

第三节　主要施工技术

一、主拱肋安装方式

1. 安装方式概述

桥梁拱的情况见上一章节。

文惠大桥每条拱肋均分为三段预制、采用缆索吊装无支架施工。因建设场地条件限制，采用三塔缆索吊，三塔间跨越长度约510m，在2号墩设中塔，2、3号墩上设扣塔。

新桥设计文件也推荐采用主索塔120m高的缆索吊吊装施工方案，缆索吊机吊装需覆盖全桥(图3-9)。

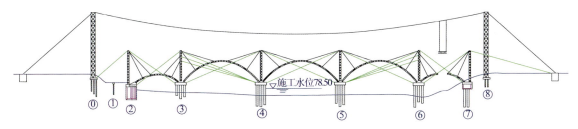

图3-9　文惠大桥主拱肋安装示意图(高程单位：m)

考虑受场地限制缆索吊系统建设实施特别困难，后经论证采用浮吊安装。

2. 寻求用浮吊安装，而不用缆索吊的原因

(1)北主塔后的主缆地锚阻碍北岸文惠路交通(图3-10)。

(2)北主塔西北侧风缆的地锚落在罗池路二巷路口处，需拆除锚索经过处的居民小楼(图3-11)。

(3)北主塔东侧缆地锚落在建投公司的金沙角项目工地内。

(4)南主塔侧缆风及地锚将严重影响通行效率和安全。一处位于水南路上(图3-12)，一处位于驾鹤路边(图3-13)，一处位于驾鹤山悬崖上(影响"柳州老八景"之"驾鹤晴岚"的安全)。

图 3-10　北主索塔后缆地锚位置图(在文惠路与东台路、中山东路十字路口)

图 3-11　北侧缆地锚位置图(在罗湖二巷中)

图 3-12　南主索塔侧缆地锚(在水南路上)

图 3-13　南侧缆地锚位置图(在驾鹤路南侧胡同口)

(5)建设、拆除扣塔期间,需较长时间临时封闭文惠大桥交通,若非如此则桥上车辆行人安全缺乏保障。

3. 浮吊架设方案比选

考虑拱肋较纤细、易变形、难修复,新桥采用双浮吊抬吊方式安装,并对单拱肋安装+临时支撑方案或双拱肋三段式整体安装+地锚扣挂做了比较,而辅以水中临时支撑架的方案因为经济性差、影响水运而没有深入研究。浮吊性能见表3-6。

浮吊性能表　　　　　　　　　表3-6

主船长度	36.14m	作业最大船长	36.14m	前置浮箱	19.8m×5.0m
主船宽度	9.7m	作业最大船宽	19.7m	后置浮箱	7.7m×4.0m
最大起重量	150t/65°(50m)	型　深	2.2m	最大船高	5.1m
(起重臂长)	120t/65°(58m)	满载吃水	1.36m	—	

1)单拱肋安装+临时支撑方案

经过实地考察上海郊区某类似拱肋吊装,并作计算,吊点布置适当时拱肋不会发生破坏变形。本工程可将拱吊点布置在拱肋中心线两边 28.1m 处。钢管拱肋垂直起吊吊离地面后,两浮吊同步倒驶向江中,退行至安装吊点的附近,再作平行回转,然后两浮吊同步向前、推进至施工精确位置,一浮吊逐步将一拱脚先行对位,待铰轴穿插后,另一端拱脚利用单浮吊微作提升,将其搁置于事先架设安置好的导向架或导向板上,做自由滑落进行对位连接(图3-14～图3-16)。

图 3-14 2010年，上海某相类似桥梁双浮吊作单拱肋吊装施工

图 3-15 拱肋单肋安装就位图

采用两个半圆钢管对接的方法，拱肋顺导向架自由滑落进行对位连接，并借助上下两个钢管的套接实现临时稳定，待两片拱肋均吊装就位后施工横联。

2）双拱肋三段式整体安装+地锚扣挂

实施的主要步骤如下：

（1）在岸边进行节段预拼（图3-17）。

（2）双机抬吊带有临时铰的边段拱肋双拱整体安装就位（图3-18）。

图 3-16 拱肋于拱座处就位图

（3）以地锚对边拱段双肋进行临时扣挂，并调整拱的仰角；以缆风调整水平姿态（图3-19）。

图 3-17 钢管拱肋拼接图

图 3-18 双机抬吊带有临时铰的边段拱肋双拱整体就位

（4）双机抬吊提起拱肋中间段。通过内法兰连接进行拱肋合龙。内法兰肋螺栓全部紧固到位后，逐步放松地锚扣挂和浮吊卸载，完成体系转换（图3-20）。

出于对拱肋临时稳定和拱脚有残余应力带入永久工程中的担心，最后按双拱肋三段式整体安装+地锚扣挂方案实施。文惠大桥扩建工程钢管拱采用"双拱肋三段式整体安装+地锚扣挂方案"的成功实施，在国内同类桥梁的施工中尚属首创，为相似结构桥梁施工提供了宝贵的经验。双拱同时在拼装场内完成组拼，更有利于桥梁拱圈线形的控制。

图 3-19 双机抬吊中段双肋整体就位图

图 3-20 合龙后的拱

台后地锚及扣挂系统如下：

地锚：台后地锚采用桩式地锚，分别在 0 号桥台及 8 号桥台的台后分别施作 2 个地锚，左右对称布置。地锚中轴线分别和上下游钢管拱肋的轴线对齐，地锚高出地面 1.0m，高出地面部分中部设一宽度 10cm 宽的张拉槽，地锚张拉槽口底部略高于桥台端墙，以利于钢绞线扣索从桥台后端上方通过，不至于发生冲突。台后地锚结构如图 3-21 所示。

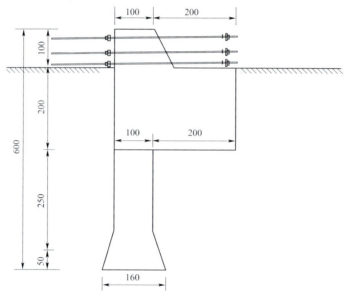
图 3-21 台后地锚结构示意图（尺寸单位：cm）

扣挂系统：与 4 个地锚配套对应，主拱肋吊装作业需配置 4 套扣挂系统，每套扣挂系统包括 6 根 φ15.2 钢绞线、3 根长 6.0m 的 φ32 精轧螺纹钢、4 个配套螺母、一台 60t 的穿心千斤顶、1 根扣挂横梁、3 根连接横梁、3 根锚后横梁、1 个千斤顶支架、1 块顶后垫板。扣挂系统简图、扣挂节点分别如图 3-22、图 3-23 所示。

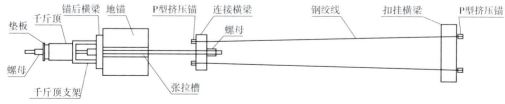
图 3-22 扣挂系统简图

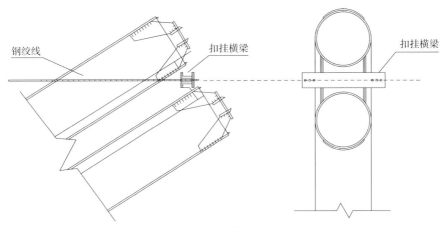

图 3-23　扣挂节点图

二、边拱安装

新桥边拱肋采用搭建水中支架,在支架上安装预制节段的方法进行施工。水中支架采用 ϕ1520mm 钢管支墩,钢管支墩对应每个拱肋接头的位置,采用 ϕ630mm 钢管、20 号槽钢作平联为剪刀撑。每个支墩顶部采用 I40A 工字钢焊接成拱肋支撑托架。根据现场地形地质情况,若靠岸一端的拱肋接头位于陆地上,可浇筑混凝土扩大基础,在其上接 1520mm 钢管立柱;也可考虑插打 ϕ630mm 钢管作为立柱。此方案因地制宜,简便易行且精确度高。水中支架立面图如图 3-24 所示。

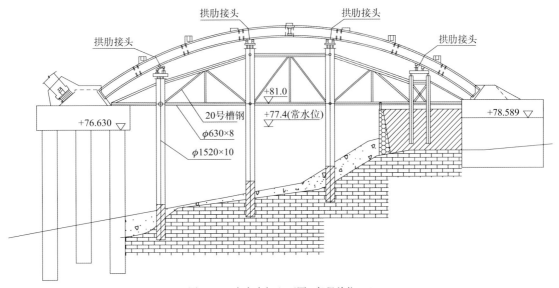

图 3-24　水中支架立面图(高程单位:m)

三、保护文惠大桥系列措施

1. 开展文惠大桥保护工作的必要性

(1)两桥相距太近,不能排除新桥施工扰动文惠大桥基础的可能性。新旧大桥基础之间的净距约 3.5~4.0m。旧桥 2 号墩、4 号墩采用沉井基础,1 号墩采用明挖基础,均以河床床底基岩作持力层;但由于基础之下溶洞、溶沟、溶槽很发育,且局部低洼处抛以石笼填筑,虽然竣工图上显示沉井基础、明挖基础与基岩之间结合很好,但实际状况究竟如何,很难确定,也不确定在基础与基岩之间是否夹杂砾卵石层。从柳州其他旧桥基础下探测的基底实际持力层来看,基础下存在部分砾卵石层的可能性。如果基础之下存在部分持力层为砾卵石,冲孔震动会使砾卵石坍塌流失,从而使得桥墩基础部分悬空。

不管新桥桩基础采用哪种成孔机械,反复抽吸作用都会淘蚀溶洞(溶沟、溶槽)中的填充物,甚至导致扩大基础施工时局部抛填的水泥麻袋或石笼失稳。

即使是采用浅埋桩基础的文惠大桥 3 号桥墩,也令人提心吊胆。也许是勘察不够充分,也许是设计考虑的文惠大桥 3 号墩基础安全储备不足,一个大的安全威胁潜伏着:通过新桥与文惠大桥地质勘察资料的对比分析,并围绕文惠大桥 3 号墩周边进行补勘察后,发现文惠大桥的 3 号墩下发育有一大型的溶洞及溶槽,洞高 1.30~5.91m,溶洞发育的高程为 +42.70~+49.30m,洞顶板岩石厚度 3.39~7.35m,洞内主要为软~流塑状黄色黏土充填(偶尔含少量砾卵颗粒);局部溶槽发育深度达 42.55m,槽底高程 +22.07m,槽内也为软~流塑状黄色黏土充填;最为严重的是,围绕文惠大桥 3 号墩的东侧、北侧、南侧所作的勘察孔均发现了位于 +42.70~+49.30m 深度区域的溶洞,如果它们连通,则意味着 3 号墩位于一块巨大的"鹰嘴"石上,且 6 条 φ200cm 桩基桩嵌入岩石深度约为 2.5m,其下完整基岩为 2.5~5m 不等。新桥桩基施工很有可能掏蚀文惠大桥基础底部溶洞填充物,破坏文惠大桥基础的稳定性,再加上新桥冲桩引起的震动作用,稍有不慎就会危及文惠大桥基础的安全。因此,结合文惠大桥扩建勘察成果和地质补充勘察文惠大桥 3 号墩周边后绘制的地质剖面如图 3-25 所示。

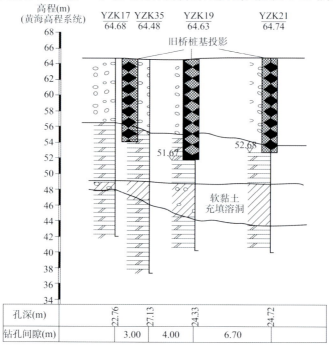

图 3-25 结合文惠大桥扩建勘察成果和地质补充勘察文惠大桥 3 号墩周边后绘制的地质剖面图

(2)文惠大桥的北引桥桥台和1号墩扩大基础置于厚厚的卵石层(或填土层)上。两基础净距为1~2m,新桥桩基施工会扰动文惠大桥基础下的持力层。

(3)文惠大桥的多数构件纤薄,且多数相邻构件间没有按固结设计,设计人员最担心桩基施工时文惠大桥震动导致桥面分配梁滑动和拱脚处开裂。

2. 对文惠大桥所采取的系列保护措施

(1)位移与沉降观测,见表3-7。

位移与沉降观测　　　　　表3-7

项目名称	测点个数	观测次数
布设位移观测基准点	3个	2次
布设沉降观测基准点	3个	2次
位移观测点	12个	86次
沉降观测点	40个	44次

(2)开展震动观测。邀请科研机构对文惠大桥有大型车通行之时,冲击钻机落锤高度为1.5m、2m、2.5m、3m、4m时的文惠大桥响应震动加速度与频率等作研究,指导施工。最后在文惠大桥3号墩处降低落锤高度至2m,其余几个墩仍按正常作业。

(3)针对文惠大桥3号墩处的新桥5号墩基础地质复杂薄弱的情况,设计将原来9根φ250cm钻孔灌注桩改为30根φ150cm钢管混凝土(入基岩岩面)+钢筋混凝土桩(嵌岩300cm以上)。钢护筒的跟进有效避免了砾卵石垮孔流失现象发生。采用分批钻灌注,分批压浆加固场区岩土的方法施工。第一批3根桩完成后,立即开始桩外基岩压浆,形成一定强度后,再开始下一循环,根据压浆用量和压力的情况,灵活调整分批的数量和压浆方案。目的是确保不大规模扰动旧桥3号墩基础的持力层。

这些方法的综合运用对于保障文惠大桥安全起到了很好的作用。

第四节　科研成果

"柳州市文惠大桥改造可行性研究报告"荣获2010年度广西优秀工程咨询成果三等奖。

本章节照片由广西路桥工程集团有限公司官网、柳州新闻网、广西路桥集团有限公司官网提供。

第四章　柳州市静兰大桥

第一节　工程概况

一、原桥简介

柳州市静兰大桥是柳州市对外交通中重要的东出口通道，是柳州市区与城东的阳和工业新区、古亭山开发区、静兰分区联系的主要交通纽带，为满足城市建设和经济发展的需求，对原桥进行拆除改建施工。

原静兰大桥建成于1992年，其设计荷载标准为汽车—20级、挂车—100，人群荷载3.5kN/m²。原桥桥型如图4-1所示。

图4-1　原桥桥型图

桥面宽度为16.5m（0.5m人行道栏杆+2.75m人行道+0.5m防撞栏杆+净9m行车道+0.5m防撞栏杆+2.75m人行道+0.5m人行道栏杆）。主桥结构为5跨90m等截面悬链线钢筋混凝土箱形双肋拱桥，矢跨比$f_0/L_0=1/8$，拱轴系数$m=1.756$。拱肋宽2.14m，高1.7m，肋中心距8m，肋间设有14道横梁，每条拱肋由两片预制拱肋组成。预制拱肋每片宽1.04m，高1.6m，每跨分三段预制安装。拱上由立柱、盖梁组成排架，纵向放置钢筋混凝土空心板、槽形板。下部构造为重力式桥墩、U形桥台，明挖扩大基础，主拱座及桥墩基底均置于基岩上。

二、桥址水文与地质

静兰大桥下游的红花水电站属于低水头径流式水电站，当天然来水达到4800m³/s时，泄洪闸门将逐渐全部打开泄洪，基本恢复天然泄洪状态。施工期间水电站正常蓄水位为+77.50m，相应的桥位处水位为+77.80m。桥址处盛行东南风、东西风较少，全年主导风为北风，年平均风速1.6m/s，最大风速17m/s。

根据静兰大桥改建设计技术标准,桥址河段采用Ⅲ(4)级航道标准,最高通航水位频率采用10年一遇满足通航要求,10年一遇的洪水位为黄海高程+84.30m。

本桥位处河床面高程变化在+59.25~+61.34m之间,初步调查覆盖层厚0~8m,在河道中央河床无覆盖层。溶沟较发育,落差大,溶沟均为充填砂砾土;以3号、4号桥墩尤为突出,原扩大基础下沿河道方向溶槽贯通,人可通行;据地质勘察资料显示,持力岩层下的溶洞发育并呈串珠状,溶腔高度1~4.0m,部分溶洞内无充填物。

三、拆除范围及主要工程数量

柳州市静兰大桥改建工程建设规模:拆除原有5跨90m等截面悬链线钢筋混凝土箱形双肋拱桥(保留桥墩和基础),加高旧桥墩台改建成5跨(每跨94.3m)、塔梁固结、墩梁分离的矮塔(五塔单索面)斜拉桥体系桥梁。桥宽由16.5m扩至31m。

静兰大桥施工组织设计中的原桥拆除工程为:桥面系(包括桥面铺装、桥面板、人行道、栏杆、灯柱、各种管线、支座、伸缩缝等);拱上立柱、盖梁;拱圈及横系梁;拱座(1~4号桥墩顶拆除至高程+77.42m,0号、5号桥台拆除至高程+78.80m)及墩上立柱;引桥桥墩、桥台、盖梁等。其主要拆除工程数量及构件质量见表4-1。

主要拆除工程数量与构件质量表　　　　　　表4-1

序号	项目	材料规格	单位	数量	质量
1	桥面系	防撞护栏、人行道栏杆及桥面铺装层钢筋混凝土等	m³	847.84	合计指标0.23t/m²
2	车道板 人行道板	30号混凝土空心板	m³	1504.96	最大车道板4.0t/块;最大人行道板2.51t/块
3	盖梁	墩、拱上及引桥30号混凝土盖梁	m³	770	拱上单件重16.4t;墩上单件重24.6t
4	拱上立柱	1.2m×0.5m矩形截面混凝土柱	m³	384.1	1.5t/m
5	墩上立柱	2.0m×0.8m矩形截面混凝土柱	m³	57.6	4t/m
6	拱间横系梁	1.6m×0.52m矩形混凝土柱	m³	400.69	单根重14.31t
7	主拱圈	40号混凝土双肋箱拱,共五孔	m³	1497.5	单肋重187.18t
8	主桥墩拱座	30号混凝土	m³	770	
9	主桥桥台		m³	835	
10	引桥空心板		m³	293.22	
11	引桥桥墩		m³	300	
12	引桥桥台		m³	244	

四、新建桥梁工程

新建静兰大桥已成为柳州市对外交通中重要的东出口通道,是柳州市区与城东阳和工业新区、古亭山开发区、静兰分区联系的主要交通纽带;桥梁全长608m,跨江主桥长583.5m,跨径组合为583.5m(56m+5×94.3m+56m),标准断面宽31m,主桥部分为6塔单索面7跨预应力混凝土部分斜拉桥,塔、梁固结,墩梁分离,主梁截面为单箱三室箱梁。主桥主墩利用原桥桥墩加高形成花瓶墩身,墩宽11.38~18.74m、厚4.0m。新建金兰大桥立面图如图4-2所示。

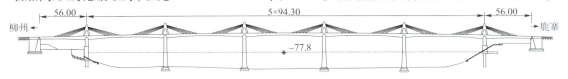

图4-2 新建金兰大桥立面图(尺寸单位:m)

两岸桥台采用重力式U形桥台;东、西接线道路,全长952m,东接线道路里程为K2+390.40~K2+509.56,西接线道路里程为K1+000~K1+782.40。建桥工程主要工程数量见表4-2。

建桥工程主要工程数量表 表4-2

序 号	工程项目	单 位	数 量	备 注
1	C50 主梁混凝土	m^3	18247.1	
2	C30 墩身混凝土	m^3	6773.5	
3	钢筋	t	4282.5	
4	JL32 精轧螺纹钢筋	t	106	
5	ϕ_s15.2 钢绞线	t	667.3	
6	ϕ50~100mm 波纹管	m	115517	
7	斜拉索	t	160	
8	C30 混凝土平石	m^3	2432	
9	C20 片石混凝土	m^3	3382.8	
10	M7.5 浆砌片石	m^3	5597.7	
11	路基填方	m^3	90530	
12	ϕ22cm 竖向预应力钻孔	m	1440	
13	ϕ2.0m 钻孔桩	m	600	

五、参建单位

业主单位:柳州市城市投资建设发展有限公司;
设计单位:四川省交通运输厅公路规划勘察设计研究院;
监理单位:甘肃铁一院工程咨询监理有限责任公司;
施工单位:中铁上海工程局集团有限公司(原中铁四局集团有限公司)。

第二节 工程(技术)重难点与创新

一、旧桥保护性拆除工程

在拆除施工过程中,联拱结构体系经过多次体系转换,拱肋及桥墩等结构内力状态随工况发生改变。特别是在拆除拱肋时内力突然释放,会产生一定的冲击力,造成弹性振动危及结构体系的稳定。同时拆桥施工受柳江洪水期和河床覆盖层少等诸多因素的影响。通过对本工程的调查分析,原桥拆除工程重点、难点及其对策见表4-3。

原桥拆除工程重点、难点及对策 表4-3

序号	重点和难点	对策与措施
1	拆除时需保证桥跨内、相邻跨间平衡卸载	1. 施工前,施工专项方案报设计单位及建设单位批准后方可施工。 2. 成立拆桥构件重量及平衡卸载检查小组;施工前组织拆桥技术培训,并进行专业技术知识考核。 3. 选调我公司以往参加类似拱桥拆桥的熟练施工班组进行施工。 4. 施工前熟悉施工图纸,通过实测核定待拆除的每个构件重量和连接支承方式,进行拆除方法及顺序等技术交底。 5. 拆除前,采用弹墨线分块和油漆标识顺序的方式进行施工放样,检查小组复核后进行拆除。 6. 采用固定配置的临时施工机具,保证临时荷载及放置、行驶的部位符合设计与技术交底要求,严禁随意改变,若必须改变时要报设计及监理进行审核计算,批准后方可更改。 7. 拆除后的构件吊装至运输工具上,及时运至指定地点,严禁堆放在桥梁上
2	需克服拆除拱肋时产生的危及结构稳定的水平推力	1. 确定拆除顺序,通过计算确定每一工况产生的水平推力,并将计算结果报设计及监理审核,最后确定水平推力的大小和产生的具体工况及部位。 2. 制定消除或减小水平推力的防护方案,报批准后执行。 3. 拆除前在相应的拱脚利用钢绞线张拉锚固后初定施加900kN(具体以设计值为准)水平约束反力,抵消部分水平推力,将水平推力控制在桥墩容许荷载范围内。 4. 制定防护方案的应急预案,加强对防护体系的保护,并在拆除前详细检查支承、约束设施的可靠性。 5. 利用高栈桥和钢管横梁作拱下支撑,既起到支承未拆拱脚段的作用,又可稳定拱肋后将4片拱肋分片单独拆除,减小各工况下产生的水平推力
3	需超前进行拆除工况模拟计算,随拆除工况进行监测	1. 成立以项目总工程师为组长的施工监控小组,并受设计及监理单位的监督指导,严格执行监控程序。 2. 委托西南交通大学技术人员进行工况模拟计算和施工监控。 3. 施工前编制详细的监控方案,经批准后执行,并进行技术交底和培训。 4. 以实测拱圈应力、应变和约束索索力为计算依据,同时加强对临时支承设备的检测
4	施工期间保护桥墩是关键,不得出现超容许应力现象,不得产生裂纹和位移等	1. 确定专项的保护桥墩措施和有利于保护桥墩的保护性拆桥方案,提高保护桥墩的安全质量意识。 2. 采用细化后分片分段拆除拱肋和设置水平约束索,使桥墩所承受的水平推力在受控状态。确保桥墩所承受的水平力不大于设计要求的1800kN,施加水平约束力时考虑局部承压和桥墩抗剪应满足要求。 3. 在每工况开始与结束时,及时检测桥墩及拱圈内力,并建立桥墩位移观测网,及时监控量测。 4. 建立保护桥墩的预警机制,发现问题及时处理

续上表

序号	重点和难点	对策与措施
5	混凝土构件拆除主要采用钻石钢线切割法施工工艺	1. 组织进行钻石钢线切割施工工艺的操作技术培训,提前在现场做切割试验。 2. 制定拱肋、拱座等大断面结构的切割措施,并进行分析研究,做到切实可行。 3. 成立专业的切割拆除班组,施工前检查保养切割设备,并试运转,备足切割耗材。 4. 切割时为便于取出拆除物,采用同步顶升的方法保证切割缝的宽度,同时将切割缝设置一定的倾斜角度
6	拆除吊装构件重量大,吊装设备要求高	1. 原设计最大拆除质量为主拱肋1/3处(63t)。本方案采用拱下支撑解决拱肋的倾覆稳定问题后,分片分段拆除拱肋,最大吊重减小至65t左右。 2. 采用2台50t龙门吊进行吊装,通过比选龙门吊具有安全可靠、操作方便的特点。 3. 调配熟练的吊装技师成立吊装指挥小组,制定详细的吊装专项安全技术措施,报批准后执行
7	施工期间需维持正常通航	1. 施工封航与通航方案经航道管理部门审批,并委托航道管理单位设置和维护航道标志、夜间指示灯。 2. 拆桥施工方案中至少维持有两孔通航,且通航孔满足通航净空要求。 3. 指定专人负责配合航道管理单位进行航道维护
8	施工期间需经历柳江洪水期,安全渡洪难度大	1. 制定防洪安全措施和防洪预案,成立防洪抢险小组。 2. 水中临时支墩均采用钻孔灌注桩固定在岩层内,保证其稳固性。 3. 在洪水期之前完成水中支墩施工。洪水期后设置水平约束索,开始拆除主拱肋。在5~7月份洪水期内可利用龙门吊进行桥面系及盖梁等拆除施工
9	水中栈桥支墩施工难度大	1. 采用水中钻孔施工技术。 2. 调配熟练的参加水中基础施工的人员进行施工。 3. 施工前将施工方案报批准后执行,加快施工进度,确保在洪水期前完成水中支墩施工。 4. 钻孔平台法施工时抛填的土袋,起到增加覆盖层、保护桥墩基础的作用
10	安全防护文明施工要求高	1. 成立安全防护文明施工小组,制定专项安全防护文明施工技术措施。 2. 拆桥施工方案以安全拆除为原则,加强安全防护措施,提高安全防护质量。 3. 支架上设置安全网,施工人员佩戴安全绳、穿救生衣;严禁向水中倾倒垃圾和拆除物等
11	工程量大,工期紧	1. 制订周密的施工作业月进度计划,并分解到日、周、旬,强抓落实,确保总工期。 2. 合理调配资源,合理组织安排,尽量安排平行作业,开展多工作面,加快施工进度。 3. 加大人员、机械设备和材料的投入,提高工序施工效率

二、新建矮塔斜拉桥

(1) 主塔及墩身施工

主墩利用原桥桥墩加高形成花瓶形墩身,每个墩宽11.38~18.74m,厚4.0m。对新旧桥墩结合部位采用植筋技术进行加固处理,在1、6号墩由于地质情况与设计要求相差较大,达不到设计要求;经各方讨论决定采用钻孔桩承台基础与原桥墩基础共同受力的复合基础,每个墩6φ2m钻孔灌注桩,承台厚4m。

索塔高14.61m,上部采用实心矩形断面,下部采用分离式结构,塔根部截面顺桥向宽1.5m、横向宽1.7m,梁顶两塔柱脚中心距为6.64m。采用分段浇筑混凝土施工。为了确保主桥墩及主塔的垂直度,采用高精密度全站仪三维坐标法进行全过程控制。

(2) 主梁各制作段衔接处的紧密性处理

主梁采用分段浇筑,分段张拉的方法施工,即每浇筑一段就张拉一段,张拉后主梁与底模脱离。为保证下一制作段与先施工的制作段衔接紧密无错台,采取如下措施:在先施工的制作段内靠近与下一制作段的衔接处预埋螺栓,将两段衔接处1m范围内的底、侧模栓接在主梁上(主梁张拉时拆除其余范围的侧模,这一范围不拆除),保证两段衔接处1m范围内不脱模,并将下一段的顶托顶紧,这样既保证了两段模板的紧密衔接,又保证了衔接处混凝土的外观质量。

(3) 主梁施工过程中的平面位置及高程测量控制

斜拉桥分段浇筑、分段张拉斜拉索,其高程和中心线的控制相当关键。加强控制的方法是,沿主梁的两侧加密坐标和高程控制点,并在施工过程中采用全站仪和精密水准仪加以控制。

调配丰富工程监测经验的技术人员与监控单位对全过程进行监测,确保大桥建成后线形平顺、美观。

(4) 主梁张拉施工

主梁采用分段浇筑张拉,其张拉顺序和吨位将对梁体变位有一定影响,施工前进行控制计算,通过理论分析确定张拉顺序和吨位,根据最终经设计单位确认的方法进行张拉。张拉采用双控,即伸长值控制、应力控制,中线两侧相同预应力束对称同时张拉,保证梁体受力均匀。

(5) 斜拉索张拉、调索。

静兰大桥斜拉索施工时,不仅控制索力和校核延伸量,还要控制桥面高程,索力与桥面高程要双控;在架设阶段以梁线形、高程控制为主,而合龙成桥后的调索则以索力为主。主塔和主梁两侧必须对称张拉、同步受力,索力相对差值严格按设计要求控制。索力调整时,采用缆索测力仪准确测核各索索力,由计算软件配合提供缆索的调整控制值,以保证索力偏差不超过设计规定。

三、工程创新点

静兰大桥改建工程具有以下创新点:
(1) 五跨箱肋拱桥保护性拆除施工技术,包含深水裸岩溶蚀地质高栈桥吊装施工技术和旧桥保护性拆除施工技术。

（2）七跨矮塔部分斜拉桥施工技术，包含旧桥墩加固利用及接高施工技术和七跨部分斜拉桥施工技术。

第三节　旧桥保护性拆除施工技术

一、旧桥结构参数

静兰大桥旧桥跨径 5×90m 等截面悬链线钢筋混凝土箱形双肋拱桥，查阅原桥竣工图后知，原桥结构桥面板、盖梁、肋间横系梁为适筋结构，立柱、拱肋属少筋结构；桥面宽度为 16.5m，主桥结构为 5 跨 90m 悬链线，矢跨比 $f_0/L_0=1/8$，拱轴系数 $m=1.756$；拱肋宽 2.14m，高 1.7m，肋中心距 8m，肋间设有 14 道横系梁，每条拱肋由两片预制拱肋组成；水中桥墩基础均置于基岩上。从拱桥结构受力特点可知，拱肋在使用过程中主要承受压应力，各墩间内力保持相对平衡；即使在外界荷载作用时，拱肋内力仍然承受压应力。工况模拟如图 4-3 所示。

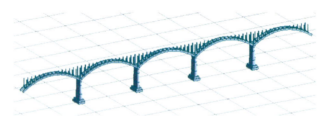

图 4-3　工况模拟图

二、构件参数

结合旧桥竣工图和现场实测复核结果，各构件实测质量见表 4-4。

旧桥构件实测质量表　　　表 4-4

序　号	项　目	单　位	数　量	拆除方式
1	桥面系	t/m²	0.23	小型破碎机破碎，汽车装运
2	车道板	t/块	4.5	外侧 4 块采用汽车吊装拆除，中间 5 块采用龙门吊拆除
3	人行道板	t/块	3.5	4 块采用汽车吊拆除
4	拱顶盖梁	t/根	16.4	单根与部分立柱一道拆除，用龙门吊拆除
5	墩顶盖梁	t/根	24.6	单根采用龙门吊拆除
6	拱上立柱	t/m	1.5	部分与盖梁一道拆除，用龙门吊拆除
7	墩上立柱	t/m	4	单根拆除，在拱肋拆除后进行；采用龙门吊进行拆除
8	拱间横系梁	t/根	8	单根拆除，分两批进行，分别在外侧拱肋拆除前后；采用龙门吊进行
9	主拱圈	t/片	187.18	单根分段进行，先拱顶后拱脚，两台龙门吊共同协作完成

三、国内外拆除方法

查阅国内外旧桥或危桥拆除资料,拆除过程中主要采用的方法如下:

(1)缆索吊拆除法

广东佛山澜石一桥为325国道上一座5跨连拱桥(图4-4),桥跨布置为(45+70+85+70+45)m,桥梁总长315m,桥面宽度为7m车行道+2×0.75m人行道。该桥于1969年竣工并投入使用37年后,在2006年拆除。桥梁上部构造:边跨为净跨45m的混凝土空心板拱,次边跨为净跨70m的双曲拱,主跨为净跨85m的混凝土箱形拱。其拱圈拆除示意如图4-5所示。

图4-4 广东佛山澜石一桥

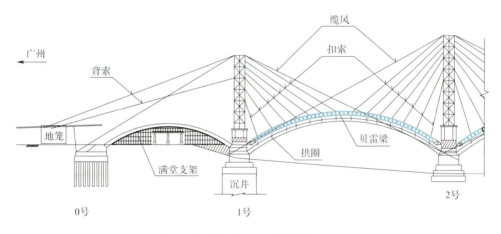

图4-5 广东佛山澜石一桥拱圈拆除示意图

(2)静态爆破拆除法

美国旧奥克兰海湾大桥正式开通于1936年11月,该桥是美国旧金山至奥克兰岛海湾的两层公路桥。西部主桥为两联(354+704+354)m双索面钢悬索桥,塔高139.6m,大桥分为上下两层,上层中间为17.68m车道,两侧各0.91m人行道;下层也为17.68m车道,两侧各0.55m检查道。东部主桥为钢悬臂桁架,跨径为(154.87+426.83+156.10)m(图4-6)。

拆除旧桥时,旧桥上部结构采用浮吊拆除。为了保护鱼类及海洋生物下部结构必须采用非爆破的方法拆除(图4-7)。

(3)爆破拆除法

三台涪江桥位于四川省三台县跨越涪江,全桥共11孔,全长560.3m。该桥主桥为双塔混凝土斜拉桥,其跨径组合为(56+128+56)m,1980年建成通车。在2001年7月和2002年3月两次检测后发现,该桥盐亭岸桥台的4根连杆支座已经有3根被拉断或脱落,桥塔也发生了14cm的偏移,斜拉索钢丝一定程度上锈蚀。因此于2002年10月采用爆破法拆除该斜拉桥,在原桥位修建新桥,引桥保留(图4-8)。

图4-6 美国旧奥克兰海湾大桥

图4-7 美国新奥克兰海湾大桥

图4-8 爆破前和爆破中的三台涪江桥

(4)机械与爆破相组合拆除法

美国老格兰特桥建于1927年,位于美国俄亥俄州,为一座钢桁架结构悬索桥,桥全长722m,主跨213m,塔高86m。2001年拆除该悬索桥,新建一座钢-混凝土组合的双塔双索面斜拉桥,新桥总长657m,主跨267m,塔高89m,于2006年通车。老格兰特桥与新格兰特桥如图4-9所示。

拆除方法:采用机械拆除与爆破拆除组合的拆除方法。拆除前将桥面板和桁架切割成11m长的小块,然后利用浮吊按照预定的顺序拆除主梁。主梁拆除完成后,缆索和桥塔采用爆破方法拆除,并将其清除出河道,完成整座桥梁的拆除。

四、方案比选

结合国内外的各种拆除方法和既有桥墩保护特点,对拟定各项方案进行比较,择优选择,以确保结构安全的同时加快施工进度。

第一方案:栈桥、龙门吊拆除方案

原桥上下游设置栈桥既作为龙门吊走行轨道,又可在栈桥间、临时支墩间设置钢管横梁作为拱肋支承,同时形成切割操作平台。

图 4-9　老格兰特桥与新格兰特桥

设置拱下支撑后,将四片拱肋分片分段拆除,采用两台 50t 龙门吊吊装运输。

在相应的拆除拱拱脚下设置水平约束索抵抗部分水平推力,水平约束索每两跨对拉设置。

桥面系及小型构件拆除采用汽车吊。

栈桥、龙门吊拆除方案的优点:

(1)分片拆除吊重量小,水平推力小,采用龙门吊吊装,操作简便,安全可靠;

(2)栈桥既可作为龙门吊的走行轨道,又可设置横梁支撑拱肋,形成操作平台,切割施工方便。

(3)在横梁上对拱肋施加支顶力,实现切割过程中的同步均衡顶升。可将拱肋先行切割后放置在平台上,再吊运,操作更安全。

(4)减小施加的水平约束索索力,既节约了材料,又使结构体系更加安全。

(5)高栈桥将拆桥与建桥一并考虑,建桥时桥墩下游侧临时支墩作为塔吊基础。

(6)不需 5 孔封航,至少有 1 孔长期满足通航要求。

(7)水中支墩及栈桥施工完成后,拆桥施工基本不受水位影响。

预计成本投入约 1580 万元。

第二方案:缆索吊拆除方案

采用斜拉扣挂缆索吊装施工的逆过程对旧桥进行拆除。具体施工过程:用汽车吊辅助,按照对称均衡原则,逐步拆除 5 跨连拱及引桥的桥面铺装、防撞护栏、人行道栏杆等;利用缆索吊装系统中的吊篮配合,按照对称均衡原则,逐步拆除 5 跨连拱及引桥的桥面板、拱上盖梁、立柱;拆除拱肋时对每跨每条拱肋在两边拱脚段上端头设置扣索,通过预张调整扣索索力,使得拱顶截面理论内力为零或接近零,然后用缆索吊装系统对应的吊点吊住拱顶段,并使吊索承受一定的力(吊点力、扣索力通过计算分析确定),再截断拱顶段与拱脚段间接头,拆除拱顶段,随后逐步对称拆除拱脚段。

考虑到在上、下游设置缆风索困难,该方案采取每跨先拆除每条拱肋的外侧拱肋,外侧拱肋拆除时借助内侧拱肋保持稳定。对内侧两条拱肋,则采用设置缆索吊装系统同步拆除的方法进行施工。

按上述工序在拆除完拱上结构后,逐跨拆除各跨外侧拱肋和一部分肋间横梁,然后逐跨拆除各跨内侧拱肋和剩余肋间横梁。

架设缆索及吊装系统采用布设的缆索吊装系统中的两组承重主索、两组吊篮主索和四组墩扣索配合来拆除拱圈,拆除分片分段进行。拆除步骤:拆除下游外侧拱圈、拆除上游外侧拱圈、拆除下游内侧拱圈、拆除上游内侧拱圈、拆除拱座。切割采用钻石线切割。

缆索吊拆除方案缺点:

(1)采用建桥时的扣索体系,均以弹性钢索作约束体系。
(2)需临时5孔封航,随后逐孔通航。
(3)采用缆索吊吊装,跨度大,吊重大;吊点力、扣索力的调整控制较为困难。
(4)结构安全保护措施差,内力释放时会产生较大的弹性振动。
(5)对不平衡水平推力,无明确控制措施。
(6)无操作平台,拱肋切割操作较困难,且拱肋稳定性差。
(7)需要先挂好吊绳后,随切割进度逐步施加起吊力,操作困难,较难控制。

预计成本投入约1780万元。

第三方案:浮吊方案

桥面系、盖梁、立柱拆除时采用浮吊平衡对称拆除;在拆除完拱上结构后,在各墩(台)顶设置塔架,架设扣索、背索及平衡索,见图4-10。通过调整各拉索的索力来调整拱圈内力,直至5跨拱圈的拱顶截面内力为零或接近于零;然后切割打开拱顶,完成拱圈的支撑体系转换,使全桥拱圈由5跨连拱变为6个独立的双(或单)悬臂半拱圈;最后逐节段拆除对称半拱圈的拱肋。切割下来的拱段,直接由浮吊吊运出场。

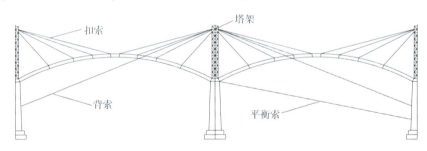

图4-10 浮吊斜拉索拆除方案示意

由于理论计算与实际情况存在偏差,保证拱顶切割处内力为零的难度较大。所采取的措施是在拱顶段未切割拱肋上安装水平纵向钢支撑,用以承担拱顶切开后的残余内力,并在拱顶切割过程中动态监控钢支撑的应力变化,据此调整拉索索力,使整个拱肋结构受力体系处于安全和受控状态,保证钢支撑受到的轴力为零或接近于零,从而完成内力体系转换,消除连拱效应;然后按逐跨逐段的顺序对称拆除拱圈。

拱圈拆除时采用浮船将各跨托起,各跨均衡对称拆除。

缺点:(1)浮船、浮吊稳定性差,平台随水位变化而变化,控制难度大;
(2)浮吊吊装时稳定性差,不利于拱圈安全与桥墩保护;
(3)拱圈拆除期间,各跨均需进行封航,不利于地方经济发展。

预计成本投入约1780万元。

对于上述的三个拆除方案进行如下的比较,从中选取最佳方案。

(1)施工安全性

上述三个方案均能满足安全要求,但是对于该连拱桥的拆除,桥墩不平衡水平推力的控制是拆除的关键,方案一和方案二均有明确的方法和措施来控制不平衡的水平推力,方案二则缺少对桥墩的保护。

方案二与方案三都不具有操作平台,对施工人员及施工设备缺少有效的保护;方案三架设栈桥提供操作平台,可有效保护施工人员和设备的安全。

(2)稳定性

对于拆除过程中拱圈的稳定性,特别是面外稳定,方案二与方案三都难以提供横向的支撑,防止拱圈在拆除过程中发生面外失稳;方案一则可利用栈桥及其下的钢管桩来约束拱圈的横向变位,增加拆除过程中的稳定系数。

(3)技术可行性

在切割、拆除、吊运及施工控制方面,方案一采用龙门吊并架设操作平台,比方案一及方案二具有更强的可操作性。

因此通过以上各方面的综合比较,方案一更加切实可行。

1. 拆除顺序

拆除过程中严格遵循:桥面板纵向分条拆除,保证每跨拱桥拱顶两侧不平衡质量不超过20t,相邻两跨不平衡质量不超过50t。

各构件拆除顺序如下。

(1)桥面系:采用破碎机从桥中心向两侧对称破碎拆除,自卸汽车装运。

(2)桥面板:按纵向分条拆除,每跨每循环左右对称仅拆 3 块,从各跨拱脚向拱顶对称循环拆除的原则进行;同一跨拱顶两侧不平衡质量为 31.2t,相邻两跨不平衡质量为 31.2t。经监控单位、设计单位反复核算,满足施工控制要求。

桥面板对称拆除如图 4-11 所示。

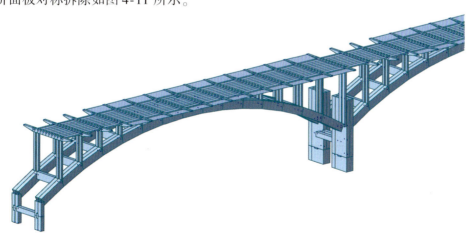

图 4-11 桥面板对称拆除

(3)盖梁、立柱:各跨对称拆除(图 4-12),先拱顶两侧各 2 道盖梁立柱、再左右对称 1/4 跨 1 道盖梁立柱,然后拱顶两侧 6 道盖梁立柱,最后拱脚 1 道盖梁立柱;每循环各跨仅拆除 1 道盖梁立柱。同一跨拱顶两侧不平衡质量为 30t,相邻两跨不平衡质量为 30t。经监控单位、设计单位反复核算,满足施工控制要求。

图4-12　盖梁、立柱对称拆除

（4）横系梁：拆除外侧拱肋前对称拆除8道横系梁（图4-13），剩余6道横系梁在拆除内侧拱圈前完成；拆除时,每循环各跨仅拆除2道横系梁。同一跨拱顶两侧不平衡质量为16t,相邻两跨不平衡质量为16t。经监控单位、设计单位核算,满足施工控制要求。

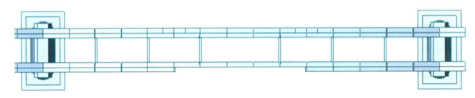

图4-13　横系梁分阶段间隔、跳跃、对称拆除

（5）拱圈：先拆除下游外侧拱圈,再拆除上游外侧拱圈；然后拆除下游内侧拱圈；最后拆除上游内侧拱圈。拱肋分段分侧逐跨拆除如图4-14所示。

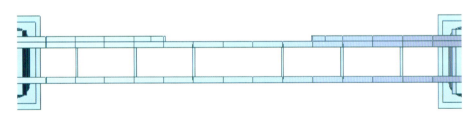

图4-14　拱肋分段分侧逐跨拆除

拱圈拆除见图4-15。

每片拱圈分三段进行,先拱顶后拱脚的原则：①外侧拱圈拆除时,拆除跨拱下用千斤顶施加250kN的力,拆除相邻跨拱下拱脚加120kN、拱顶加160kN的力,并将刚性支撑的钢楔打紧焊牢。②内侧拱圈拆除前,全桥拱圈提前加力100kN,并将钢楔打紧。③内侧拱圈拆除时,拆除跨拱下时将拱顶、拱脚顶力调整为200kN的力,拆除相邻跨拱时将拱脚顶力调整为120kN、拱顶顶力调整为160kN,并将刚性支撑的钢楔打紧焊牢；在拆除跨与拆除相邻跨均将水平约束张拉100kN,拆除跨在拱顶段切开后解除水平约束索,拆除相邻跨的水平约束索不拆除,继而转为拆除跨。经监控单位、设计单位反复核算,满足施工控制要求。

2. 拆除工况检算

为简化检算过程,通过分析在有无保护措施下拱圈、墩顶位移的对比,从而确定采用的施工方案。总体施工步骤和工况描述如下。

步骤一:桥面系拆除,同时施工栈桥等;
步骤二:拆除盖梁及立柱;
步骤三:拆除上游第一至第五跨外侧拱肋;
步骤四:拆除下游第一至第五跨外侧拱肋;
步骤五:拆除部分横系梁;
步骤六至步骤十:拆除第一至第五跨上游内侧拱肋;
步骤十一至步骤十五:拆除第一至第五跨下游内侧拱肋;
步骤十六:拆除拱座。

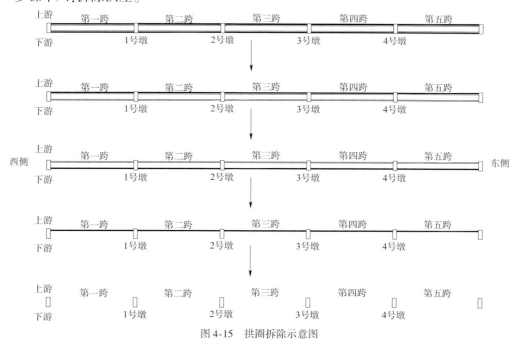

图4-15　拱圈拆除示意图

桥墩模型、桥墩主拱圈连接分别如图4-16、图4-17所示。

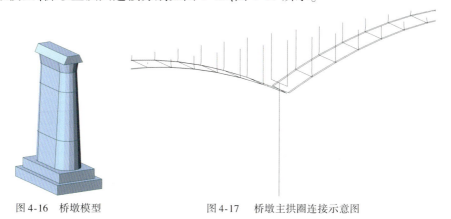

图4-16　桥墩模型　　　　图4-17　桥墩主拱圈连接示意图

（1）无保护措施拆桥

无保护措施拆除时桥墩所受水平推力及扭矩见表4-5。无保护措施拆除时待拆除拱圈应力见表4-6。

无保护措施拆除时桥墩所受水平推力及扭矩　　　　　　　　　　　　　表 4-5

工况		边跨拱座及中间桥墩受力					
		0	1	2	3	4	5
1	水平力(kN)	8728	161.8	159.6	159.6	161.8	8727.7
	扭矩(kN·m)	0	0	0	0	0	0
2	水平力(kN)	7117	1383	221	155	162	8728
	扭矩(kN·m)	0	659.5	9.3	0	0	0
3	水平力(kN)	7067	89	1681	96	166	8727
	扭矩(kN·m)	0	4	648.1	8.8	0	0
4	水平力(kN)	7064	132	181	1386	223	8722
	扭矩(kN·m)	2.1	10.5	28.4	662.1	9.33	0
5	水平力(kN)	7064	135	136	87	1678	8655
	扭矩(kN·m)	2	10.6	14.1	0.7	648.5	3
6	水平力(kN)	7064	135	133	134	135	7063
	扭矩(kN·m)	2	10.6	13.9	13.9	10.6	2
…	…	…	…	…	…	…	…
22	水平力(kN)	—	1612	54.2	33	34	1666
	扭矩(kN·m)		558.1	18.4	11.5	11.6	0
23	水平力(kN)	—	—	1645	13	34	1666
	扭矩(kN·m)			567.6	4.76	11.7	0
24	水平力(kN)	—	—	—	1613	54	1666
	扭矩(kN·m)				558.1	18.4	0
25	水平力(kN)	—	—	—	—	1645	1645
	扭矩(kN·m)					569.4	0

无保护措施拆除时待拆除拱圈应力　　　　　　　　　　　　　　　表 4-6

工况	拱圈应力(MPa)			
	上边缘应力		下边缘应力	
	最小值	最大值	最小值	最大值
1	-3.75	-1.03	-5.1	-2.11
2	-4.23	-0.72	-5.85	-1.98
3	-4.46	-0.57	-6.14	-1.91
4	-4.46	-0.57	-6.14	-1.98
…	…	…	…	…
23	-3.01	-1.73	-4.51	-1.39
24	-2.92	-2.18	-4.37	-1.39
25	-3.02	-1.96	-4.45	-1.39

注：正值表示拉应力，负值表示压应力。

（2）有保护措施拆桥

有保护措施拆除时桥墩所受水平推力及扭矩见表4-7。有保护措施拆除时待拆除拱圈应力见表4-8。

有保护措施拆除时桥墩所受水平推力及扭矩 表4-7

工况		边跨拱座及中间桥墩受力					
		0	1	2	3	4	5
1	水平力(kN)	8728	161.8	159.6	159.6	161.8	8727.7
	扭矩(kN·m)	0	0	0	0	0	0
2	水平力(kN)	7117	1383	221	155	162	8728
	扭矩(kN·m)	0	659.5	9.3	0	0	0
3	水平力(kN)	7067	89	1681	96	166	8727
	扭矩(kN·m)	0	40	648.1	8.8	0	0
...	...	...	...	...	...	...	...
22	水平力(kN)	—	1.6	54.4	1557.1	53.3	1666.5
	扭矩(kN·m)	—	565.27	18.56	25.74	18.40	0
23	水平力(kN)	—	1631.5	56.5	1576.6	1643.7	1645.3
	扭矩(kN·m)	—	0	584.29	19.29	4.19	0
24	水平力(kN)	—	—	1631.5	21.1	1624.6	1645.8
	扭矩(kN·m)	—	—	0	572.05	2.73	0.04
25	水平力(kN)	—	—	0	1631.5	35.5	1667
	扭矩(kN·m)	—	—	0	0	576.96	0.33
26	水平力(kN)	—	—	—	—	1631.5	—
	扭矩(kN·m)	—	—	—	—	0	—

有保护措施拆除时待拆除拱圈应力 表4-8

工况	拱圈应力(MPa)			
	上边缘应力		下边缘应力	
	最小值	最大值	最小值	最大值
1	−3.75	−1.03	−5.10	−2.11
2	−4.23	−0.72	−5.85	−1.98
3	−4.46	−0.57	−6.14	−1.91
4	−4.46	−0.57	−6.14	−1.98
5	−4.47	−0.59	−6.16	−1.91
6	−4.48	−1.09	−6.16	−2.05
...	...	...	...	...
16	−3.63	−0.89	−5.07	−2.13
17	−3.64	−0.44	−5.34	−1.50
18	−3.78	−0.23	−5.54	−1.41
19	−3.78	−0.26	−0.53	−1.42

续上表

工 况	拱圈应力(MPa)			
	上边缘应力		下边缘应力	
	最小值	最大值	最小值	最大值
20	-3.69	-0.21	-5.26	-1.41
21	-2.91	-0.24	-4.43	-1.42
22	-2.92	-0.26	-4.38	-1.42
23	-3.02	-0.21	-4.48	-1.40
24	-3.20	-0.23	-4.47	-1.40
25	-2.82	-0.74	-4.01	-1.64

注:正值表示拉应力,负值表示压应力。

综上所述,通过对各不利工况的验算,拆桥时采取有保护措施更安全。

(3)拱肋拆除工况

拱圈的拆除是整个拆除施工过程中的关键,根据施工方案确定的拆除顺序进行施工阶段的模拟分析。上部结构拆除后的拱圈模型如图4-18所示。

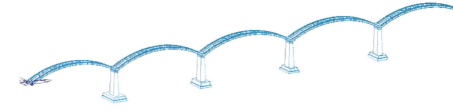

图4-18 拱圈模型

每条拱肋拆除过程可以分为以下步骤:拱肋拆除准备—施加拱下支顶力—切割拱顶段—拆除拱顶段—切割并拆除两拱脚段。限于篇幅,仅列出最不利荷载工况(切割拱顶段和拆除拱顶段)的计算结果。

①切割拱顶段。拱顶段切割后,拱顶段与拱脚段分离,切缝处的弯矩和剪力会随之释放,而拱轴向内力不会完全释放。由于在切割过程中千斤顶支顶力、龙门吊吊索力(切割前将吊索扣挂在待拆除拱段上)及由体系转换造成的内力释放共同作用,难以用计算机准确模拟。因此,计算时不考虑龙门吊吊索力,只计算轴力不释放和轴力完全释放两种情况下拱圈应力,计算结果偏于安全。拱顶切开后拱肋下缘应力如图4-19、图4-20所示。

由计算应力可以看出,在拱顶切开后,拱肋截面最大拉应力出现在拱顶中间下缘位置。在轴力不释放的情况下,其大小为3.15MPa;在轴力完全释放的情况下,其大小为6.43MPa。为了防止拆除过程中拱顶中间下缘开裂,采取下列措施:a. 在切割过程中用钢垫片将切割缝塞紧,保证其轴力不会释放过大;b. 将龙门吊吊索适当拉紧,防止切割完成瞬间产生较大振动。

②拆除拱顶段。拱顶段拆除后每个拱肋两侧的拱桥体系转换,形成一次超静定体系,此时拱肋应力图如图4-21、图4-22所示。拱肋下缘最大拉应力为2.66MPa,拱肋上缘最大拉应力为3.98MPa。

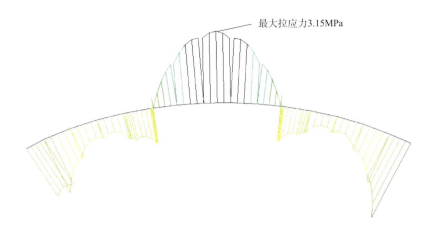

图 4-19　拱顶切开后拱肋下缘应力图(轴力不释放)(单位:MPa)

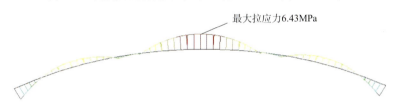

图 4-20　拱顶切开后拱肋下缘应力图(轴力完全释放)(单位:MPa)

图 4-21　拱顶段拆除后拱肋下缘应力图(单位:MPa)

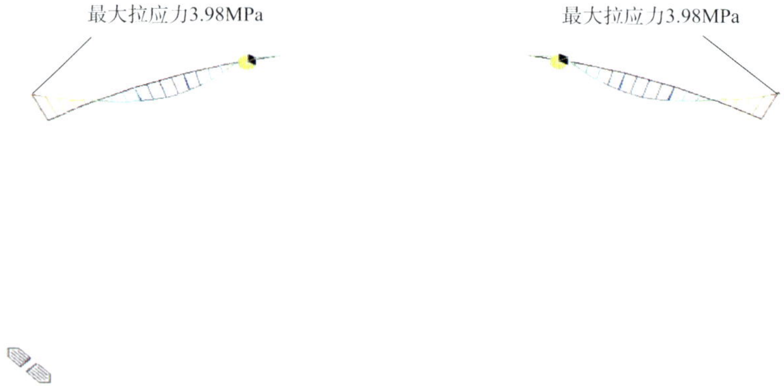

图 4-22 拱顶段拆除后拱肋上缘应力图(单位:MPa)

(4)拱肋竖向位移计算结果

以拆除最后一片拱肋为例,拆除过程中拱肋竖向位移计算结果见表4-9。

拱肋竖向位移计算结果　　　　　　　表4-9

拆除施工工况	测点位置(mm)		
	西侧1/3跨	拱顶	东侧1/3跨
拱肋拆除前	0.0	0.0	0.0
第一、二跨支顶力调整后	9.3	7.4	9.6
第一跨拱顶段切断后	11.9	-2.1	12.0
拆除第一跨拱肋拱顶段后	12.9	—	13.2
拆除第一跨拱肋拱脚段后	—	—	—
第二、三跨支顶力调整后	8.7	6.0	8.1
第二跨拱顶段切断后	11.2	-3.8	10.4
拆除第二跨拱肋拱顶段后	12.4	—	11.6
拆除第二跨拱肋拱脚段后	—	—	—
第三、四跨支顶力调整后	8.5	5.7	7.8
第三跨拱顶段切断后	11.1	-4.1	10.2
拆除第三跨拱肋拱顶段后	12.3	—	11.4
拆除第三跨拱肋拱脚段后	—	—	—
第四、五跨支顶力调整后	8.3	5.6	7.7
第四跨拱顶段切断后	10.9	-4.3	10.1
拆除第四跨拱肋拱顶段后	12.1	—	11.3
拆除第四跨拱肋拱脚段后	—	—	—
第五跨支顶力调整后	7.7	4.6	6.8
第五跨拱顶段切断后	10.2	-4.7	9.2
拆除第五跨拱肋拱顶段后	11.3	—	10.2
拆除第五跨拱肋拱脚段后	—	—	—

注:1.表中只列出拆除跨拱肋竖向位移的计算结果,未列出待拆除跨计算结果。

　　2.正负号规定:竖直向上为正值,反之为负值。

3. 关键工艺实施

1) 护栏拆除

护栏采用小型振动器破碎,汽车运输至桥头破碎场。

2) 桥面板拆除

桥面板拆除采用纵向分条(图4-23)、左右对称、逐跨平衡、分块拆除。拆除时采用汽车吊吊装,自卸汽车运输;最后横向五块板采用龙门吊吊装(图4-24)。

图4-23 纵向分条、跳跃拆除

图4-24 龙门吊吊装拆除

桥面板用蝶片切割机沿既有板缝分块,根据桥面板实际重量以纵向3块为一组。先拱脚后拱顶逐跨跳跃,对称均衡拆除,采用两套设备两岸同时沿纵向对称进行。监控重点:针对桥面系、预制行车道单块重量轻、工程量大的特点,分别在拱顶盖梁上下游侧与拱圈1/3、1/2、2/3位置处布设监测点;每循环对点位数据进行采集、整理;结合栈桥现状,栈桥运营中对其竖向挠度、侧向变形进行监测,及时分析其安全状况,从而采取相应措施。

3) 盖梁、立柱拆除

立柱分拱上立柱和墩上立柱;先拆除拱上立柱,墩上立柱留作拆除拱脚段时扣索立柱,在内侧拱肋拆除后进行拆除。盖梁与立柱根据实际核定质量,以分割吊装最大质量30t为限制条件,确定盖梁立柱是否整体拆除。

盖梁与立柱拆除时各跨纵向对称、间隔、均衡跳跃拆除;两台龙门吊沿纵向对称同时作业(图4-25)。拆除顺序如下。

步骤一:两台龙门吊分别从东西两岸依次拆除各跨拱顶4道盖梁与立柱。

步骤二:两台龙门吊分别从东西两岸依次拆除各跨西岸侧拱脚处3道盖梁与立柱。

步骤三:两台龙门吊分别从东西两岸依次拆除各跨东岸侧拱脚处3道盖梁与立柱。

步骤四:两台龙门吊分别从东西两岸依次拆除各跨西岸侧1/3跨处剩余的2道盖梁与立柱。

图4-25 盖梁、立柱整体吊装

步骤五:两台龙门吊分别从东西两岸依次拆除各跨东岸侧1/3跨处剩余的2道盖梁与立柱。

监控要点:在拱圈1/3、1/2、2/3、墩顶处布设固定监测点,每循环收集分析点位数据。

4)横系梁拆除

横系梁作为上下游侧拱肋间的联系,对拱肋稳定性至关重要。因此,横系梁拆除分两个阶段,达到逐步减载与确保拱肋稳定性的目的。第一阶段拆除外侧拱肋前进行;第二阶段在横向限位架实施后进行。

横系梁分阶段拆除示意如图4-26所示。

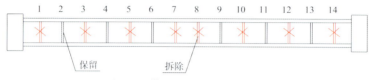

图4-26 横系梁分阶段拆除示意图

横系梁与拱肋湿接部分采用 ϕ10cm 排钻法预先排钻,上方预留20cm在吊装就绪后方可切割(图4-27)。

拆除顺序与方式:同跨内对称、邻跨内平衡、间隔均衡卸载,即横系梁拆除时采用两台龙门吊同时从东西岸沿纵向对称进行。横系梁吊装如图4-28所示。

监控要点:在拱圈1/3、1/2、2/3、墩顶处布设固定监测点,每循环收集分析点位数据。

图4-27 湿接缝预割　　　　　　图4-28 横系梁吊装

5)横向限位架实施

拱肋限位措施视现场情况分为以下两种。

第一种:在外侧箱肋纵缝切割前设置[20a形钢U形卡(图4-29),间距3m,外侧拱肋吊装就绪横向切割时拆除。

第二种:拱下支撑平台限位。采用[20a形钢与 ϕ325mm、δ = 8mm 钢管三角支撑(图4-30),环抱箱肋、上下游连接限位。

裸拱自身稳定足够,该措施增加安全储备。分两阶段实施:第一阶段纵缝切割前,与两种限位措施共同限位;第二阶段随外侧各拱肋拆除时第二种限位措施内移,对内侧拱肋限位。

6)拱肋纵缝切割

拆除跨与邻跨拱肋纵缝需在预加支顶力前完成;总之,拱肋纵缝切割需比拆除提前一跨。拱箱纵缝切割时竖向预钻 ϕ8cm,作为切割孔与吊装孔(图4-31),利用切割孔穿钻石钢线切割;两台切割机分别从拱顶向拱脚切割(图4-32)。

7)拱肋拆除

(1)拱下支顶。拱下支顶分刚性支顶与可测力支顶两种。刚性支顶采用 ϕ32.5cm 钢管与钢楔组合而成;可测力支顶采用传感器千斤顶,依托拱下钢管支撑对拱肋内力加以调整。刚性支顶是对可测力支顶所采取的冲击保护措施,在内力调至满足设计要求后用钢楔打紧焊牢。

图 4-29　U 形卡

图 4-30　三角支撑

支顶加力分外侧拱肋加力与内侧拱肋加力两种:

①外侧切割前,采用可测力千斤顶分别对邻跨与拆除跨加力;先邻跨、后拆除跨。预加支顶力见表 4-10。

图 4-31　钻切割孔

图 4-32　纵缝切割

预加支顶力(单位:kN)　　　　　　　　　　　　表 4-10

拆　除　跨				待 拆 除 跨			
西岸拱脚支点	西岸拱顶支点	东岸拱顶支点	东岸拱脚支点	西岸拱脚支点	西岸拱顶支点	东岸拱顶支点	东岸拱脚支点
200	250	250	200	120	160	160	120

②内侧开拆前,选择午夜对全桥逐跨各可调支顶加力 100kN;同时将钢楔打紧。切割前,采用可测力千斤顶分别对邻跨与拆除跨加力,先邻跨、后拆除跨。

内侧拱下支顶力经多次优化,确定最佳的支顶力,优化结果见表 4-11。

千斤顶支顶力优化结果　　　　　　　　　　　　表 4-11

参　　数	变量类型	优 化 结 果									
		SET 1	SET 2	SET 3	SET 4	SET 5	SET 6	SET 7	SET 8	SET 9	SET 10
拱脚水平推力 FX1(kN)	SV	727	589	668	641	852	887	705	861	861	861

续上表

参　数	变量类型	优化结果									
		SET 1	SET 2	SET 3	SET 4	SET 5	SET 6	SET 7	SET 8	SET 9	SET 10
拱脚支顶力 FZ11(kN)	DV	160	269	178	208	153	113	113	105	100	100
拱顶支顶力 FZ12(kN)	DV	200	191	238	224	195	215	278	231	229	223
拱圈最大拉应力 SMAX(MPa)	OBJ	1.48	2.16	1.50	1.67	1.07	-1.05	1.38	-1.05	-1.05	-1.05
拱顶轴向压力 NI13(kN)		735	600	671	647	859	890	701	863	863	863

注：OBJ 表示优化设计值；DV 表示设计变量；SV 表示状态变量。

(2)拱圈和支顶力与温度变化关系。

温度变化对拱圈变形有明显影响，继而会影响拱下支顶力的大小。温度改变支顶力大小与很多参数有关(如拱圈线形、千斤顶支顶位置、千斤顶下钢管桩的耦合连动等)，理论分析非常繁琐。因此，有必要通过实测，掌握温度场变化对千斤顶支顶力的影响，为施工控制提供温度信息和千斤顶调整依据。

对环境温度的测试，结合拱圈变形测量进行，具体做法是：在拱圈拆除前、在气候温度变换较为明显的时间段内，测试一昼夜(每隔 1~2h 测一次)温度、拱圈变形及千斤顶支顶力的变化。千斤顶支顶力随温度变化监测结果经整理后拟合成一条有规律的曲线，如图 4-33 所示。温度对拱圈挠度影响如图 4-34 所示。

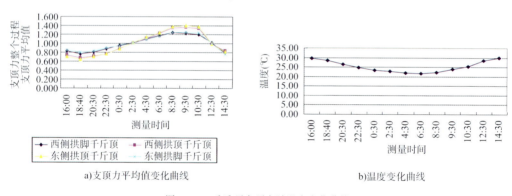

a)支顶力平均值变化曲线　　　　　　b)温度变化曲线

图 4-33　千斤顶支顶力随温度变化曲线

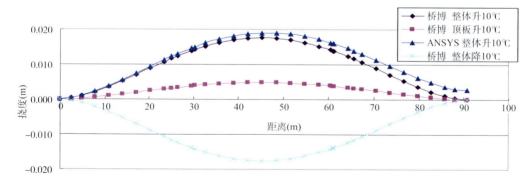

图 4-34　温度对拱圈挠度影响

掌握温度对千斤顶支顶力影响后，应定时监测千斤顶支顶力，调整其变化幅度(不超过

±40kN），控制在安全范围内（图4-35）。

刚性支撑（图4-36）是在内力调至设计要求后、横缝切割前用钢楔打紧焊牢，调力在焊接切割前进行。

图4-35　支顶力调整　　　　　　　　　　图4-36　刚性支撑

（3）水平约束。水平约束作为安全储备，在拱肋拆除前实施，确保其及时反馈桥墩的受力情况；考虑温度的影响，水平约束在切割前张拉（图4-37、图4-38），在切割前1~3h实时测力（图4-39）。

图4-37　水平约束张拉示意图

图4-38　水平约束设置与张拉　　　　　　图4-39　索力监控

水平约束采用7ϕ°15.2mm钢绞线,经设计单位、监控单位、监理单位、业主审批,张拉力共100kN;水平约束孔设置桥墩中心两侧45cm,孔道采用取芯机成ϕ10cm。

水平约束分别在设在拆除跨与拆除相邻跨;拆除跨水平约束在拱段顶吊装后及时松张。

(4)拱肋拆除。

每片拱肋重达185t,根据龙门吊吊重能力,每片拱肋分三段拆除。

拆除顺序:下游外侧拱肋—上游外侧拱肋—下游内侧拱肋—上游内侧拱肋;每片拱肋分三段拆除,先拱顶后拱脚。

切割方式:拱顶段时采用两台钻石钢线切割机同时作业,拱脚段一台独立作业。

吊装方式:拱顶段采用四点法吊装,拱脚段采用三点法吊装。

拱肋拆除相关施工图片如图4-40~图4-43所示。

图4-40 横缝切割

图4-41 拱脚段拉索

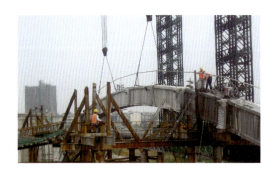

图4-42 拱顶段四点法吊装

图4-43 拱脚段三点法吊装

第四节 旧桥墩保护利用施工技术

一、原桥病害及隐患

(1)根据广西交通工程质量检验中心提供的《柳州静兰大桥主桥桥梁荷载试验报告》(J〔2004〕007号)检测结论:1号、2号墩基底四周均有少部分被河水冲刷和掏空现象,应该采取修补加固措施;所检墩台碳化深度为0~5mm,钻取的墩台芯样混凝土抗压强度最大值为 61.7MPa，最小值为 40.8MPa，达到设计强度。

（2）根据查原施工资料记录，原桥墩采用围堰明挖浅基础方案，利用岩石作持力层，并对岩石的溶洞、溶蚀裂隙进行灌浆处理，经详勘资料可知，桥墩下岩石的溶洞、溶蚀裂隙中水泥浆的充填率较低，有的已被冲蚀成空洞，为确保桥基桥墩的安全使用，需对桥墩下的岩石进行灌浆加固治理。治理范围：平面范围，水中 1~4 号桥墩基础下 $11 \times 17 m^2$ 范围内；深度范围，桥基之下 10m 深度范围内，每个桥墩布孔 24 个。

（3）旧桥拆除前在施工调查中发现原桥墩水面以上部分裂纹发育，呈环形贯通，部分裂缝已延伸至水下；由钻芯取样可知，裂纹深度在 30cm 以上。具体实物照片见图 4-44、图 4-45。

图 4-44　桥墩表面裂纹描绘　　　　　　　　图 4-45　桥墩破碎芯样

（4）在拱顶、拱肋 1/3、2/3 处沿拱肋横截面均有斜裂缝发生；桥面板裂纹交叉，人行道与行车道沉降差较大，明显脱缝。

（5）2 号、5 号墩门洞拱顶与填充混凝土由于收缩徐变脱空，脱空裂缝约 2cm。

二、加固利用方案

旧桥为 5 跨 90m 等截面悬链线钢筋混凝土箱肋拱桥，旧桥保护性拆除后保留水面以下桥墩及基础新建桥梁。旧桥墩为 C20 混凝土椭圆形实体桥墩，明挖扩大基础，基岩多为灰岩。为保证桥墩结构安全和耐久性，设置竖向预应力锚索加固接高旧桥墩（图 4-46）。

通过在桥墩上钻孔施加 35568kN 竖向预应力，增加桥墩压应力储备，增大安全系数，间接增加结构耐久性。通过锚索将桥墩锚固于基岩，保证悬臂浇筑施工阶段桥墩稳定。钻孔定位精度要求较高，成孔难度大；钻孔时若遇到溶洞，可能对工期造成影响。

竖向施加 12 根 $19\phi_j 15.2$ 预应力钢束，张拉控制应力 $<0.6f_{pk}$；张拉顺序以墩中心为中心上下游对称，分三批次进行，每一批首先张拉锚固段最短的一根，压浆 3d 后方可进行下一批；实际张拉控制应力除 5 号墩为 $0.5f_{pk}$，其余墩均为 $0.4f_{pk}$。

竖向预应力嵌岩深度：

（1）基岩完整连续，竖向预应力束嵌入基岩深度为 7.2m；嵌入完整基岩不小于 7.2m。

（2）间断存在深洞和溶槽，基岩不完整；无论基底基岩为何岩层，确保间断累加嵌岩深度不小于 4m。

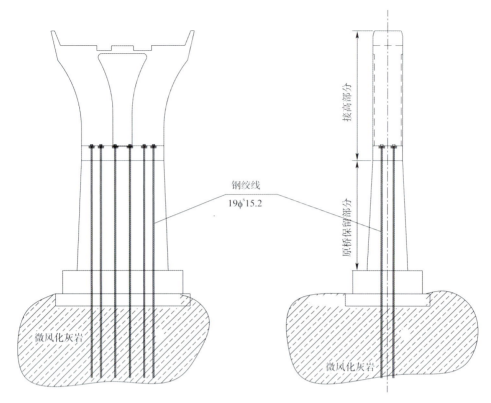

图 4-46　旧桥墩加固接高图

（3）针对 3 号、4 号墩地基大部分为砂卵石层（厚度不一）的现场实际地质情况，防止钻孔时对基底基层的扰动，基底遇 40cm 厚以上的砂卵石层时立即施作终孔，利用原基础作为竖向预应力锚固。

锚索与岩层关系如图 4-47 所示。

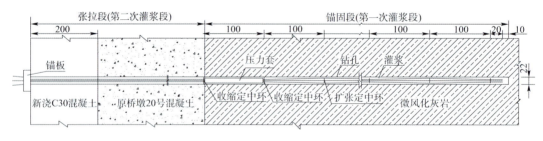

图 4-47　锚索与岩层关系图（尺寸单位：cm）

三、理念验证

通过调查分析，原旧桥墩在新建桥梁使用过程中，由梁体温度影响致使支座与墩顶间存在一往复错台的水平力，水平力使墩身产生附加弯矩；在此弯矩作用下，桥墩部分存在一定拉应力，拉应力促使墩身裂纹进一步发展，危及桥墩使用安全。梁体温差影响的循环性，桥墩特别是墩身与基础接触面产生水平裂纹成为可能，扩大基础与持力层间结合紧密将受到一定影响。与此同时,原桥墩门洞采用混凝土填充后混凝土收缩徐变,经现场勘察拱顶部分已脱空 2cm 的空隙带,致使该截面承载性能不能满足设计要求。

结合上述特殊情况和现场实际情况,通过在无裂隙、有裂隙两种情况下进行有限元模型计算,以及施加预应力对裂缝发展制约影响;具体有限元分析见图 4-48 ~ 图 4-50。

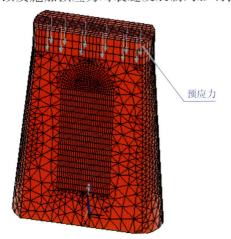
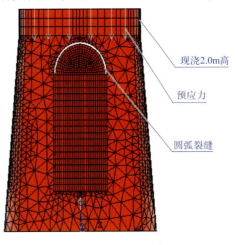

图 4-48 裂缝闭合　　　　　　　　　　图 4-49 裂缝不闭合

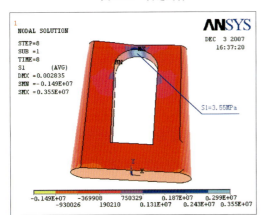
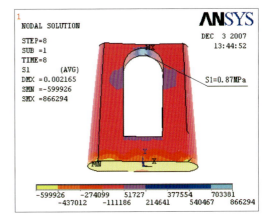

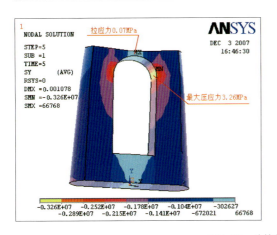
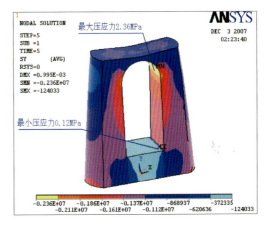

图 4-50 计算结果(单位:Pa)

由计算结果对比可知,在运营阶段,门洞拱顶最大主拉应力为0.87MPa,明显小于不考虑裂缝闭合的主拉应力(为3.55MPa),也小于混凝土的设计抗拉强度1.06MPa。

因此,门洞脱空部分在经压浆或重新浇筑混凝土后,由于混凝土收缩徐变假定圆弧面与孔周存在较小的裂缝,在张拉竖向预应力后,裂缝闭合,圆弧段填充混凝土开始参与结构受力;一旦裂缝闭合,桥墩结构的安全性能可得到增强。

四、工艺实施

1. 基底处理

每个墩共钻12个φ220mm孔,用于基底压浆和施加竖向预应力,孔位布置如图4-51所示。

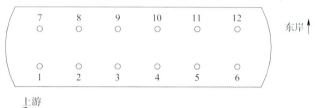

图4-51 孔位布置图

注:2号墩,基底高程+60.42m

鉴于桥墩下持力层溶蚀不良地质发育,为利用后一批工序对前一批工序进行验证;12根竖向预应力和基底压浆分两批实施,第一批操作步骤如下。

步骤一:将2号、7号、4号、9号孔用水泥浆进行封孔,封孔水泥浆厚度为50cm。

步骤二:利用钻机在1号、3号、8号、12号孔孔底砂卵层里下φ16.5cm、δ=8mm地质导管;地质导管上开网眼,眼径φ2cm、间距5cm、长度3.6m长(标准规格)。在导管内进行捞渣,将管内的卵石捞出,确保基底压浆管伸入管内长度不少于3m。

步骤三:按程序进行报验,经各单位同意后下竖向预应力钢束。

步骤四:由柳州市勘察测绘研究院指导在竖向预应力钢束下φ3cm基底预埋压浆管,伸入管内长度不少于3m;报验合格后,由柳州市勘察测绘研究院班组压泥浆,并对压浆管底部出浆头进行包裹处理。

步骤五:以上操作工序经建设单位、设计单位、监理单位等验收合格后,进行锚固段压浆处理。

步骤六:在锚固段压浆4d后,由柳州勘察设计院班组逐个对称进行基底压浆。

第二批。其操作顺序重复步骤一~步骤五的相关步骤,逐个对该墩剩余的2号、4号、7号、9号孔进行处理。

2. 压浆验证

压浆效果验证与相关阐述:

(1)整个基础压浆过程均处于严格受控状态,终孔压浆压力为2.0MPa;利用观察孔或后一批的渣样基底压浆效果。

(2)个别孔的压浆量与柳州市勘察测绘研究院总工程师预计压浆量偏少,原因如下:一是,2号、3号墩基础持力层为粗砂层,仅含少部分卵粒;二是,2号、3号墩在基岩内存在全充填溶洞,基底与基岩之间仅存在薄薄的一层砂卵石层;三是,2005年柳州市勘察测绘研究院对桥墩地基灌浆加固治理起到了一定作用。

(3) 4号墩个别孔的压浆量偏大,原因如下:一是,4号墩基础持力层为大粒径卵石层,孔隙率大;二是,4号墩基岩存在上下贯通的溶槽。

(4) 2007年10月25日设计院下发的《关于对2~5号桥墩墩身截面及桥墩基底地基承载力说明的函》(咨询〔2007〕静兰大桥02号)中对本次基底压浆目的进行阐述:基底压浆的主要目的是填充墩底冲刷和掏空的部位,以及岩石中的裂隙,并加固稳定砾卵石层,使基底基岩临空面得到控制,从而确保基底基岩的整体性和稳定性。

压浆及验孔相关图片如图4-52~图4-55所示。

图4-52 锚固段压浆

图4-53 砂卵石、溶洞预埋压浆管

图4-54 持力层压浆

图4-55 参建各单位验孔

3. 预应力张拉

(1) 竖向预应力钢绞线张拉控制应力为$0.75f_{pk}$,张拉顺序为从墩中心向四周张拉(图4-56),以上下游对称、前后对角对称为原则。

(2) 竖向预应力钢绞线张拉控制应力调整为$0.60f_{pk}$以内,具体张拉力根据现场锚固长度由反复计算来确定;确保施加预应力后,墩身保持平衡无次应力。

张拉顺序为从墩中心向四周张拉,以上下游对称、对角对称为原则;每一循环先张拉锚固段长度短的一束;张拉顺序应确保加力后墩身不扭转倾斜。

（3）结合桥墩基底现场地质情况，现场张拉控制力如下：2 号、3 号、4 号墩张拉控制应力为 $0.40f_{pk}$（1979.0kN）、5 号墩张拉控制应力为 $0.50f_{pk}$（2473.8kN）。

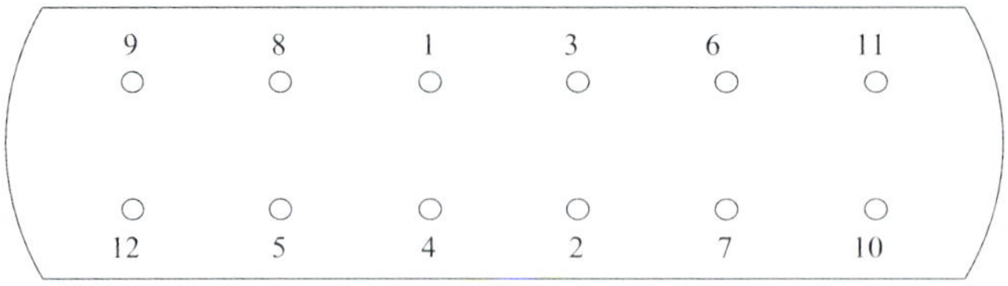

图 4-56　张拉顺序

4. 墩身接高

墩身接高时采用大面积植筋的方法来避免新旧混凝土结合不紧密问题，具体施工步骤及控制要点：样孔试验 —放样—钻孔—去尘—干燥植筋—成品保护；整个施工过程中去尘、干燥、植筋是控制重点。

第五节　旧桥墩新建部分斜拉桥施工技术

一、新建桥梁简述

静兰大桥新建桥梁工程桥面宽 31m，双向六车道；0 号、1 号块箱梁截面高 4.5m，腹板厚 55cm，底板厚 58.5cm；合龙段与边跨现浇段截面高 2.5m，腹板厚 45cm，底板厚 30cm；无索区每个节段锚固预应力 12 束 $12\phi_j15.2mm$，有索区每个节段锚固预应力 6 束 $12\phi_j15.2mm$；拉索间距 4m；合龙段底板龙束为 56 束 $12\phi_j15.2mm$，顶板束为 56 束 $12\phi_j15.2mm$。由此可见新建桥梁工程为强梁弱索体系，桥梁立面线形主要在施工过程控制；后期调整可操作性差，对结构内力影响极大。

二、技术特点和难点

静兰大桥为 6 塔 7 跨部分斜拉桥，施工中具有以下工程特点与技术难点：
（1）桥梁结构具有强梁弱索的特点，桥梁线形需在施工中一次完成；
（2）桥梁结构塔梁固结、墩梁分离，施工线形与临时固结解除后存在一定差异；
（3）6 个墩顶梁段前后开始对称悬臂施工，影响线形因素多，难以协调统一；
（4）施工期间正值酷暑，施工中温度对线形控制影响明显；
（5）施工过程中，受悬臂两端不平衡荷载控制；
（6）桥墩基础为明挖扩大基础，桥墩垂直度易受施工不平衡荷载的影响，产生负弯矩；
（7）合龙段多，外界条件不一，控制措施不同。

三、工况模拟

采用桥梁博士 3.03 专用程序对结构进行离散，结构由主梁、索塔、桥墩、桩基及拉索组成。全桥结构计算模型如图 4-57 所示。全桥共有单元 510 个，节点 559 个。

边界条件：桩基底部固结，交界墩按活动铰支座模拟。

内部主从约束:桩与墩、墩与梁、塔与梁、索与梁均采用主从约束,模拟为刚臂连接。

图 4-57　全桥结构计算模型

(1)计算步骤与计算内容

主桥上部结构主梁采用悬臂浇筑法施工,在墩顶浇筑 0 号块和 1 号块,梁墩临时固结,然后安装挂篮,对称向两侧悬臂施工,共划分为 70 个施工阶段,详见表 4-12。按设计图纸的拉索张力(4500kN)计算。

作为施工验算,无索区每片梁的施工阶段分 3 个步骤计算,即挂篮就位、浇筑梁段、预应力张拉;有索区每片梁的施工阶段分 4 个步骤计算,即挂篮就位、浇筑梁段、预应力张、安装斜拉索,并施加此阶段的初张索力。

计算模型施工阶段划分　　　　　　表 4-12

阶 段 名 称	工　　　序	施工阶段号	阶段时间(d)	结束日期(d)
桩基＋墩		1	100	100
0 号、1 号	浇筑混凝土	2	30	130
	张　　拉	3	3	133
索塔		4	80	213
浇筑 2 号梁段	上挂篮	5	2	215
	浇筑混凝土	6	5	220
	张　　拉	7	3	223
…	…	…	…	…
浇筑 12 号梁段	移挂篮	40	2	325
	浇筑混凝土	41	5	330
	张　　拉	42	3	333
边跨合龙	合龙段模板安装	43	5	338
	1 号、6 号 T 构水箱加载	44	2	340
	边跨合龙吊架	45	1	341
	临时刚支撑	46	1	342
	浇混凝土放水	47	5	347
	拆刚支撑张拉	48	5	352
	拆边跨吊架	49	3	355
次边跨合龙	水箱加载	50	1	356
	合龙吊架	51	3	359
	临时刚支撑	52	1	360
	浇混凝土放水	53	5	365
	拆次边跨吊架	54	5	370
	拆吊架	55	1	371

续上表

阶 段 名 称	工　　序	施工阶段号	阶段时间(d)	结束日期(d)
次中跨合龙	合龙吊架	56	3	374
	临时刚支撑	57	1	375
	浇混凝土放水	58	5	380
	拆刚支撑,拆临时支座,张拉	59	5	385
	拆吊架	60	1	386
中跨合龙	合龙吊架	61	3	389
	临时刚支撑	62	1	390
	浇混凝土放水	63	5	395
	拆除钢支撑,拆临时支座,张拉	64	5	400
	拆除钢支撑,3号支座,张拉	65	1	401
	拆换4号墩临时支座	66	2	403
附属工程	拆所有挂篮	67	15	418
	桥面铺装	68	10	428
	栏杆防护栏等	69	20	448
	收缩徐变	70	3650	4098

悬臂施工完成后,拆除挂篮,在支架上浇筑边跨梁段,在支架上进行边跨合龙,浇筑中跨合龙段混凝土,全桥合龙,完成桥面系施工。

模拟T构变形、立面变形、挠度如图4-58～图4-63所示。

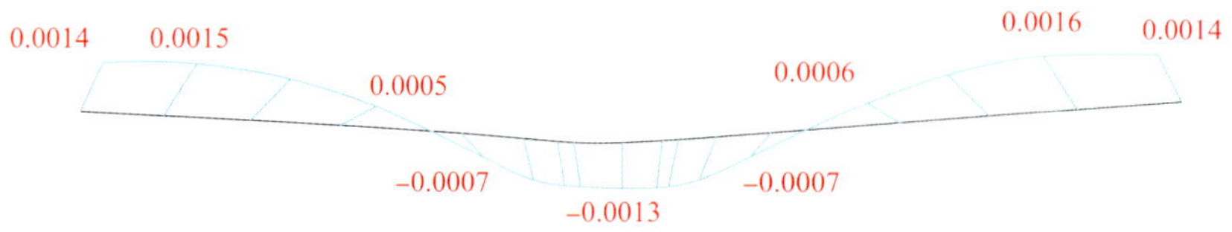

图4-58　5号梁段预应力张拉后的T构变形图(单位:m)

图4-59　12号梁段预应力张拉后的T构变形图(单位:m)

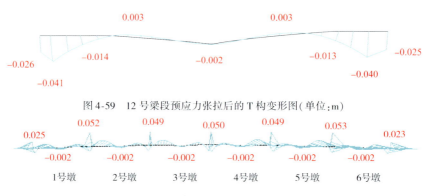

图4-60　全桥合龙后的立面线形(单位:m)

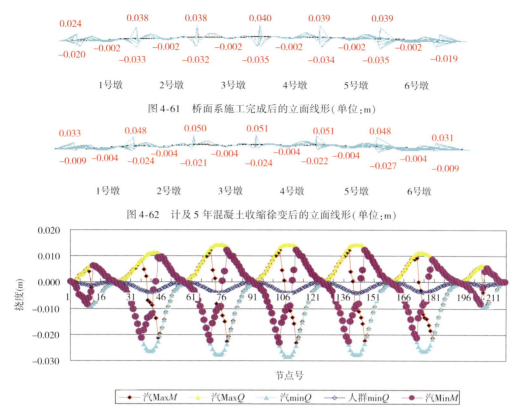

图 4-61 桥面系施工完成后的立面线形(单位:m)

图 4-62 计及 5 年混凝土收缩徐变后的立面线形(单位:m)

图 4-63 车辆及人群产生的挠度

(2)施工预拱度设置

近年来,部分大跨刚构梁桥在通车 2~5 年后出现跨中持续下挠和箱梁底板、腹板开裂的现象。例如,主跨 245m 的黄石长江大桥通车运营以来跨中下挠达 32cm,出现大量裂缝;虎门大桥辅航道桥在建成通车 7 年后,跨中下挠也达到 20cm,并发现了裂缝(虎门大桥辅航道刚构桥在施工过程中仅预留了 0.10m 徐变预拱度)。因此根据同类大跨桥梁的运营经验,在成桥后预留较大徐变拱度是必要的。本桥在竣工阶段也宜预留适当的徐变拱度,结合本桥的设计线形,建议预留值为 5~8cm。

施工预拱度是指悬臂"T 构"在施工过程中各外在、内在因素影响下而产生的挠度,以及成桥后的变形量,不包含挂篮的沉降变形值。

1. 计算参数

(1)恒载:考虑结构自重,主梁重度按 $26.9kN/m^3$、索塔重度按 $27.5 kN/m^3$ 计算,拉索重度按 $82.3kN/m^3$ 计算,桥面沥青铺装层 10cm 按 49.1kN/m 均布荷载加载于桥面单元,人行道系及中央分隔带等附属设施按 49.2kN/m 考虑,横隔板、预应力齿板与拉索齿板以集中力的形式施加于相应节点。

(2)活载:城—A 级,六车道,车道横向折减系数 0.55,偏载系数 1.2;人群荷载按 $2.75kN/m^2$ 计算。施工挂篮按 1400kN 考虑。

(3)温度效应:均匀温度变化按全桥均匀升温 22℃、降温 20℃计算;梯度温度变化按《公路桥涵设计通用规范》(JTG D60—2004)规范第 4.3.10 条取值,取梁顶温度 $T_1 = 14℃$、$T_2 =$

5.5℃,由于桥面有1.5%横坡,而程序计算时按节线法输入,因此将梯度温度等值变换。

(4)混凝土收缩徐变效应和预应力效应。在施工阶段计入收缩徐变效应,成桥后按10年延续期计算收缩徐变影响。环境湿度80%,混凝土平均加载龄期为5d。根据设计图参数输入主梁预应力的数据,计算中预应力的相关参数查《公路桥涵设计通用规范》(JTG D60—2004)得到;施工过程中通过抽检试验,参数满足施工规范时要求,未加以调整。

综合上述分析,考虑预应力管道偏差和混凝土自重修正,初步拟定计算方案为:

预应力管道偏差系数 $k=0.003$,混凝土重度按103%计算成桥阶段的挠度,取最大活载(包括人群)挠度的0.5倍,上述挠度之和的反向值作为施工预拱度(图4-64)。另外,考虑到后期持续下挠因素,在上述计算结果的基础上跨中节点位置再抬高6.5cm,其余位置节点的抬高量按抛物线方式分配抬高值,以此作为施工控制的依据。

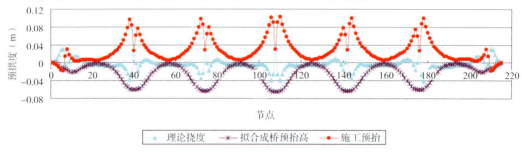

图4-64 预拱度设置

按照本方案,该桥竣工时的中跨位置的高程将比设计高出7.0cm,而在成桥时则高出8.1cm。将"竣工抬高量"作为竣工验收的依据。

2.合龙工况分析

为确保合龙现浇段能如期完成与施工安全,结合现场施工条件边跨与中跨合龙方案采用不同措施:边跨采用挂篮与支架相结合方式;中跨采用两套挂篮不移篮共同受力,中间加拼特制钢模的方式。采用上述方式,既快捷又安全,充分利用现场施工条件,减少挂篮移篮与调整时间,节约了合龙段模板安装、钢筋绑扎、穿钢绞线工序时间。

1)合龙原则

合龙时间:2008年10月15日到11月15日;外界温度:凌晨最低20℃,伴随二级风,中午最高33℃,伴随一级风;东、西岸合龙时间相差10d左右。

合龙方式:边跨合龙段采用挂篮与支架相结合的方式,中跨合龙段在不移篮的情况下采用两套挂篮的方式。

合龙顺序:根据现场各墩箱梁节块施工进度快慢,从边跨向中跨依次合龙;分别从东岸、西岸向跨中进行。

张拉顺序:边跨底板束分三批张拉,第一批张拉顺序为 BB_7、BB_5、BB_3,边跨顶板束 $BT1$;第二批张拉顺序为 BB_6、BB_4;第三批张拉顺序为 BB_2、BB_1。

中跨底板束分三批张拉:第一批,ZB_7、ZB_5、ZB_3;第二批,ZB_6、ZB_4;第三批,ZB_2、ZB_1。

张拉原则:先顶板后底板,先长束后短束,先拉靠近纵向中心线的,上下游对称张拉;第二批张拉在第一批管道压浆后3d进行。

准备工作:各跨根据现场实际情况,提前进行模板安装、钢筋绑扎、穿钢绞线等压重前的准备作业。

2)合龙计算

按照合龙段施工顺序建立计算模型,计算内容包括:各墩支座预偏量、上部结构施工阶段截面应力验算、正常使用极限状态应力计算、承载能力极限状态正截面强度计算。

各墩支座预偏量计算见表 4-13。

各墩支座预偏量计算　　　　表 4-13

支座位置	拟用方案支座回缩量(cm)	原模型支座回缩量(cm)	支座设计预偏量(cm)	成桥支座偏移量(cm)	成桥+升温(cm)	成桥+降温(cm)
0 号桥台	9.1	10.2	-10.0	-0.9	-5.8	4.5
1 号桥墩	6.8	7.9	-5.0	1.8	-2.0	5.9
2 号桥墩	3.4	3.8	0	3.4	1.5	5.5
3 号桥墩	0	0	0	0	0	0
4 号桥墩	-3.7	-4.5	0	-3.7	-1.8	-5.8
5 号桥墩	-7.0	-8.3	5.0	-2.0	1.8	-6.1
6 号桥墩	-10.6	-12.6	12.0	1.4	7.1	-4.8
7 号桥台	-12.8	-14.9	13.0	0.2	7.0	-7.2

注:表中正值表示向鹿寨方向偏移,负值表示向柳州方向偏移。

3)合龙施工阶段计算

根据《公路钢筋混凝土及预应力混凝土桥涵设计规范》(JTG D62—2004)第 7.2.1 条规定,桥梁结构应计算其在制作、运输及安装等施工阶段,由自重、施工荷载等引起的正截面和斜截面的应力。按全桥施工工序,计算得到的主梁上、下缘最大拉应力见图 4-65。

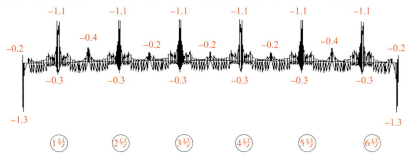

图 4-65　施工阶段主梁上、下缘最大应力包络图(单位:MPa)

从图 4-65 中可知,主梁上缘在施工阶段最大拉应力为 1.1MPa,主要发生在混凝土硬化过程中;主梁下缘在施工阶段最大拉应力为 1.3MPa,发生在边跨合龙过程中。合龙段支承在挂篮或支架上,在劲性骨架与临时张拉作用下,混凝土内部不存在应力,合龙方案是安全可靠的。

4)合龙顺序与流程

步骤一:第一、七跨合龙(图 4-66)。

(1)搭设支架与挂篮前托梁组成第一、七跨合龙段支架;钢筋、模板工序实施。

(2)根据监控高程用水箱进行预压与调整,并焊接劲性骨架。

(3)张拉劲性骨架附近的合龙段钢绞线,左右对称张拉底板为第一根 BB_1、第三根 BB_1,张拉应力为 744MPa(折算为 1250kN);左右对称张拉顶板第一根 BT_1,张拉应力为 558MPa(折算为 1170kN)。

(4)浇筑第一、七跨合龙段,浇筑时同时平衡等重量卸载压重。

(5)龄期 3d,混凝土强度达到 80%,张拉边跨顶板 8 束 BT 后,再张拉底板的第一批,即 BB_7、BB_5、BB_3;管道压浆。

(6)根据现场实际情况做好其余各跨的模板、钢筋、劲性骨架加工就位等工作。

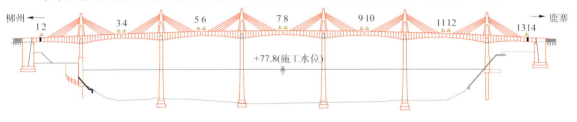

图 4-66 步骤一:第一、七跨合龙(高程单位:m)

步骤二:第二、六跨合龙。
步骤三:第三、五跨合龙。
步骤四:第四跨合龙。
步骤五:第三批合龙束张拉。

第六节 科 研 成 果

(1)静兰大桥旧桥保护拆除,获国家专利号:920165。

(2)钢筋混凝土五跨箱肋拱桥保护性拆除,获安徽省省级工法,批文文件号为建管〔2008〕157 号,编号为 AHGF06-06。

(3)多跨单索面部分斜拉桥线型控制施工工法,获安徽省省级工法,批文建管〔2010〕84 号,编号为 AHGF08-10。

(4)深水溶蚀地质旧桥墩加固利用获 2011 年国家级工法,批文文件号为建质〔2011〕154 号,编号为 GJEJGF248-2010。

(5)五跨箱肋拱桥保护性拆除与七跨部分斜拉施工技术,获 2009 年中国施工企业管理协会科学技术奖技术创新成果奖三等奖,获 2009 年铁道部火车头一等奖,获 2010 年中国公路协会科学技术三等奖。

本章节照片由中铁上海工程局集团有限公司提供。

第五章　柳州市鹧鸪江(双拥)大桥

第一节　工程概况

一、工程概况

柳州市鹧鸪江(双拥)大桥(也称为双拥大桥)呈西北—东南走向,西(北)岸位于鹧鸪江旧码头,连接北外环路;东(南)岸位于下茅洲屯以北,连接建设中的双拥大道。该桥是连接柳北片区和河南高新区的主要通道,对推进城市基础设施总体规划的实施、完善城市道路路网、拓展城市空间、改善城市片区环境、实现柳州大都市战略目标具有十分重要的意义。

柳州市双拥大桥是目前国内最大跨度的单主缆单索面地锚式悬索桥,该工程路线全长 1938m,其中主桥部分长 510m,引桥部分长 988m,道路部分长 440m。引桥全宽 37m,主桥全宽 38m,北岸引道全宽 37m,南岸引道全宽 54m。立交总长 1437m。柳州市鹧鸪江(双拥)大桥效果图如图 5-1 所示。

图 5-1　柳州市鹧鸪江(双拥)大桥效果图

二、自然条件

1. 地形、地貌

双拥大桥桥址跨越的柳江河段宽 480m,其中水面宽 450m,据实测的桥位河谷断面图,河床面起伏不平,水深变化于 10~30m。北岸地形变化较平缓,地面高程变化于 84~89m;南岸地形起伏较大,地面高程变化于 77~89m。

2. 水文条件

(1)桥址河段水文特征

根据柳州市水文观测站 60 年实测资料统计,年最高水位的实测最大值对应的年份为

1996年,洪峰水位为+92.96m(黄海,下同),1963年最低洪水位为+74.1m,两者相差18.86m。多年平均洪水位为+82.22m,频率为1次/3.5年。

(2)航道及通航水位

根据《内河通航标准》(GB 50139—2004),桥址河段为Ⅲ(4)级航道标准;航道的净高10m、净宽40～70m,通航孔不少于两孔。

桥位处最高通航水位+86.55m,频率为十年一遇。

(3)设计流量和设计水位

百年一遇设计洪水位为+91.18m,设计水位以上预留1.5m以上洪水漂流物过桥净空。

3. 地质条件

(1)工程地质特征

场区内土层自上而下可分为:①层杂填土、②层素填土、③层耕植土、④层表土、⑤层新近沉积粉质黏土、⑥层黏土、⑦层粉质黏土、⑧层圆砾、⑨层红黏土、⑩层角砾岩、⑪层角砾岩。

(2)岩溶发育特征

对桥位钻探可知,桥位岩面总体起伏较平缓,浅部局部发育强风化层,局部发育小型溶蚀沟槽;深部岩溶主要为溶洞及溶蚀风化破碎带,溶洞规模大小不一;根据相邻场区相同岩的勘测资料可知,局部常发育串珠状溶洞。

4. 气象条件

柳州市地处亚热带季风区,季风环流影响明显。属亚热带边缘气候,盛暑漫长,炎热多雨。年间气温从-2～39℃,年平均无霜期332天,平均降雨量1453.8mm,雨季集中在4～8月份。历年极端最高气温为39.2℃,历年极端最低气温为-3.8℃,历年最大风速为24.3m/s。

三、主要工程数量

主要工程数量见表5-1。

主要工程数量表　　　　表5-1

项　目		单　位	合　计	备　注
钢材	5.1镀锌高强钢丝	kg	1897740	
	15.2环氧喷涂钢绞线	kg	68200	
	φ^s15.2钢绞线	kg	704910	
	HRB335钢筋	kg	14490082	
	R235钢筋	kg	599940	
	ZG310-570	kg	284317	
	40Cr	kg	115135	
	Q345钢结构	kg	14263825	
	Q235钢结构	kg	1559.51	
	钢丝绳	kg	3522	

续上表

项　　目		单　位	合　　计	备　注
铝皮		kg	400	
Zn 填块		kg	5600	
高强度螺栓	M68	套	88	
	M42	套	100	
	M27×480	套	168	
	M27×380	套	1280	
	M24	套	352	
	M10	套	352	
主缆防护		套	3406	
钢结构/混凝土涂装		m²	198286/51405	
PE 防护		kg	6800	
混凝土	现浇 C50	m³	29954	
	C40/C30/C20	m³	3013/62032/1544	
	C40/C30 防渗混凝土	m³	12220/9716	
	C30 水下混凝土	m³	17489	
	C20 片石混凝土	m³	25458	
	浇筑式/改性沥青混凝土	m³	589/2698	
波纹管	$\phi120/\phi90$	m	20073/366	
锚具	OVM15	套	1368	
OVM RM(Ⅱ)-127 型主缆锚具		套	220	
OVM RM-Ⅱ/Ⅲ型吊索锚具(5×283)		套	84/84	
支座	(-200~800t)拉压支座	个	8	
	500t 抗风支座	个	4	
	50t 纵向阻尼器	个	4	
	GPZ10GD 支座	个	6	
	GPZ10DX/SX 支座	个	26/20	
	GPZ5DX/SX 支座	个	12/12	
挖方	土/石	m³	58622/166990	
填方	砂卵石	m³	161046	
聚丙烯腈纤维		kg	9990	
防腐油脂			58051	
35kW 抽湿机		台	4	
ML1100 抽湿机			2	
伸缩缝	560 型	m	74	
	160 型		242	

四、参建单位

建设单位:柳州市城市投资建设发展有限公司;
总包单位:中铁交通投资集团有限公司;
施工单位:中铁上海工程局集团第五工程有限公司;
设计单位:四川省交通厅公路规划勘察设计研究院;
监理单位:甘肃铁一院工程监理有限责任公司;
监控单位:中铁大桥局集团武汉桥梁科学研究院有限公司。

第二节 工程(技术)重难点与创新

一、工程(技术)重难点

柳州市双拥大桥为单主缆、地锚式悬索结构体系桥梁,主桥长510m,跨径组合为40m+430m+40m。横跨柳江,最大水深28m,桥梁基础位于溶蚀透水地质处。其方案设计与施工的主要工程特点和难点是溶蚀透水地质重力式锚碇施工、"人"字形变截面钢结构索塔施工、扁平流线型钢箱梁柔性支墩单支点连续顶推施工、主缆安装与成桥体系转换等。

(1)重力式锚碇锚固系统采用预应力锚固系统,锚固方式为前锚式,锚固系统由索股锚固连接构造和预应力钢束锚固构造组成。锚体从结构受力和功能上可分为锚块、基础、前锚室等,均为大体积防渗混凝土结构,共有30000m³,防渗等级为P10级。锚碇基础为圆形,直径57m,基础高10m,锚碇顶板至基底高30.95m。

锚碇基坑深度为22m,基底位于柳江常水位以下10m。基坑临近柳江、厂房、城市道路、湘桂铁路等。针对柳江边溶蚀透水地质特点,结合场区环境及施工平面布置,确定柳江常水位以上部分(高12m)采用喷锚网支护放坡开挖,柳江常水位以下部分(高10m)采用环形板墙+排桩进行支护垂直开挖,土层止水采用高压旋喷桩,溶蚀透水岩层采用帷幕注浆止水。场区环境复杂、防水施工难度大、开挖深度深。

(2)索塔为"人"字形塔,高104.811m,设两道横梁,桥塔均为钢结构,由塔柱、横梁和塔冠三部分组成。塔柱高77.749m,截面为三角形变截面。塔冠高27.062m,整体形状为两个锥体。钢塔主体采用Q345C钢板,面板厚28~42mm。塔柱沿高度方向划分为13个节段,一个索塔主体部分共分34个节段进行制造安装,上横梁节段质量为160t,其他节段质量为80t左右。索塔基础由塔座、承台、钻孔灌注桩、联系梁组成,设置预应力。索塔基础处于柳江岸边,地质条件复杂。索塔节段由工厂加工制造,水运至桥位,采用自行设计的支架提升系统吊装安装。该索塔具有变截面钢箱制造、高空吊装、安装精度控制、复杂地质条件下基础围堰施工等难点。

(3)主桥采用单箱双室扁平流线型全焊钢箱梁,箱梁中间设置纵隔板,全宽38m,中心高度3.5m(外轮廓)。采用Q345C钢板,顶板厚16mm。全桥钢箱梁长510m,共分53个吊装节段。总重约9000t,最大吊装质量196t。箱梁节段采用工厂制造板单元,现场组拼吊装。针对单主缆的结构特点采用多点连续顶推方案,桥跨内设置13处柔性支墩,最大支墩高度

50m。由南岸向北岸单端顶推,顶推长度510m,跨越 $R25500m$ 竖曲线。具有顶推距离长、重量大及跨越竖曲线等难点。

(4)主缆采用预制平行钢丝索股(PPWS),采用公称直径5.2mm、公称抗拉强度为1670MPa的高强度镀锌钢丝。主缆从北锚碇到南锚碇的通长索股有91股,边跨不设背索,每根索股由127根丝组成。吊索采用直径7mm的镀锌平行钢丝,吊索下叉耳上端设置调节套筒。吊索分为两类:一类是受力较大和变形有特殊要求的塔处长吊索,定义为特殊吊索,共有10对;另一类是除特殊吊索外的吊索,定义为一般吊索,共有32对。

主梁顶推到位后,调整标高到设计线位置,再开始索梁转换工序。索鞍预偏90cm,共分5次顶推到位。锚碇处主缆中心与水平线夹角为23.2°,主缆锚固端过散索套后扇形扩散角度为22°。

主缆采用预制丝股法进行安装,猫道在索塔处断开,锚固于索塔上。吊索安装时为避免在钢箱梁上设置辅助吊点,直接利用调节套筒进行安装。该桥的主缆安装及成桥体系转换具有主缆锚固端扩散角度大、散索套处主缆就位难度大的难点。直接采用调节套筒安装吊索控制精度要求高。

二、工程创新点

柳州双拥大桥结构新颖,施工技术达世界先进水平,项目部进行了多项创新,形成了"大跨度单主缆单索面宽幅悬索桥施工关键技术"其主要创新点体现在以下三个方面:

一是,针对A形主塔的特点采用空间支架解决了大型构件多点吊装、空间定位和高空焊接的施工难题,保证了塔柱在施工阶段的稳定和安装精度,具有很强的适用性。

二是,宽桥面钢箱主梁采用单滑道柔性高墩多点连续顶推技术,保证了宽主梁的施工稳定,解决了单主缆钢箱梁安装难题;主梁安装系统有效保证了单主缆安装和体系转换中的稳定,具有创新性。钢箱梁安装与主缆系统安装平行作业,缩短了工期。

三是,采用板桩支护、注浆帷幕和锚喷综合技术,解决了临江溶蚀透水地层大直径锚碇超深基坑的稳定和防水难题。

现对创新点的研究内容进行详细介绍:

(1)柳州双拥大桥主塔上设置单一主索鞍受力支点,设计采用A形三角形截面钢主塔,而常规吊装安装方法无法实现安装精度,为了解决A形变截面钢主塔节段吊装和倾斜塔柱空间定位的技术难题,首创92m高空间支架安装A形变截面钢主塔的施工方法。

空间支架布置考虑基础围堰施工和后续顶推焊接平台空间位置的要求,合理布置支架形式,保证了支架的稳定性,在支架顶部设置4台100t提升千斤顶,设计吊装质量160t,吊装高度76m。通过实施进一步验证,支架结构布置合理,施工干扰小,顺利完成了全桥68节段吊装施工,操作方法可控,结构安全可靠。

采用4吊点提升千斤顶系统调整塔节段空中姿态,适合三角形变截面倾斜塔柱节段就位要求,对位精度控制在±2mm以内,保证了安装精度和垂直度。

利用空间支架辅助,独立设置塔柱横向支撑,实现了多节段空中匹配调整。

国内钢主塔多为垂直或倾斜角度较小的矩形截面,或高度低、重量轻,一般采用常规吊机进行安装,采用此项技术进行A形三角形变截面钢主塔安装在全国尚属首次。

"A形变截面钢主塔空间支架安装方法"已获得三项实用新型专利,分别为:"三维变截面 A 形钢主塔节段吊装结构""高主塔吊装门架支反力约束固定结构"及"空间变截面钢主塔下承压板的安装结构"。

(2)柳州双拥大桥单主缆单索面悬索桥的主梁安装较常规悬索桥一般采用骑缆吊机进行主梁安装,存在如下问题:

①骑缆吊机需要特殊设计,且吊装时稳定问题很难解决,需要设置大量的保证稳定的辅助措施,成本高,工期长。

②成桥前结构体系的稳定问题很难解决,焊接质量难以保证,同样需要设置大量辅助措施。

为了解决上述技术难题,结合主塔空间支架系统、主缆施工的稳定问题、钢主梁结构特点和桥位处的建桥条件,采用由南岸向北岸 510m 长距离顶推的单滑道柔性高墩多点连续顶推技术。

①在大桥南岸设置 40m 长的焊接平台,满足 4~5 节段焊接要求,保证了焊接质量;根据通航要求在主跨范围最大水深 28m,河床岩面裸露的条件下利用浮筒式水上钻孔平台设置 13 处最高达 50m 的钢管桩柔性支墩,有效解决了河床岩面裸露的深水支墩的施工难题;所用材料及设备基本采用主塔施工时空间支架系统的材料,同时钢主梁安装与主缆架设平行作业,缩短工期,形成了单主缆单索面悬索桥成套施工技术,具有良好的经济效益和实用价值。

②结合钢主梁单一纵隔板采用单滑道,柔性支墩 6 根钢管桩桩位布置成菱形,中间 4 根为主受力点设置单滑道顶推装置,两侧设置辅助支点形成整体增大支墩稳定性;利用辅助支点设置纠偏装置,保证顶推后钢主梁的稳定,同时辅助支点作为主缆架设时保证稳定的措施,能同时解决钢主梁施工、主缆架设的稳定问题。

③针对柔性高墩抵抗水平推力弱的问题,选择采用单一千斤顶牵拉的方式抵抗滑道摩阻力,不产生对支墩的水平推力,同时各支墩间设置钢绞线水平约束储备。此方法不但有效抵消了水平推力,同时在施工过程中可利用顶推装置及时纠正主梁受温度影响而产生的支墩偏位。

国内目前悬索桥采用的多点连续顶推技术多应用于自锚式悬索桥,一般设置双滑道或多滑道,对于宽幅钢主梁单一滑道的顶推机构和施工方法未见相关报道。

"单滑道柔性高墩多点连续顶推技术"已经获得一项国家发明专利、两项实用新型专利;国家发明专利是"单主缆斜吊杆地锚式悬索桥的施工方法",实用新型专利是"宽桥面单一纵隔板钢箱梁顶推机构"和"浮筒式水上钻孔平台"。

(3)柳州市双拥大桥位处溶蚀地层地质构造复杂,岩面起伏等不确定因素大,裂隙发育容易发生坍塌、透水、管涌等危及施工安全的重大地质灾害,进行锚碇深基坑及主塔基础围堰施工存在如下问题:

①锚碇位于湘桂铁路南侧、紧邻厂房和交通量较大的城市道路,处于断层带,岩溶裂隙发育且与柳江贯通,基坑开挖极易发生透水事故。

②主塔围堰位于岩面起伏的岸边,上游端在岸上,下游端在水中,北侧紧邻高 20m 的防洪堤,南侧紧邻水深 20m 的主河道冲沟,地质条件复杂,常用的围堰方案无法实施。

为此,采用板桩支护、注浆帷幕和锚喷综合技术施工临江溶蚀透水地层大直径锚碇超深基坑;采用排桩与锁口钢管桩联合围堰进行主塔基础施工。

(1)锚碇基坑属超大型深基坑,在溶蚀透水区施工,风险尤其大。项目部详细进行了地质钻探和调查,确认基岩埋伏于地面下 15~22m,岩溶发育在地面下 20~30m,岩面高差变化较大;项目部会同设计单位进行专家论证,确定锚碇由初步设计的 40m×57m 矩形锚碇变为 ϕ57m 的圆形锚碇,基底开挖高程由 +60.2m 抬高至 +67m,同时优化内支撑体系,使施工安全度大为增加。

(2)锚碇基坑开挖深度 22m,基坑上口直径为 95m,下部垂直开挖部分直径为 57m,通过对各种围护方案,如放坡、土钉墙、桩拱墙、地下连续墙等进行比较后,综合考虑地质和地下水水位情况,该溶蚀透水地层的深基坑采用联合支护综合技术:在地下水水位(+77.0m)以上至地面共 12m 高,采用放坡开挖,锚喷支护。潜水水位(柳江常水位)以下开挖深约 10m,采用钻孔排桩与现浇混凝土拱墙支撑,土层采用旋喷桩咬合防水,共设两排,排距 0.45m,进入岩石采用钻孔注浆帷幕,孔距 1.5m,共设两排,排距 0.75m,同时对锚碇基底下裂隙、断层带及溶洞等进行注浆防水。

通过实施进一步验证,该综合技术对溶蚀透水地层的防水效果明显,未出现透水、管涌等现象,基坑变形值始终控制在预警值范围,安全可控,未对邻近建筑物造成不利影响。

(3)主塔围堰施工针对复杂地质条件,采用 84 根锁口钢管桩、76 根 ϕ1.5m 钻孔灌注桩及旋喷桩组成联合围堰,并在锁口内封堵防水,提高了经济效益,实现了无水干挖土方和基岩爆破开挖施工;同时有效控制了岸侧防洪堤土压力,防止围堰整体位移,保证了基坑施工安全。

此前国内外关于深大基坑支护防水问题相关报道多集中在土层深大基坑支护防水,采用冷冻法和旋喷桩等较多,而对于与该桥同类的溶蚀透水地层深大基坑和复杂地质条件下的联合围堰综合技术未见报道。

"溶蚀透水地层大直径锚碇深基坑及复杂地质条件下联合围堰的综合技术"已获得两项实用新型专利,分别是"联合支护开挖溶蚀地质深基坑及其施工方法"与"复杂地质条件下的联合围堰"。

"大跨度单主缆单索面宽幅悬索桥施工关键技术"在柳州市双拥大桥得到成功应用,目前大桥已经安全、优质、按期建成,项目取得良好的经济效益与社会效益,项目部对施工技术及时进行了总结与推广应用,已开发了一项公路工程工法,发表了多篇论文并撰写了一本学术专著,该施工技术对国内同类型桥梁施工具有较高参考价值。

第三节 锚碇深基坑施工技术

一、施工工艺流程

针对锚碇基坑施工技术难题,采用板桩支护、止水帷幕和锚喷综合技术进行施工,如图 5-2 所示。基坑以 +77.0m 高程(常水位高程)为分界,分两部分进行开挖:+77.0m 以上 12m 部分按照 1:0.8 的坡率放坡开挖,采用喷锚支护;+77.0m 以下 10m 部分垂直开挖,采用排桩加逆作连续板墙支护、高压旋喷桩加注浆帷幕止水。+77.0m处设置6m宽的圆形作业平台。锚碇深基坑具体施工工艺流程如图5-3所示。

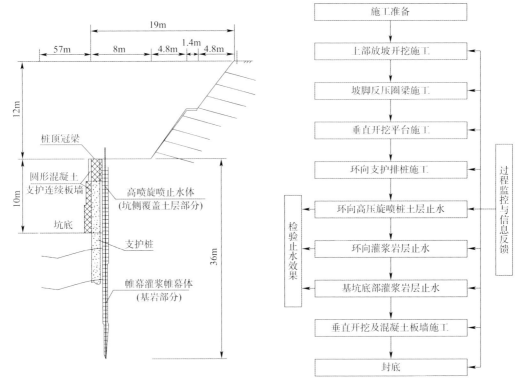

图5-2 锚碇基坑支护及止水结构示意图　　图5-3 锚碇深基坑施工工艺流程图

二、放坡开挖及支护

基坑上部12m基坑位于土层,按照1:0.8的坡率进行放坡开挖,进行喷锚支护。喷射混凝土厚度为15cm,分两次完成:第一次喷射混凝土厚度8cm;第二次喷射混凝土厚度7cm。两次喷射混凝土施工间进行$\phi 20$无应力M25砂浆锚杆和$\phi 8$钢筋网(20cm×20cm)施工,共施工8层锚杆,上面5层锚杆长度9m,下面3层锚杆长度12m。施工过程中采用了坡度尺对基坑边坡坡率和锚杆的角度进行控制,对喷锚厚度和锚杆的锚固力分别进行了取芯检测和抗拔检测。锚杆、钢筋网及喷混凝土结构关系如图5-4所示。

三、垂直开挖、支护及止水

垂直开挖前,需要先在开挖区域外进行施工支护桩施工和止水施工。支护桩桩径$\phi 1.2$m,环向间距2.922m,桩长12.5m,嵌岩深度2.5m,伸入锚碇基底2.5m,采用冲击钻成孔,支护桩施工完成以后在桩顶施工冠梁。支护桩剖面如图5-5所示。

锚碇深基坑垂直开挖部分止水通过坑外侧的土层旋喷桩帷幕体和岩层注浆帷幕体实现,既对基岩面以上覆盖层采用双排高压旋喷桩处理,高压旋喷桩间相互搭接,在环向支护排桩外侧形成帷幕进行止水,旋喷桩施工按"之"字形连续施工,桩长根据土层厚度确定,桩径0.6m。注浆施工示意图如图5-6所示,高压旋喷桩施工示意图如图5-7所示。

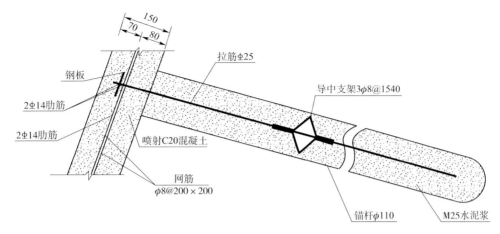

图 5-4 锚杆、钢筋网及喷混凝土结构关系剖面图(尺寸单位:mm)

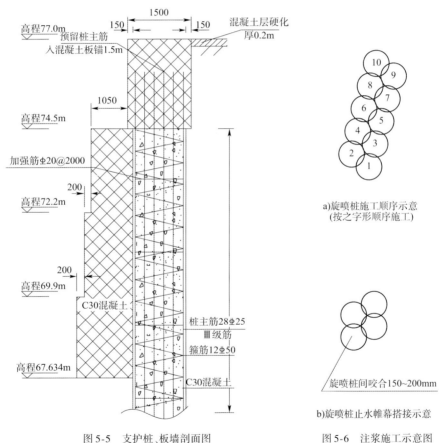

图 5-5 支护桩、板墙剖面图

图 5-6 注浆施工示意图

注:本图除特殊标注的以外,均以 mm 为单位

基坑外围岩层环向注浆止水帷幕体设三排孔,每孔深度 5~9m,先施工第一排和第三排,然后施工中间的第二排孔;每排孔均分三道工序施工,先施工Ⅰ序孔,然后是施工Ⅱ序孔,最后施工Ⅲ序孔,确保浆体扩散半径相互咬合;为保证土层与岩层止水帷幕的衔接,注浆范围需从岩层延伸至土层 1m。

支护桩和止水施工完成以后进行基坑开挖,边开挖边施工逆作拱墙。逆作拱墙共分为3层:第一层厚1.2m、高2.3m,第二层厚1.4m、高2.3m,第三层厚1.6m、高2.266m。采用C30钢筋混凝土。

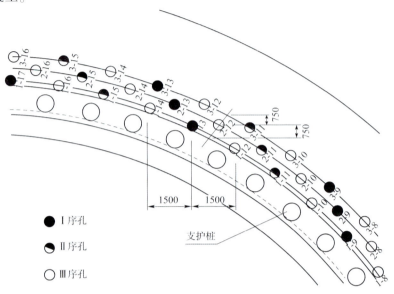

图5-7　高压旋喷桩施工示意图(尺寸单位:mm)

四、索塔塔基础

1. 索塔基础围护方案设计

南北两岸索塔基础均位于水中,根据地形及地质条件,有针对性地进行围护方案设计,采用不同的结构形式,有效降低施工成本。均采用抽水开挖土石方,有利于施工质量控制。

南岸索塔处覆盖层厚10m,由冲沟冲积形成,此处最大水深10m,岸侧均为杂填土。设计采用筑岛填筑和锁口钢管桩围堰方案施工索塔基础。为减小岸侧土压力对围堰稳定性的影响,开挖边坡后在围堰四周设置宽7m的施工平台,取消岸侧边坡的抗滑设计。

北岸索塔处覆盖层平均厚度约4m,岩面起伏,且位于防洪堤边,地质条件复杂。左侧基础在水中,此处覆盖层厚5m左右,岩层面在承台底面以下5m左右,最大水深10m,且河床面十分陡峭,基础外侧向江中心方向5m处水深即达到20m。右侧基础在小山坡上,岩层面在承台底面以上1.5m左右。基础施工时水中钻孔桩采用钻孔平台钻孔,围堰采用钻孔灌注桩排桩与旋喷桩、锁口钢管桩联合围堰。

2. 锁口钢管桩

与钢板桩围堰相比,锁口钢管桩围堰具有刚度大内支撑少、抗滑能力强等优点,近年来得到了广泛应用;是一种适用性较强的围护结构形式,既可以在陆地上用作深基坑围护,又可以在水中形成防水围堰。

锁口设计形式有圆管形和方形两种,圆管形母口为开口的圆形钢管,公口为工字钢。插打时,工字钢顺钢管开口插入,其防水性能较好。方形锁口采用角钢制作,如图5-8所示。

锁口钢管桩与常用的钢板桩相似,但与钢板桩相比,其优点是:

(1)从两者刚度、重量比较来看,采用上述的钢管桩,其惯性矩为 $I_x = I_1 + I_2 + I_3 = 5.6 \times 10^4 \text{cm}^4$,所以其抗弯刚度 $W = I_x/h = 2.12 \times 10^3 \text{cm}^3$,则其每延米的抗弯刚度 $W_m = W/l = 3.08 \times 10^3 \text{cm}^3/\text{m}$,每平方米质量 $G_m = \dfrac{G_1 + G_2 + G_3}{0.688} = 256.8 \text{kg/m}^2$。

拉森Ⅳ钢板桩,其每延米的抗弯刚度 $W_m = 2.037 \times 10^3 \text{cm}^3/\text{m}$,围堰每平方米质量 $G_m = \dfrac{G}{0.4} = 187.5 \text{kg/m}^2$。

两者每延米抗弯刚度相比可得 $\dfrac{3.08 \times 10^3}{2.037 \times 10^3} = 1.51$,每平方米质量相比得 $\dfrac{256.8}{187.5} = 1.37$。综合比较,锁口钢管桩力学指标较优。

(2)内支撑间距大。由于抗弯刚度大,围堰内垂直方向的支撑间距可加大,减少支撑层数。

(3)防水性能好。锁口内填以砂土,如水深、水压大可适当掺水泥与砂,并搅拌均匀,防水性能更优。

(4)插打深度较深,底部锚固能力强,具有抗滑力。

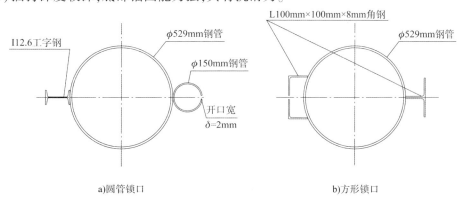

a)圆管锁口　　　　　　　　　b)方形锁口

图 5-8　锁口钢管桩

3. 锁口钢管桩围堰的设计

(1)围堰平面尺寸设计时,考虑合并两侧承台和中间系梁形成一个围堰,以便于基础混凝土浇筑。同时基础承台外侧至围堰间预留预应力张拉施工空间。根据基础平面形状,将围堰确定为矩形。南岸围堰由 400 根锁口钢管桩、I45a 工字钢圈梁及内支撑组成,如图 5-9 所示。

北岸围堰由 84 根锁口钢管桩、76 根 $\phi 1.5\text{m}$ 钻孔灌注桩及旋喷桩组成,并在锁口内封堵防水。北岸联合围堰效果图及围堰立面图如图 5-10 所示。

(2)围堰立面设计时,主要考虑根据锁口桩锚固长度、承台基底位置、封底混凝土厚度、覆盖层厚度等,确定围堰底部高程、内支撑布置层数及与承台分层浇筑之间的关系。

(3)围堰的分析计算主要根据不同的工况进行,本次围堰方案设计除考虑正常的施工工况外,特别考虑了围堰因江岸边坡不对称土压力产生的滑动力,以及北岸岩面起伏造成锁口桩底部可能出现的管涌问题。具体工况及一般计算方法如下。

工况一:不抽水开挖后,浇筑封底混凝土。

工况二:围堰封底之后,抽水至第一层内支撑以下 50cm 处时。
工况三:安装第一层内支撑,抽水至第二层内支撑以下 50cm 处时。
工况四:安装第二层内支撑,围堰内抽干水时。
工况五:浇筑承台混凝土。
工况六:验算基底隆起和管涌的稳定性。

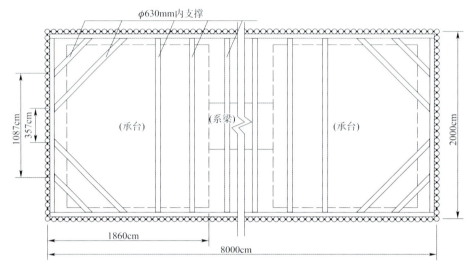

图 5-9　南岸锁口钢管桩围堰平面图

a)效果图

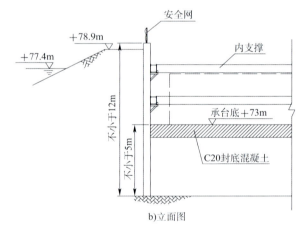

b)立面图

图 5-10　北岸联合围堰效果图及围堰立面图

①外部荷载。围堰所受的外部压力有土压力、静水压力及流水压力。
土压力计算公式如下。

无黏性土：
$$P_{土} = \gamma h \tan^2\left(45° - \frac{\varphi}{2}\right)$$

黏性土：
$$P_{土} = \gamma h \tan^2\left(45° - \frac{\varphi}{2}\right) - 2c \tan^2\left(45° - \frac{\varphi}{2}\right)$$

静水压力：
$$P_{静} = \gamma' h'$$

动水压力： $$P_{动} = kA\frac{\gamma' V^2}{2g}$$

上述式中：γ——土的重度(kN/m^3)，地下水水位以下用浮重度；

h——计算点距填土面的深度(m)；

c——填土的黏聚力(kN/m^2)；

φ——填土的内摩擦角；

γ'——水的重度(kN/m^3)；

h'——水头差(m)；

k——围堰形状系数；

A——围堰阻水面积(m^2)；

V——设计流速(m/s)；

g——重力加速度。

②强度分析。弯曲应力 $\sigma = \dfrac{M}{W}$（单向受弯构件）；剪应力 $\tau_{max} = \dfrac{3}{2}\dfrac{F}{bh}$（矩形截面，为平均应力的1.5倍）；$\tau_{max} = \dfrac{F}{bh_0}$（工字钢，剪力全部由腹板承受）；$\tau_{max} = \dfrac{4}{3}\dfrac{F}{\pi r^2}$（为平均应力的4/3倍）。变形计算根据受力及跨度实际情况计算。

③稳定性分析。围堰在受到流水压力或其他不对称的外力时，整体可能发生倾覆的危险，其抗倾覆性 K_z 要加以计算，计算公式为：

$$K_z = \frac{M^0}{M^r}$$

式中：M^0——稳定力矩；

M^r——倾覆力矩。

在水中要计算围堰的抗浮稳定性 K_r 为：

$$K_r = \frac{F}{P_{浮}}$$

式中：F——围堰的自重，与土体垂直方向的摩擦力等的合力；

$P_{浮}$——水的浮力，$P_{浮} = \gamma h A$。

主塔基础采用围堰进行施工，围堰施工区域为81.7m×18.3m，南岸主塔基础位于江边，经筑岛后，基础处覆盖层为9m，北岸主塔基础在柳江防洪堤的坡脚，筑岛难度大，因此23号墩采用直径529mm锁口钢管桩围堰，22号墩采用直径1.5m支护桩配以直径300mm旋喷桩和直径529mm锁口钢管桩联合围堰。联合围堰结构如图5-11所示。

①围堰施工时要考虑岸侧对围堰的土压力以及合理的施工顺序。22号墩围堰岸侧全部采用支护桩配以旋喷桩的结构形式，解决了岸侧土压力对围堰的影响，施工时也是先施工岸侧的支护桩，再施工其他位置的支护桩和锁口钢管桩。

23号墩为减小岸侧土压力对于围堰的影响，将岸侧围堰外7m的区域地面高程降至+77.0m，施工时从上游岸侧插打第一根锁口钢管桩，分别向下游、向北岸顺序插打，最终在下游江侧实现围堰封闭。

②23号墩围堰共需插打331根锁口钢管桩，桩身锁口仅有14cm的空间，锁口钢管桩围

堰是否能够实现封闭,关键是锁口钢管桩的插打质量,尤其是桩身的垂直度。在围堰施工前,对围堰的外边缘进行放样并挂线,锁口钢管桩外边沿着挂线进行插打,确保围堰的结构尺寸满足要求,插打时对钢管桩的垂直度进行监测,随时进行调整,保证桩身垂直度。

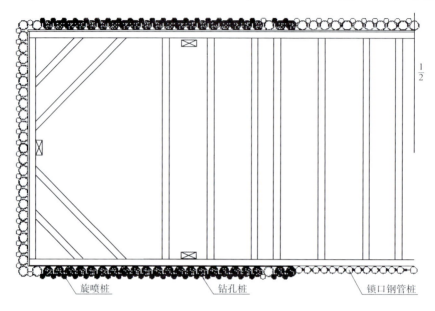

图 5-11　联合围堰结构示意图

③锁口钢管桩围堰止水是围堰成功与否的关键,23 号墩锁口钢管桩围堰处筑岛以后覆盖层 9m,锁口钢管桩插打后钢管底口位于承台底面以下 3m,插打过程中锁口钢管桩的锁腔内均被土体填充使锁口钢管桩间密封严密。22 号墩锁口钢管桩围堰部分,与水接触的部分在锁口钢管桩的锁腔内填充黄黏土,使钢管桩间缝隙密封,并在锁口钢管桩围堰的外侧覆盖防水布,将防水布的底口用砂袋压实。

④22 号墩锁口钢管桩围堰与支护桩的连接:利用与锁口钢管桩接头的支护桩钻孔钢护筒上加工锁口与锁口钢管桩连接。

第四节　主塔节段吊装

针对 A 形主塔的构造和受力特点,施工时首创 92m 高空间钢管支架,解决了大型构件多点吊装、空间定位和高空焊接的施工难题,确保了塔柱在施工阶段的稳定和精度,具有较高的经济性。

一、主塔吊装安装方案的确定

双拥大桥主塔与普通悬索桥主塔结构在外形和构造上有很大的差异。首先,从主塔的结构材质上考虑,由于成桥后主塔根部应力较为集中,四川省交通运输厅公路规划勘察设计研究院将主塔的结构形式设计为钢主塔,普通悬索桥一般采取混凝土的主塔结构形式,而钢主塔结构必须经过吊装安装;其次,本桥主塔外形上设计为 A 字形,塔尖以下由 34 个节段拼装而成,钢构件尺寸大、重量重。A字形塔柱倾斜角度大,主塔节段在高空吊装安装时姿态较为复杂,要采用多吊点吊装,以便在空中调整姿态,才能准确拼装和焊接。钢主塔拼装采用的吊装机具须适应以上特点。查阅国内外悬索桥施工资料,曾考虑多种吊装方案:

方案一:吊车配合吊装方案

可在主塔塔身周边布置两台以上的大型吊机相互配合进行吊装安装,但由于起吊高度达106.6m,吊机的伸臂在满足同时起吊且互不干扰的前提下难以协调,配合的难度大。另外,主塔塔身部分最大吊装质量达160t,起吊高度达86m,目前国内外难以选用适应以上吊装质量和起吊高度的大型吊机。

方案二:大型塔吊吊装方案

本工程设计为A型主塔,塔柱倾斜坡度大,给塔吊设计带来更多的困难。再加上控制和调整构件空间姿态须增加多项附属设备,塔吊的设计更为复杂;且成本高,设计和制造工期长。

方案三:钢管支架吊装方案

本方案可根据主塔和围堰的相对位置关系,采取在主塔周边搭设钢管支架吊装系统进行施工,在钢管支架的顶部搭设横梁,并根据主塔的平面位置在横梁上方设置提升系统,对主塔节段进行吊装安装。

综合以上方案比选,我单位最终采取了钢管支架吊装施工方案。支架施工的经验丰富,易于搭设,工期短,支架搭设的钢管材料易于采购,随搭随购,支架所采用的材料能够周转使用在钢箱梁顶推支墩上,从很大程度上节约了施工成本。

二、支架吊装系统设计计算

1. 支架设计主要技术参数

①利用支架吊装鞍座以下34节大型构件($T_0 \sim T_{13}$),最大起吊质量160t,因此支架顶部设置在主塔鞍座顶高程。主塔支架最大起吊高度76m,塔尖部分件拼装重量轻,采用常规塔吊安装。

②支架立柱需设置在围堰内侧,立柱采用$\phi 1520$钢管独立支墩形式,水平横向联系采用$\phi 630$钢管,以增加稳定性和刚度。

③支架顶部铺设轨道,作为提升系统走行轨道。

2. 支架设计计算条件

(1)设计荷载条件

设计高程:横向联系布置满足在20年一遇洪水位时施工,横向联系设置在常水位以上10m,不考虑洪水对横向联系的影响。

钢管支架设计荷载:主要包括主塔节段的自重、10年一遇的风荷载、人员机具荷载、提升系统自重等。

(2)设计计算工况分析

①恒载+吊车活载:对提升系统在支架上的不同位置进行最不利工况组合,组合成4个不利工况,各工况荷载具体位置如图5-12~图5-15所示。

②恒载+风荷载:仅组合一个工况,即自重+10年一遇的风荷载,作为工况5。

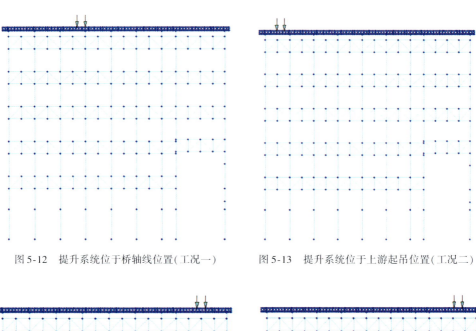

图 5-12　提升系统位于桥轴线位置(工况一)　　图 5-13　提升系统位于上游起吊位置(工况二)

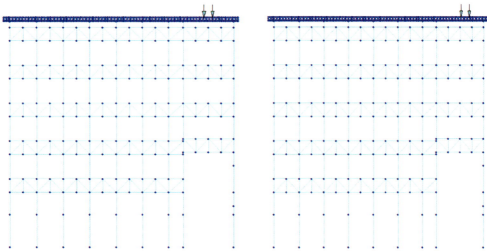

图 5-14　提升系统位于喂梁区跨中(工况三)　　图 5-15　提升系统位于下游起吊位置(工况四)

3. 支架结构模型的建立

支架计算采取空间有限元分析软件 Midas Civil 建立力学模型,支架共离散为 1018 个单元,486 个节点。支架全部采用 Q235 钢材,支架底部通过 C20 混凝土条形基础锚固,支架底部边界条件模拟为固接约束。结构计算模型见图 5-16。

4. 支架结构强度分析

各工况下钢管桩的正应力结果见图 5-17 ~ 图 5-21。

工况一时,位于荷载作用位置附近钢管桩,即从左数第 3、4 排钢管的应力较大,在第 4 排钢管桩顶部最大,达到 -41.06MPa。其他钢管桩的应力较小。

工况二时,位于荷载作用位置附近钢管桩,即从左数第 1、2 排钢管的应力较大,在第 2 排钢管桩顶部最大,达到 -36.83MPa。其他钢管桩的应力较小。

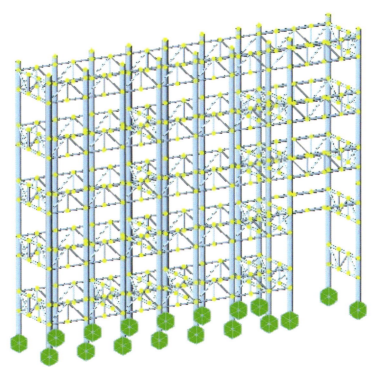

图 5-16 结构计算模型

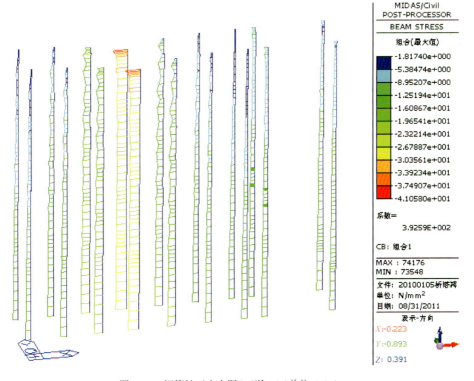

图 5-17 钢管桩正应力图(工况一)(单位:MPa)

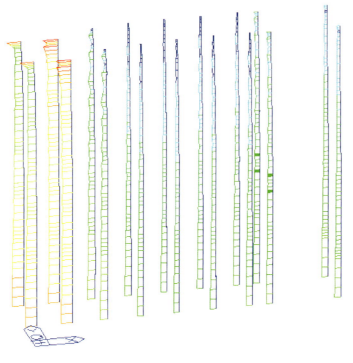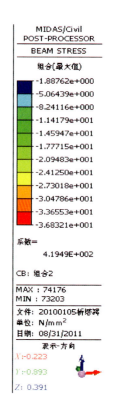

图 5-18　钢管桩正应力图(工况二)(单位:MPa)

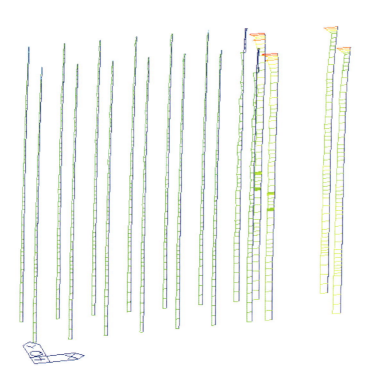

图 5-19　钢管桩正应力图(工况三)(单位:MPa)

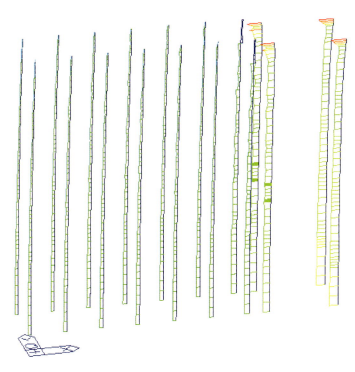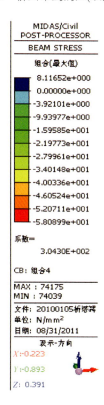

图 5-20　钢管桩正应力图(工况四)(单位:MPa)

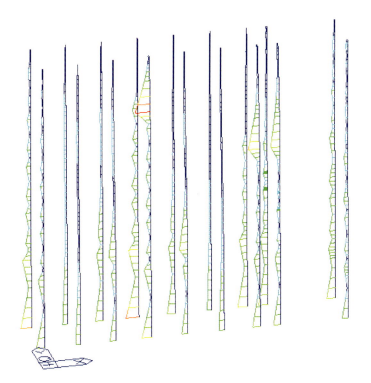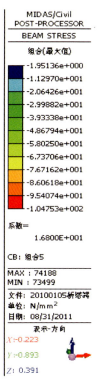

图 5-21　钢管桩正应力图(工况五)(单位:MPa)

工况三时,位于喂梁区两侧的钢管桩应力较大,在喂梁区左侧钢管桩顶部最大,达到 -60.36MPa。其他钢管桩的应力较小。

工况四时,位于喂梁区两侧的钢管桩应力较大,在喂梁区右侧钢管桩顶部最大,达到 -58.09MPa。其他钢管桩的应力较小。

工况五时,支架钢管桩底部应力较大,其原因在于钢管桩在 Y 方向联系很弱,造成该方向的抗弯刚度小,在风荷载作用下主要形成悬臂梁受力形式,所以在底部的固定端位置产生较大应力,最大应力为 -104.75MPa。

经计算结果可知主塔支架在正常施工中和风荷载作用下满足规范规定的强度条件。

5. 支架刚度分析

支架各工况下的位移结果见图 5-22 ~ 图 5-26。

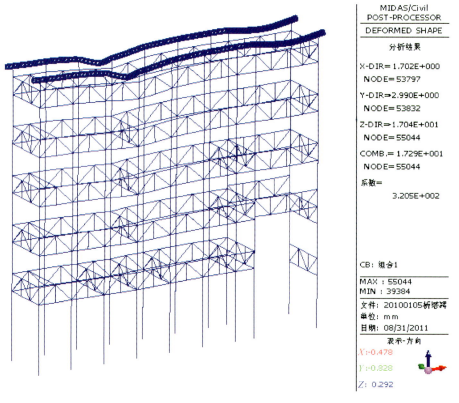

图 5-22 支架位移图(工况一)(单位:mm)

工况一时,支架在 X、Y、Z 三个方向上的位移分别为 0.17cm、0.299cm 和 -1.7cm。在 Z 方向上的位移最大。

工况二时,支架在 X、Y、Z 三个方向上的位移分别为 0.36cm、0.32cm 和 -2.06cm。在 Z 方向上的位移最大。

工况三时,支架在 X、Y、Z 三个方向上的位移分别为 0.86cm、0.39cm 和 -4.95cm。在 Z 方向上的位移最大,发生在喂梁区贝雷梁。其原因为:喂梁区贝雷梁的跨度较大,在竖向荷载作用下产生较大挠度。

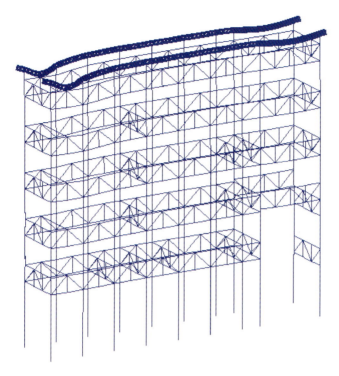

图 5-23　支架位移图(工况二)(单位:mm)

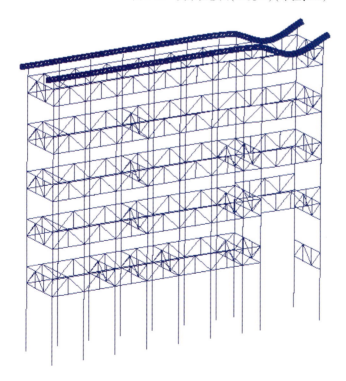

图 5-24　支架位移图(工况三)(单位:mm)

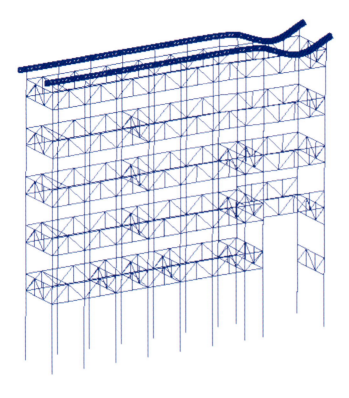

图 5-25　支架位移图(工况四)(单位:mm)

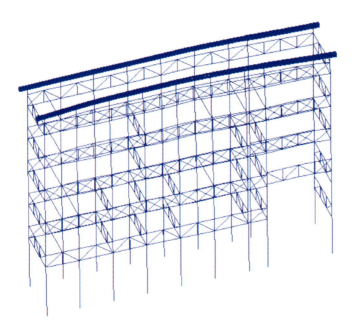

图 5-26　支架位移图(工况五)(单位:mm)

工况四时，支架在 X、Y、Z 三个方向上的位移分别为 0.89cm、0.43cm 和 -4.87cm。在 Z 方向上的位移最大，发生在喂梁区贝雷梁。其原因同工况三时的原因。

工况五时，支架在 X、Y、Z 三个方向上的位移分别为 0.78cm、21.4cm 和 -1.21cm。在 Y 方向上的位移最大，主要为该方向的风荷载引起。其他两个方向的位移较小。

经计算结果可知，主塔支架在正常施工中和风荷载作用下满足规范规定的刚度条件。

6. 支架稳定性分析

图 5-27 ~ 图 5-31 为各工况下支架的一阶屈曲模态。

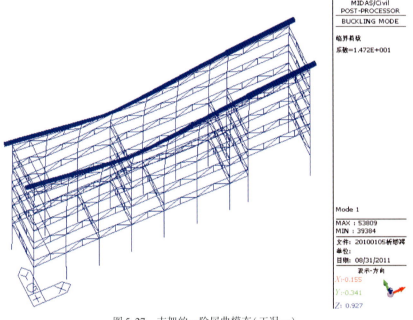

图 5-27　支架的一阶屈曲模态（工况一）

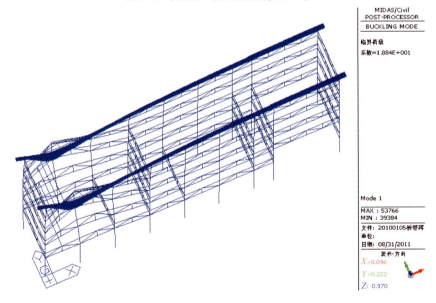

图 5-28　支架的一阶屈曲模态（工况二）

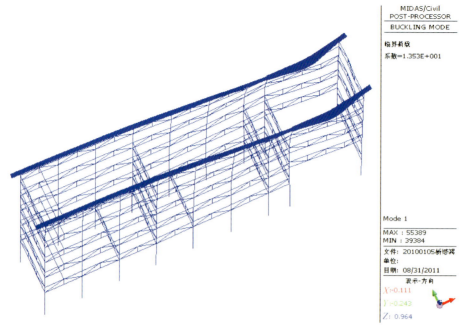

图 5-29 支架的一阶屈曲模态（工况三）

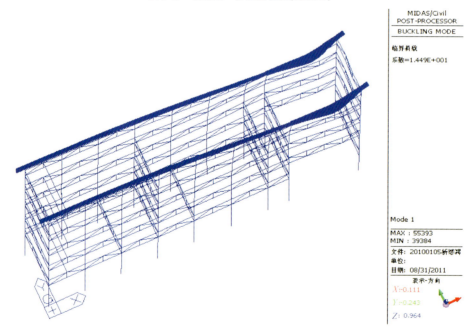

图 5-30 支架的一阶屈曲模态（工况四）

工况一，支架的一阶稳定系数为 14.72；
工况二，支架的一阶稳定系数为 18.84；
工况三，支架的一阶稳定系数为 13.53；
工况四，支架的一阶稳定系数为 14.49；
工况五，支架的一阶稳定系数为 14.15。

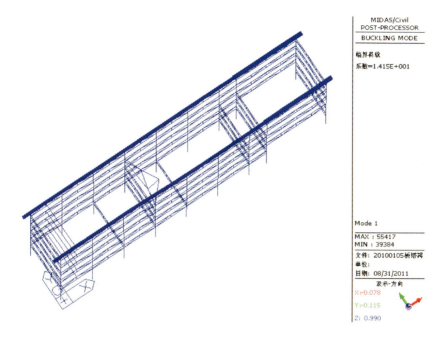

图 5-31　支架的一阶屈曲模态（工况五）

经计算结果可知，主塔支架在正常施工中和风荷载作用下满足规范规定的稳定性条件。为了保证支架具有足够的安全系数，施工期间遇风级较大时，及时停止施工，并采取相关措施加强施工支架的整体刚度。

三、主塔吊装支架施工

在主塔塔身四周搭设主塔吊装支架，吊装支架总高度 92m，支架立柱采用 18 根直径 1520mm 钢管桩，立柱钢管桩接高用法兰进行连接，钢管桩立柱间设置由直径 630mm 和直径 325mm 钢管组成的横纵向花格架联系，焊接连接。钢管桩顶部设置贝雷梁滑移平台，滑移平台上安装 4 台 1000kN 竖向往复式千斤顶。支架吊装系统总体立面布置如图 5-32 所示。

1. 承重立柱

受主塔围堰的空间结构尺寸的影响，支架承重立柱采取实腹式截面，同时考虑到钢箱梁顶推支墩材料使用的需要，支架承重立柱设计为 $\phi1520 \times 10$mm 的钢管立柱，均匀布置在主塔围堰与承台之间。立柱横桥向间距为 6×12.5m $+ 7$m $+ 23.6$m，顺桥向间距为 17.9m，钢管立柱从承台顶到钢管顶总高设计为 86.26m，采用法兰盘进行连接，见图 5-33。

2. 横向联系

为了加强支架整体稳定性，在支架相邻立柱之间设置横向联系，横向联系设计为 $\phi630 \times 8$mm 和 $\phi325 \times 6$mm 的钢管组成的桁架，桁架高度为 6m。根据支架钢管立柱的间距分为 A、B、C、D 四类联系，如图 5-34 所示。上下两层横向联系间距设计为 17m，每层横向联系上设置人行走道与防护栏杆。受主塔节段吊装安装净空要求，顺桥向的 D 类联系布置数量较少，支架横向刚度较小，支架柔性较大。

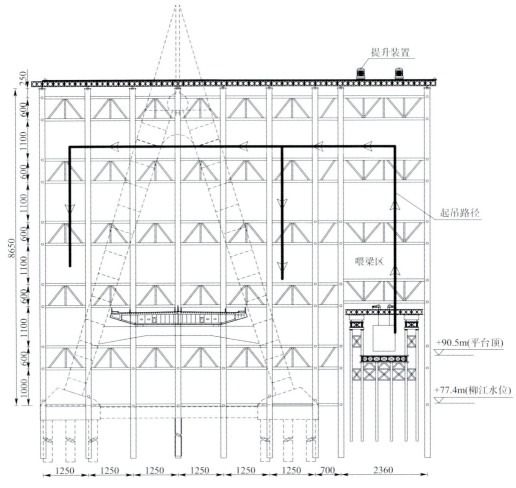

图 5-32　支架吊装系统总体立面布置图(尺寸单位:cm)

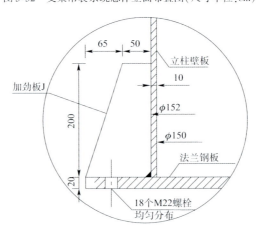

图 5-33　承重立柱节点连接详图(尺寸单位:cm)

3. 走行轨道梁

走行轨道梁布置在支架顶部,在节段吊装安装区域和喂梁区域分段布置,节段喂梁区域和节段安装区域分别为单层 8 排加强型贝雷梁和单层 6 排加强型贝雷梁,贝雷梁上方布设间距为 70cm 滑道,滑道具体结构由 2I32a 工字钢与不锈钢板组成。提升系统走形轨道梁布置如图 5-35 所示。

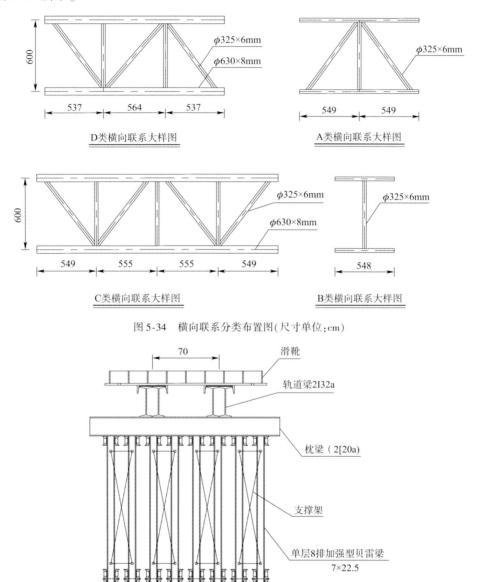

图 5-34　横向联系分类布置图(尺寸单位:cm)

图 5-35　提升系统走形轨道梁布置图(尺寸单位:cm)

4. 提升系统

提升系统主体结构由 4 台 LSD1000-200 液压提升千斤顶、2 台 YTB 型液压提升泵站、计算机控制系统以及提升系统主横梁组成。提升系统主横梁设计为单层 6 排加强型贝雷梁。计算机同步控制系统的构成为每个泵站配置一个阀体柜,每个阀体柜最多可控制 4 台 LSD 提升千斤顶,具有逻辑控制、位移控制和位置同步控制功能,能实现主塔节段的平稳提升、下降控制。提升系统总体平面布置见图 5-36。

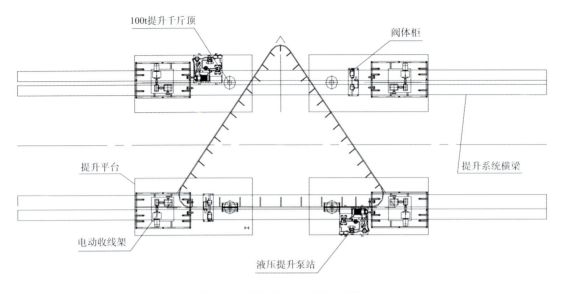

图 5-36　提升系统总体平面布置图

四、主塔吊装

1. 主塔节段吊点设置

由于主塔为 A 形塔，主塔节段是三角形截面，塔柱倾斜，因此，在主塔节段上设置了 A、B 两类共 4 个吊点，其中 2 个 A 类吊点位于内壁板上，2 个侧壁板上各设置一个 B 类吊点。

2. 主塔吊装

主塔吊装首先需要按照主塔塔柱的倾斜角度在喂梁平台上调整好主塔节段的姿态，后续主塔节段吊装仅在竖直和水平方向移动，不需要再作其他调整。主塔节段姿态调整如图 5-37 所示。

图 5-37　主塔节段姿态调整

主塔节段到达设计位置后，进行精确调整。在每个主塔节段上布设 7 个测点，粘贴反射片用于收集各节段线形参数。主塔精确定位测点布置如图 5-38 所示。

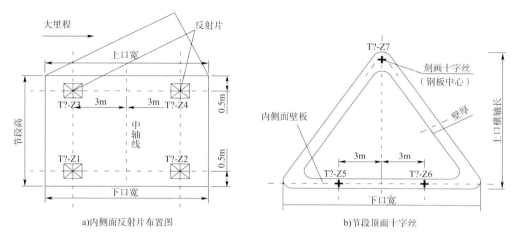

a) 内侧面反射片布置图　　b) 节段顶面十字丝

说明：1. 本图以线路左幅塔柱节段为例，右幅对称布置；
2. 点位编号按从小里程到大里程，从下到上的顺序，右幅对称编号。T3-Z3 表示 T3 节段左幅 3 号点；
3. ? 表示对应的钢塔节段

图 5-38　主塔精确定位测点布置图

第五节　加劲梁顶推

一、方案比选

主桥采用扁平流线型钢箱梁。横断面为单箱双室，单一纵隔板构造，钢箱梁节段长度为 7～10m 不等，节段最大质量 192t。参考其他已经建成或正在建设的悬索桥主梁架设方法，结合双拥大桥钢箱梁结构特点，拟定骑缆吊机吊装施工方案、满堂钢管支架拼装施工方案和多点连续顶推施工方案三种钢箱梁架设方案。

方案一：骑缆吊机吊装施工方案

双拥大桥悬索系统设置单根主缆，采用专门设计的骑缆吊机架将主跨范围内的钢箱节段运至桥位处起吊后进行悬拼焊接，两个边跨采用大型起重机械进行吊装、焊接。

方案二：满堂支架拼装施工方案

在主桥桥位处采用钢管桩搭设满堂支架，并在满堂支架上铺设钢箱梁运输轨道和安装起重吊装设备，钢箱梁加工好以后逐段运至设计位置进行桥位焊接。

方案三：单滑道柔性墩多点连续顶推施工方案

主桥南岸边跨搭设钢箱梁顶推焊接平台，在主跨和北岸边跨采用 $\phi 1520mm$ 钢管搭设 14 个顶推临时支墩，支墩间距 35m。对应钢箱梁纵隔板在临时支墩顶部设置一道滑道梁，每个顶推临时支墩上均设置一套顶推千斤顶。钢箱梁每到达一个临时支墩时，该临时支墩顶推系统开始参与顶推，最终实现钢箱梁从南岸到北岸多点连续顶推。

三种施工方案的优缺点具体如下：

方案一是按照传统的悬索桥主梁架设方案进行，但是双拥大桥悬索系统为单根主缆，因此，骑缆吊机需要进行特殊设计，设计、制造费用昂贵，而且单根主缆的骑缆吊机稳定性差，安全风险巨大。

方案二的安全风险最小,有利于主桥线形调整,但是,该施工方案将长时间耗费大量的周转材料,增加了工程投资,而且通过计算搭设的钢管间的最大距离不能满足柳江Ⅳ级航道通航和度汛要求。

方案三参照钢梁传统顶推施工作业的经验和参数进行设计。顶推施工工艺成熟,顶推到位后便于主桥线形调整。同时钢箱梁顶推与缆索系统的安装互不干扰,可同时施工,大大缩短了工期。因此选择采用单滑道柔性墩多点连续顶推施工方案,实施步骤如图5-39所示。

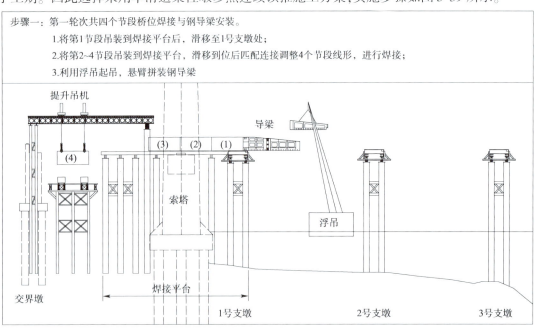

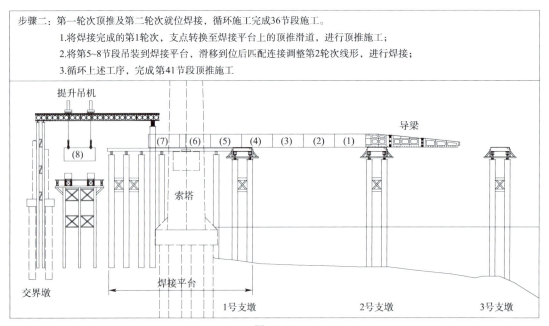

图 5-39

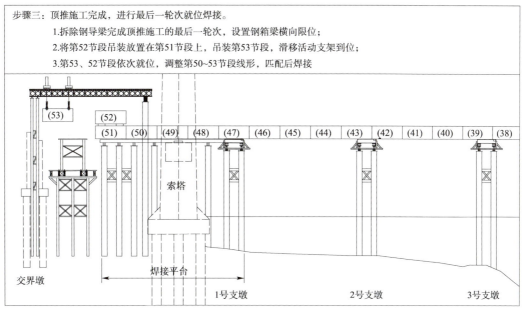

图 5-39　钢箱梁顶推施工步骤图

二、模拟计算

钢梁安装由南岸向北岸采用多支点单滑道连续顶推,顶推距离 470m,共设 14 个临时支墩,分 14 次顶推。模拟计算模型如图 5-40 所示。

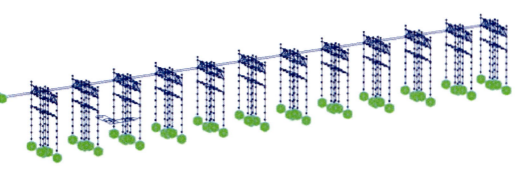

图 5-40　模拟计算模型

1. 钢箱梁最大支反力

按多排支墩计算,以导梁上 11 号支墩工况计算支墩最大支反力(按照中滑道承受钢箱梁的所有重量)为 6649.4kN,见表 5-2。考虑 1.1 荷载增大系数,支墩最大支反力为 7314.3kN。

各支墩支反力和摩阻力(摩阻系数按 0.05 考虑)(单位:kN)　　表 5-2

支　　墩	工　　况	
	导梁上 13 号临时墩的各支墩支反力	导梁上 13 号临时墩的各支墩摩阻力
0 号墩	1921.8	96.1
21 号主墩	2309.0	115.5

续上表

支　　墩	工　况	
	导梁上13号临时墩的各支墩支反力	导梁上13号临时墩的各支墩摩阻力
1号临时墩	2756.9	137.8
2号临时墩	4919.3	246.0
3号临时墩	6185.6	309.3
4号临时墩	5962.2	298.1
5号临时墩	5929.8	296.5
6号临时墩	5996.9	299.8
7号临时墩	5994.0	299.7
8号临时墩	5993.3	299.7
9号临时墩	5997.5	299.9
10号临时墩	6050.4	302.5
11号临时墩	6649.4	332.5
12号临时墩	4686.7	234.3
13号临时墩	149.1	7.5
合计	71502.0	3575.1

2. 最大静摩阻力

按单个支墩计算,计算采用摩擦系数取0.1,则单个支墩最大摩阻力为630.9kN。

3. 顶推施工中钢箱梁局部受力分析

顶推施工过程中钢箱梁局部应力状态复杂,对钢箱梁顶推过程进行分析,研究钢箱梁局部应力分布状态。采用结构有限元分析软件 Midas Civil 进行分析计算。建模时,采用梁单元模拟导梁、厚板单元(考虑剪切)模拟钢箱梁。为尽可能准确模拟钢板局部受力状态,完全按设计布置纵横隔板及加劲肋板,并对滑道支座上方的钢箱梁单元进行细分。

本次分析采用"一次落架法"的思路,通过改变临时支墩的位置,模拟顶推过程中钢箱梁的不同受力状态。所有计算均假定滑道、临时支墩变形引起的不均匀沉降对钢箱梁内力的影响,可通过顶推施工措施予以改善。

(1)荷载

钢箱梁自重由程序根据材料容重自动计算;导梁自重根据施工图资料换算为梁单元线荷载作用于导梁单元上;钢箱梁焊缝及其他构造板件的重量、施工临时荷载等通过设定自重调整系数1.15予以考虑;暂不考虑温度、支座不均匀沉降等作用。

(2)施工工况分析

为了更全面反映钢箱梁局部受力状态,每轮次钢箱梁顶推施工取以下6个典型施工工况为分析工况。

工况1:梁段焊接完毕且最末尾梁段位于活动支架上;

工况2:梁段向前顶推至最末尾梁段刚好离开焊接平台H-6号墩;

工况3:梁段向前顶推至最末尾梁段刚好离开焊接平台H-4号墩;

工况 4：梁段向前顶推至最末尾梁段刚好离开焊接平台 H-3 号墩；
工况 5：梁段向前顶推至最末尾梁段刚好离开焊接平台 H-2 号墩；
工况 6：梁段向前顶推至最末尾梁段位于焊接平台 H-1 号墩上。

(3) 模型建立

根据设计图纸,按照各构件实际空间布置、连接情况、截面尺寸,建立了空间计算模型。计算模型以顺桥向为 X 轴,横桥向为 Y 轴,竖向为 Z 轴。为了满足计算精度要求,钢筋梁局部有限元分析模型如图 5-41 所示。

图 5-41 钢箱梁局部有限元分析模型

(4) 计算结果分析

根据以上思路分别建立某一轮次钢箱梁顶推施工的有限元模型并分析计算。由于本次计算采用的有限单元较多,以下仅给出钢箱梁纵隔板(包括纵隔板附近纵向加劲肋)、横隔板在 6 个施工工况下的局部应力数值,应力结果均取有限单元节点(板顶和板底)平均应力值,见表 5-3 ~ 表 5-8。

钢箱梁顶推工况 1 局部应力状况(单位:MPa)　　　　表 5-3

位　置		节点号	σ_{xx}	σ_{yy}	σ_{xy}	σ_{max}	σ_{min}	τ_{max}
纵隔板及纵加劲肋	5 号墩	134390	-137.6	0	-31.6	7	-144.5	75.7
	4 号墩	138066	-136.2	-23.1	-49.3	-4.6	-154.6	77.3
	3 号墩	258513	-137.9	-21.6	-47.6	-4.6	-154.9	77.5
	2 号墩	306143	-128.5	-17.9	-35.6	-7.4	-138.9	69.5
	1 号墩	332033	-60.1	-4.8	-17.8	0.4	-65.3	32.8
	0 号墩	370946	-99.3	-13.6	28.9	-4.8	-108.1	54.1
横隔板	5 号墩	542	-46.3	-26.8	4.1	-26.1	-47.1	23.5

注:σ_{xx}-单元局部坐标系 x 方向正应力;σ_{yy}-单元局部坐标系 y 方向正应力;σ_{xy}-单元局部坐标系 $x-y$ 平面剪应力;σ_{max}-最大主应力;σ_{min}-最小主应力;τ_{max}-最大剪应力。以下类同。

钢箱梁顶推工况 2 局部应力状况(单位:MPa)　　　　表 5-4

位　置		节点号	σ_{xx}	σ_{yy}	σ_{xy}	σ_{max}	σ_{min}	τ_{max}
纵隔板及纵加劲肋	5 号墩	285045	-196.3	-14.1	59.4	3.6	-213.9	108.8
	4 号墩	138696	-105.9	-26.3	-45.1	-6	-126.1	63.1
	3 号墩	257151	-128.7	-22.6	41.9	-8.1	-143.3	71.6
	2 号墩	306178	-138.1	-17.2	-39.9	-5.2	-150.3	75.1
	1 号墩	332132	-43.8	-7	1.5	-6.9	-43.8	21.9
	0 号墩	383658	-34.7	-4.1	1.8	-3.9	-34.8	17.5
横隔板	5 号墩	10	-134.5	-82.7	30.9	-78.2	-134.9	148.9

钢箱梁顶推工况 3 局部应力状况（单位：MPa）　　　　　　　　　　表 5-5

位　置		节点号	σ_{xx}	σ_{yy}	σ_{xy}	σ_{max}	σ_{min}	τ_{max}
纵隔板及纵加劲肋	5 号墩	135440	-105.1	-16.4	19.4	-12.3	-109.1	54.6
	4 号墩	251977	-134.4	-20.3	-63.2	7.8	-162.5	85.1
	3 号墩	257431	-93.6	-17.7	21.8	-11.8	-98.5	49.7
	2 号墩	319514	-97.1	-10.2	-18.4	-6.5	-100.8	50.4
	1 号墩	325222	-68.5	1.7	-34.6	15.9	-82.7	49.3
	0 号墩	383707	-60.9	-7	20.5	-0.1	-67.9	33.9
横隔板	5 号墩	4330	-28.9	-19.9	6.4	-16.6	-32.3	16.1

钢箱梁顶推工况 4 局部应力状况（单位：MPa）　　　　　　　　　　表 5-6

位　置		节点号	σ_{xx}	σ_{yy}	σ_{xy}	σ_{max}	σ_{min}	τ_{max}
纵隔板及纵加劲肋	5 号墩	136002	-147.5	-31.5	40.1	-18.9	-160	80
	4 号墩	258283	-114.7	-25.1	48.5	-3.8	-135.9	68
	3 号墩	293296	-109.7	-22.5	36.1	-9.4	-122.7	61.4
	2 号墩	331885	-94.7	-10.5	-17.7	-7	-98.3	49.1
	1 号墩	357803	-45.8	-2.6	-9.2	-0.7	-47.7	23.8
	0 号墩	383469	-85.2	-10.8	34.6	2.8	-98.7	50.7
横隔板	5 号墩	7407	-55.9	-29.5	7.2	-27.7	-57.7	28.9

钢箱梁顶推工况 5 局部应力状况（单位：MPa）　　　　　　　　　　表 5-7

位　置		节点号	σ_{xx}	σ_{yy}	σ_{xy}	σ_{max}	σ_{min}	τ_{max}
纵隔板及纵加劲肋	6 号墩	134318	-165.6	26.4	-42.6	35.4	-174.6	104.9
	5 号墩	136794	-164.4	-17.2	55.8	1.6	-183.1	92.4
	4 号墩	258997	-113.7	-25.7	47.8	-4.8	-134.9	67.4
	3 号墩	306513	-124.9	-15.3	63.1	13.5	-153.7	83.6
	2 号墩	338996	-144.6	8.8	52.7	25.1	-160.9	93
	1 号墩	370654	-49.5	-2.9	-11.1	-0.4	-52.3	26.2
	0 号墩	383751	-46.7	-5.5	18.2	1.4	-53.5	27.5
横隔板	5 号墩	302997	-31.6	-27.5	-5.5	-23.7	-35.4	17.7

钢箱梁顶推工况 6 局部应力状况（单位：MPa）　　　　　　　　　　表 5-8

位　置		节点号	σ_{xx}	σ_{yy}	σ_{xy}	σ_{max}	σ_{min}	τ_{max}
纵隔板及纵加劲肋	5 号墩	134390	-137.6	0.05	-31.6	6.9	-144.5	75.7
	4 号墩	138066	-136.3	-23.6	-48.9	-5.3	-154.6	77.3
	3 号墩	258513	-137.9	-21.7	-47.5	-4.7	-155	77.5
	2 号墩	306143	-130.7	-17.9	-35.6	-7.6	-140.9	70.5
	1 号墩	332033	-64.5	-3.3	-16.2	0.7	-68.5	34.6
横隔板	3 号墩	542	-46.2	-26.9	4.1	-26.1	-47.1	23.1

经计算分析，顶推施工过程中，滑道支承处钢箱梁局部应力均在容许范围内，压应力及剪应力峰值点一般出现在导梁之后第一个或第二个支墩附近的纵隔板、纵加劲肋以及横隔板处。顶推梁段悬臂长度越大，压应力和剪应力的峰值也越大。通过模型试算发现，钢箱梁顶推施工对滑道支承的平顺性及支墩的不均匀沉降十分敏感。为保证顶推时主梁的安全，

实际施工时需做好必要措施,确保滑道与钢箱的充分接触,并尽可能保证滑道光滑平整。现场实际施工时将滑道梁按照竖曲线线形进行布置。

结合主塔空间支架系统、主缆施工的稳定问题,以及加劲梁结构特点和桥位处的自然条件,采用由南岸向北岸单滑道柔性支墩多点连续顶推施工,单滑道顶推机构如图 5-42 所示。

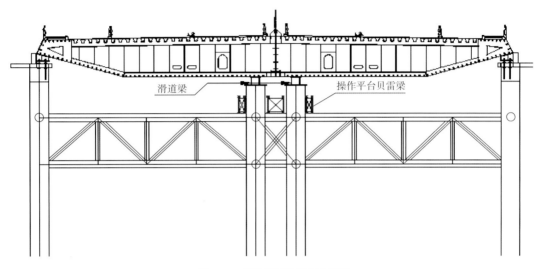

图 5-42　单滑道顶推机构示意图

三、顶推支墩施工

全桥共设置 15 个顶推支墩,顶推支墩构造示意图如图 5-43 所示。其中主跨范围内设置 13 个顶推临时支墩,顶推临时支墩间距 35m。顶推临时支墩由 6 根直径 1520mm 钢管桩组成,其中上下游各设置一根钢管桩作为辅助支墩,中间设置 4 根钢管桩作为主受力支墩。

利用直径 1520mm 的钢管浮式钻孔平台进行顶推支墩基础作业,平台的四周设置 6 个锚块对平台进行锚固和定位,浮式平台平面示意图如图 5-44 所示。

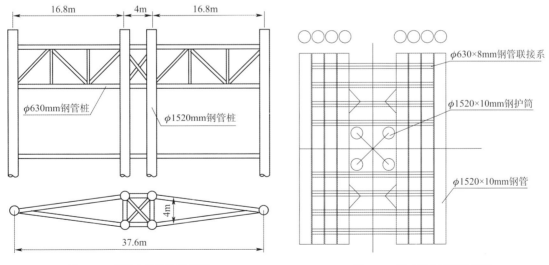

图 5-43　顶推支墩构造示意图　　　　图 5-44　浮式平台平面示意图

四、顶推支墩主滑道施工

主滑道自上而下由四氟乙烯板、不锈钢板、主滑道梁及1台100t千斤顶、橡胶支座、分配垫梁、4台300t千斤顶、桩顶分配横梁及限位架组成,主滑道梁长6m,宽1.5m。滑道系统主要是利用四氟乙烯板与箱梁底面接触,由1台100t千斤顶施加牵引力抵抗摩阻力后进行滑动,两者方向相反且基本平衡,施工过程中对支墩产生的水平力很小。在滑道梁下方沿横桥向布置垫梁和4台300t调高千斤顶作为支墩竖向调高装置,当钢箱梁达到成桥线形在垫梁下方设置4个固定钢支墩替代竖向调高千斤顶,用以承受上部荷载。主滑道构造见图5-45。

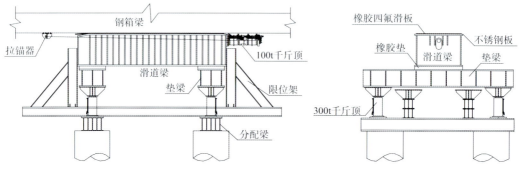

图5-45 主滑道构造图

五、加劲梁顶推施工

1. 桥位对接

加劲梁吊装就位前,按照该段加劲梁在本轮顶推中的相对位置,在顶推焊接平台的两条滑道上放置调节支点,待每轮次的加劲梁节段吊装在顶推焊接平台上匹配后,对面板、U形肋、肋板焊接,经超声波、X光探伤完成的方可下落至顶推高程进行顶推。

2. 加劲梁顶推

加劲梁采用多点连续顶推,所有千斤顶电路并联,确保信息共享,指挥统一;顶推中随时监测加劲梁的线形、内力及支墩变形与内力等。

支墩顶设置的100t千斤顶通过钢绞线与拉锚器连接,利用千斤顶牵引实现钢箱梁向前滑移。从南岸到北岸逐步启动各顶推支墩的千斤顶参与顶推,实现多点连续顶推。顶推时启动主控台按钮,各点同时加力直至箱梁开始滑动。当摩阻增大时系统能自动调节而使拉力增大,以保证滑移速度均匀稳定。

各点拉力可根据各支点反力计算,与泵站油压表相比较,以便分析临时墩受力状况。顶推过程中实行总体控制,统一指挥,用对讲机联系,每个临时支墩配备4名操作工人进行顶推控制,检测顶推过程中的位置及受力情况,及时进行调整。配备测量队对顶推施工过程进行全程监测。主桥位于$R=25500m$竖曲线上,为确保钢箱梁顶推能满足主桥竖曲线线形和各支点支反力要求,每个顶推支墩上布置的4台300t竖向千斤顶对钢箱梁高程进行调整。顶推到位后将钢箱梁顶起取出临时支座,安装永久支座。

钢箱梁顶推时,更换四氟乙烯滑板是一项重要工作。要使钢箱梁平稳安全顶推,四氟乙烯滑板必须完好平整、紧密排列,钢箱梁底与滑道梁不得出现脱空线形,四氟乙烯滑板损坏时应立即更换。当临时支墩发生沉降时需及时调整支墩,保证设计的顶推线形。

六、顶推纠偏及监测

1. 顶推纠偏

加劲梁顶推是一个难以逆转的过程,要求顶推中需保证加劲梁的中线满足要求。顶推中采取两种纠偏措施:措施一,在加劲梁尾部设置锚固点采用千斤顶和手拉葫芦纠偏;措施二,导梁前端和加劲梁底部焊接限位滑道。

2. 顶推监测

加劲梁顶推过程中需要进行两方面的监测:一是加劲梁中线、横向水平监测;二是顶推支墩的高程与变形监测。顶推时进行全过程监测,每轮次结束后、洪水后、大风后连续监测 2d。

第六节 缆索系统施工

缆索系统总体施工流程如图 5-46 所示。

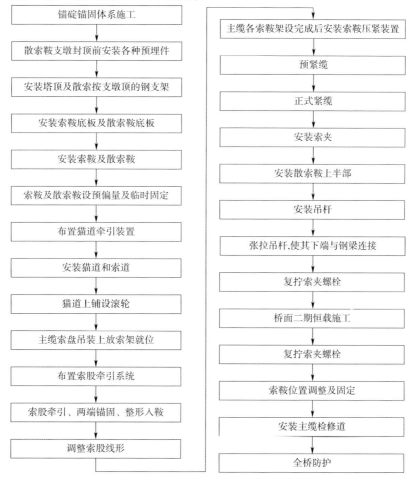

图 5-46 缆索系统总体施工流程

一、主缆安装

主缆安装工艺流程如图 5-47 所示。

图 5-47　主缆安装工艺流程

采用往复式小车牵引系统,牵引索与索股前锚头相连,索道运输小车将索股前锚头与牵引索吊起一定高度,通过卷扬机牵引使索股运行在猫道滚筒上,而运输小车则运行在轨道索上。

主牵引卷扬机:10t 慢速卷扬机,固定在北锚碇上表面,负责将主缆沿猫道放开。

副牵引卷扬机:5t 慢速循环卷扬机,南边跨、中跨、北边跨各 1 台,负责将主牵引钢丝绳收回。

二、索夹及吊索安装

1. 索夹安装

(1) 索夹安装位置放样与标记

当主缆紧缆并且线形定型后,白天将索夹的粗略位置沿主缆的曲线作临时标记。夜间,在空缆状态下把临时标记作为参考进行索夹正确位置的放样。由于高空作业,工作场面狭小,可以采用全站仪的红外线测距法。

根据放样结果,从放样点往两端测量出索夹边缘所在位置,用红色记号笔做上定位标识,在主缆上索夹边缘往外 5cm 处用蓝色记号笔做上参考标识,方便安装索夹时对位。即在每个索夹安装位置的主缆上共做 5 处标识。标记标识要清楚,完成后,对正规标记位置要再一次用全站仪进行复测、确认。

(2) 安装和紧固

由缆索天车上放下索夹,在主缆上进行安装。安装时在索夹的结合部位需注意不使钢丝发生弯曲。具体做法如下:

①索夹下缘孔插入工具螺栓,同时卸下吊装定型构件。
②索夹位置进行调整,并用工具螺栓进行预紧。此时,要注意保持天顶标识的位置及注意日照的影响。
③卸下绑套索、绑套钢环及辅助索,并在其余螺栓孔插入索夹螺栓,进行紧固。
④卸下工具螺栓,换上索夹螺栓,进行紧固。
⑤用液压扭矩扳手导入轴力。
⑥螺母的拧合力矩应先经过试验,具体做法是:施工前取3根备用的高强度螺杆和螺母在索夹上进行拧合试验,高强度螺杆的一端安装压力传感器,另一端用液压扭矩扳手进行拧合,记录当传感器显示的力值达到设计值时液压扭矩扳手输出扭矩,取其平均值指导施工。
⑦螺栓紧固时,同一索夹的螺栓必须同时均衡导入轴力,目标轴力分2~3次完成。

2. 吊索安装

(1)在吊杆安装位置及相应的猫道面层上剪开1个长方形开口,以便为吊索安装和吊梁过程中吊索随主缆空间变化而变化提供足够的活动空间。

(2)用索道天车与上端锚头连接,并将吊杆吊起,使其上端与索夹耳板用插销连接,下端用插销与钢梁连接。

三、体系转换

主缆在空缆状态下和在成桥状态下,线形有一定的差异,当吊杆上端与索夹连接后,下端一般与桥面连接板尚有一定距离,无法安装钢插销。可设置如图5-48的装置,将吊杆下端往下拉至设计位置。从塔侧往两边依次进行,一部分吊杆可一次张拉到位。

(1)主桥施工过程中如塔顶偏移量过大,可通过调整索鞍偏移量来调节:利用塔顶反力支架,用千斤顶将鞍座推到设计位置。

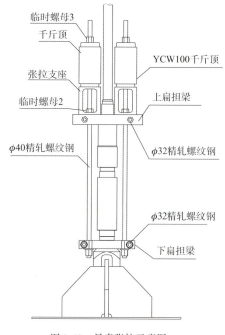

图5-48 吊索张拉示意图

(2)顶推前应确认滑动面的摩擦系数,严格掌握顶推量,确保施工安全。

(3)完成二期恒载后,再次调整索鞍位置,使索鞍回到无偏移状态,然后固定鞍座。

第七节 科研成果

柳州市双拥大桥在中铁上海工程局集团有限公司的指导下,项目经理部全体员工精诚团结,在技术、安全质量方面均取得了可喜的成绩,主要成果见表5-9~表5-11。

主要专利知识产权一览表 表5-9

序 号	成果名称	类 别	形成时间
1	单主缆斜吊杆地锚式悬索桥的施工方法	发明专利	2011.8
2	联合支护开挖溶蚀地质深基坑及其施工方法	发明专利	2010.7

续上表

序号	成果名称	类别	形成时间
3	联合支护开挖溶蚀地质深基坑	实用新型专利	2011.4
4	复杂地质条件下的联合围堰及其施工方法	发明专利	2010.7
5	复杂地质条件下的联合围堰	实用新型专利	2011.3
6	宽桥面单一纵隔板钢箱梁顶推机构及顶推方法	发明专利	2012.2
7	宽桥面单一纵隔板钢箱梁顶推机构	实用新型专利	2011.3
8	高主塔吊装门架支反力约束固定结构	发明专利	2012.6
9	高主塔吊装门架支反力约束固定结构	实用新型专利	2011.3
10	空间变截面钢箱塔下承压板的安装结构	实用新型专利	2011.3
11	裸岩河床上的水中钢管桩支墩	实用新型专利	2011.3
12	浮筒式水上钻孔平台	实用新型专利	2011.3
13	三维变截面A形钢箱主塔节段吊装结构	实用新型专利	2011.3

科研项目一览表　　　　　　　　　　　　　　　　　　　　表5-10

序号	成果名称	类别	级别	获奖时间
1	大跨度单主缆宽幅悬索桥施工技术研究	科研	中国中铁股份公司一等奖	2012.2
2	大跨度单主缆单索面宽幅悬索桥施工技术研究	科研	中国施工企业管理协会一等奖	2012.10
3	大跨度单主缆单索面宽幅悬索桥施工技术研究	科研	中质协质量保证中心优秀奖	2012.11

工法项目一览表　　　　　　　　　　　　　　　　　　　　表5-11

序号	成果名称	类别	级别	形成时间
1	溶蚀透水地质条件下圆形特大深基坑施工工法	工法	公路级	2010.7
2	A形三维变截面钢箱主塔施工工法	工法	省部级	2011.6
3	510m钢箱梁单端多点连续顶推施工工法	工法	公路级	2012.12

本章节照片由中铁上海工程局集团有限公司提供。

第六章 柳州市白露大桥

柳州市白露大桥是柳州市北外环"三桥一路"的重要组成部分,工程于2009年6月1开工,2012年8月6竣工。该桥施工技术难点主要是主桥钢桁拱梁架设施工,本章主要针对这部分的施工方法进行介绍。

第一节 工程概况

一、桥梁简介

白露大桥位于北外环跨越柳江处,桥梁全长2090m。桥梁工程主要包括跨柳江主桥、南北引桥工程、桥梁附属工程等。

白露大桥主桥桥式布置形式为108m+288m+108m=504m钢桁拱,桥面总宽度为43.5m。主桁由两片钢桁架组成,主桁中心距37m,在两片主桁架的外侧各挑出3.25m的悬臂托架支撑人行道,主跨拱圈矢高55m,主桁采用节间长度12m的"N"形桁式。两片主桁架拱之间设有纵、横向联结系,桥面板采用与下弦(或系杆)焊接的正交异性整体桥面板。主拱肋通过柔性吊杆与系杆连接。主桥桥面铺装为环氧沥青混凝土铺装层。主桥基础采用$\phi2.5m$、$\phi1.8m$钻孔桩,桥墩采用实体桥墩。白露大桥主桥结构见图6-1。

图6-1 白露大桥主桥结构图

南引桥为14×35m连续梁+50m+86m+50m连续梁+8×35m+5×40m连续梁,北引桥为2×40m连续梁+10×35m连续梁,引桥标准宽度35m,上部结构为双幅预应力混凝土连续箱梁,每幅采用单箱双室截面。35m、40m 跨等高连续梁采用满堂支架逐孔现浇法施工;跨黔桂铁路变高度连续梁采用悬臂现浇法施工。引桥基础采用 φ2.2m、φ1.8m、φ1.5m 钻孔桩,桥墩采用花瓶形板式桥墩。在两岸规划滨江路侧设置上、下桥人行楼梯。

二、自然条件

1. 地形、地貌

白露大桥桥址两岸地形较平坦,基本为农田、菜地、旱地。北岸地形变化较平缓,地面高程在 92.67～93.61m 之间;南岸地形起伏较大,地面高程在 78～91.93m 之间,南北两岸勘察范围内均为柳江河Ⅱ级冲积阶地。两岸阶地前缘临江地段均为土质边坡,经现场调查,北岸坡高 16m,坡角 21°,坡度 1:2.5;南岸坡高 13.5m,坡角 16.7°,坡度 1:3。两岸岸坡处于自然稳定状态,坡面植被发育,无崩塌滑坡现象。

桥址区河道顺直,河谷开阔,呈宽浅矩形,河段宽 560m,其中水面宽 510m。河床面起伏不平,河槽右侧河床较平缓,水深在 7～9m 之间;河槽左侧起伏稍大,水深在 6～12m 之间。

2. 水文

柳江洪水均由暴雨产生。形成暴雨的天气系统多为锋面与低涡,台风影响较小,流域北面有南岭山脉,大苗山耸立于流域中部,当锋面在流域来回摆动时,常因地形的抬升作用,形成多个暴雨中心,本流域的洪水多由这一带的暴雨产生。

柳江流域多年平均降水 2000mm 以上,每年 4 月份开始,冷空气南下频繁,造成降水,5 月份以后降水逐渐增多,6 月份达到高峰,7 月份以后逐渐减少。柳江柳州河段洪水期与此密切相关,柳州市较大洪水多因干流融江和支流龙江同时发生洪水造成,约占 85% 以上,高洪水则更是两江大洪峰遭遇而形成。而市区内汇入的小支流对柳江洪水的组成没有太大的作用。

桥址处 100 年一遇洪水流量相应的水位为 93.65m。50 年一遇洪水流量相应的水位为 91.10m。10 年一遇洪水流量相应的水位为 88.40m。最高通航水位为 88.40m。常水位为 78.00m。

3. 气象、气候

柳州市地处亚热带季风区,季风环流影响明显。属亚热带边缘气候,盛暑漫长,炎热多雨。历年平均气温 20.5℃,年变幅 ±1.3℃ 内,极端最高气温 39.2℃(1953 年 8 月 13 日),极端最低气温 -3.8℃(1995 年 1 月 12 日)。

柳州市多年平均降水量为 1538.44mm,最大降水量为 2289.4mm,最小降水量为 918.7mm,实测日最大降雨量 311.9mm。4～8 月雨季雨量占全年的 70.4%,年平均日照时间为 1634.9h,无霜期 332d。

柳州盛行东南风,东西风较少,全年主导风向为北北风,年平均风速为 2.5m/s,最大风速 24.3m/s。

4. 地质

根据四川省交通运输厅公路规划勘察设计研究院地质钻孔揭露,两岸引桥覆盖层主要由第四系河流冲积相黏性土和圆砾土组成,其中北岸厚 16.00～20.00m,南岸厚 6.25～

12.90m。河床段主要由第四系全新统冲洪积卵石土组成,厚度1.10~1.70m,基岩为弱风化白云岩。

5. 水文地质特征

桥址区地下水可分为三层:第一层地下水为上层滞水,赋存在表层黏性土中,由大气降水及地表水入渗补给形成,不具有统一水位,水量很小,当年10月至翌年3月一般不含水。第二层地下水为孔隙潜水,赋存在圆砾土层中,该层地下水的排泄基准面为柳江河面,其水位变化与柳江同步,即随着柳江河水涨落而变化。第三层地下水为赋存在下伏基岩中的裂隙岩溶水,受裂隙节理、岩溶发育程度控制,该层裂隙岩溶水向河流基准面排泄,彼此通过下伏基岩溶蚀管道保持水力联系,其水位变化主要受河水影响。该层水埋藏于岩溶洞穴和裂隙中,受岩溶发育不均匀性的影响,其均匀性较差,分布不均匀;在节理裂隙、岩溶发育段水量较大,反之较少。

勘察期间柳江水水位高程77.80m,在钻孔内测得南岸裂隙岩溶水地下水水位高程84.85~78.99m,北岸裂隙岩溶水地下水水位高程80.50~79.80m,两岸裂隙岩溶水具有一定的承压性,并向柳江排泄。

地表水及南北两岸地下水对混凝土及混凝土中钢筋无腐蚀性,对钢结构有弱腐蚀性。

三、设计技术标准

(1)规划等级及计算行车速度:城市快速路,设计车速为80km/h。

(2)设计荷载标准:机动车设计荷载为城-A级,非机动车及人群设计荷载按《城市桥梁设计规范》(CJJ 11—1993)有关规定控制。

(3)通航标准:桥位处柳江为Ⅲ级航道,最高通航水位+88.4m,通航净空高度为10m,净宽为110m。

(4)泄洪要求:设计洪水频率为1/100,100年一遇洪水水位93.65m,设计水位以上预留1.5m以上的洪水漂流物过桥净空高度。

(5)抗震要求:地震动峰值加速度0.05g,相当于地震基本烈度6度。

(6)设计基准期和安全等级:桥梁结构设计基准期为100年,桥梁结构和路面安全等级为一级。

(7)桥面布置:桥上纵坡不大于2.5%,主桥上设置人行道,并在两岸规划滨江路侧设置上、下桥人行楼梯。

主桥全宽43.5m,整幅布置为:[2.25m(人行道)+2m(吊索区)+0.5m(防撞护栏)+0.5m(路缘带)+4×3.75m(机动车道)+0.5m(路缘带)+0.5m(防撞护栏)+0.5m(中间分隔带)]×2。

引桥全宽35m,分幅布置为:2×[0.5m(防撞护栏)+0.5m(路缘带)+4×3.75m(机动车道)+0.5m(路缘带)+0.5m(防撞护栏)+0.5m(中间分隔带)]。

四、工程重、难点

1. 主墩水上基础施工

主桥水中墩施工是本桥的重点。主桥0号、1号、2号三个桥墩在水中,一个3号墩在岸边,水中墩位处覆盖层厚仅1.10~1.70m,采用板凳式钻孔平台施工难度大,且柳江水位受洪水影响而暴涨暴落,加大了板凳式平台和吊箱围堰的施工难度。

2. 主桥钢桁拱架设

钢桁拱的架设是本桥安全施工的最大难点。主桥钢桁拱两片主桁间距37m宽度大,在已建设同类型桥梁少见,架梁吊机要提前定制,临时墩的设置有一定的难度。

3. 跨黔桂铁路和柳太路连续梁施工

黔桂铁路为既有线,柳太路为柳州市区出入重要干道,两路交通繁忙,特别是黔桂铁路为电气牵引铁路,净空高度以上施工高度仅预留1.5m,安全距离小,跨两路作业是安全施工的重点。

第二节　钢桁拱梁架设方法理论研究

一、钢桁拱梁架设方案比选

1. 传统架设方法

目前,钢桁拱桥梁架设施工常规方法边跨采用膺架法半悬臂施工,主跨采用吊索塔架全悬臂架设法(简称"吊索塔架法")。吊索塔架全悬臂架设施工主要通过吊索塔架索力调整控制拱架线形,具有施工操作简单、临时设施投入少等优点,但存在吊索塔架安装需占用钢桁拱梁架设时间,吊索塔架安装需采用大吨位塔吊,钢梁架设工期长,设备投入多的缺点。传统钢桁拱梁吊索塔架法施工见图6-2。

图6-2　传统钢桁拱梁吊索塔架法施工

2. 比选方案

白露大桥由于边跨较短,主桁间距较大,如果采用传统吊索塔架全悬臂架设的方法进行主跨钢桁拱梁的架设,则吊索塔架的设计、施工、安装均存在较大难度。在白露大桥施工中,结合吊索塔架法和膺架法的优缺点,白露大桥钢桁拱梁架设采用膺架法半悬臂架设的方案,即从两侧向跨中双向架设,最后实现跨中合龙,钢梁架设时主跨系杆与桥面板随主桁杆件一起架设,主桁跨中合龙后再合龙系杆及桥面板。白露大桥钢桁拱梁架设总体布置如图6-3所示。

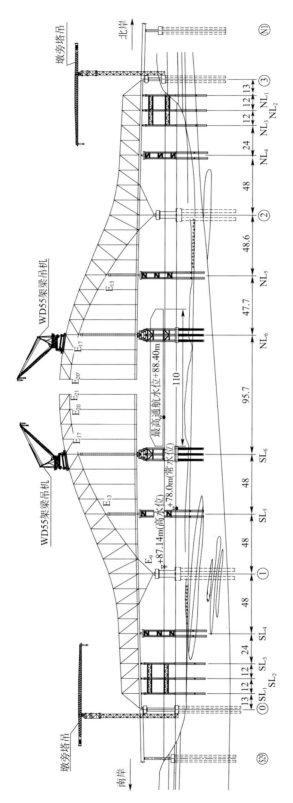

图 6-3 白露大桥钢桁拱梁架设总布置图（尺寸单位：m）

二、白露大桥钢梁架设方案理论计算

1. 荷载选取

(1) 钢桁梁自重:自重通过计算转换成节点荷载施加于上、下弦杆节点或上下拱肋。

(2) 架梁吊机自重:吊机自重330t,作用于上弦杆,每片主桁承受165t。

(3) 施工走道(0.3t/m)及施拧脚手架(1.5t/个),加载前6个节间荷载。

(4) 压重荷载。

2. 钢梁架设备主要工况计算说明

计算采用Midas计算软件,模拟钢桁梁架设流程,计算各阶段的临时墩的反力及钢桁梁的变形,计算时取半桥单片桁进行计算。

(1) 架设前三个节间工况

计算得边墩P_0反力1487kN,临时墩L_1反力1829kN,临时墩L_2反力2187kN,临时墩L_3反力995kN。下弦位移量为$D_X = +55$mm,$D_Z = +450$mm(D_X为顺桥向方向,位移量中符号"+"表示往跨中方向,"-"表示往边跨方向。)

(2) 钢梁架设至上L_4临时墩工况

计算得边墩P_0反力177kN,临时墩L_1反力1408kN,临时墩L_2反力1914kN,临时墩L_3反力6032kN。主桁前端下弦杆位移量:$D_X = +53$mm,$D_Y = +431$mm。

(3) 钢梁架设至主墩工况

计算得边墩P_0反力3271kN,临时墩L_4反力18452kN。主桁前端下弦杆变形量:$D_X = 0$mm,$D_Y = +240$mm。

(4) 拆除4号临时墩、边墩落梁(P_0落梁1200mm,P_3落梁1138mm),主墩P_1调整至设计位置,主墩P_2往跨中纵移680mm工况

计算得到边墩$P_0(P_3)$反力7219kN,主墩$P_1(P_2)$反力12736kN,如图6-4d)所示。$P_1(P_2)$墩侧拱肋下弦杆前端位移量:$D_X = -117(+569)$mm,$D_Z = +114(+107)$mm。

(5) 钢梁架设至5号临时墩工况

计算得到边墩$P_0(P_3)$反力4624kN,主墩$P_1(P_2)$反力22385kN。$P_1(P_2)$墩侧拱肋下弦杆前端位移量:$D_X = -250(+450)$mm,$D_Z = +309(+281)$mm。

(6) 钢梁架设至6号临时墩工况

计算得到边墩$P_0(P_3)$反力4198kN,主墩$P_1(P_2)$反力18077kN,临时墩L_5反力13434kN。$P_1(P_2)$墩侧拱肋前端下弦杆位移量:$D_X = -341(+371)$mm,$D_Z = +309(+428)$mm。

(7) 下弦杆准备合龙工况(图6-5)

计算得到边墩$P_0(P_3)$反力4210kN,主墩$P_1(P_2)$反力17280(17451)kN,$P_1(P_2)$墩侧临时墩L_5反力9775(10352)kN,$P_1(P_2)$墩侧临时墩L_6反力15889(13505)kN。$P_1(P_2)$墩侧拱肋前端下弦杆位移量:$D_X = -357(+357)$mm,$D_Z = +398(+398)$mm。

(8) 系杆准备合龙工况(图6-6)

计算得边墩$P_0(P_3)$反力4910(4589)kN,主墩$P_1(P_2)$反力21267(22251)kN,$P_1(P_2)$墩侧临时墩L_6反力20876(18961)kN。$P_1(P_2)$墩侧系杆前端位移量:$D_X = -2(+2)$mm,$D_Z = -55(-55)$mm。

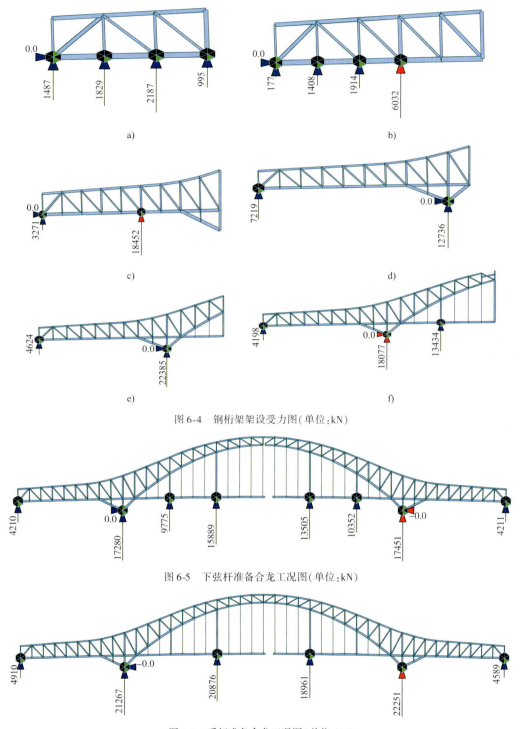

图 6-4 钢桁架架设受力图(单位:kN)

图 6-5 下弦杆准备合龙工况图(单位:kN)

图 6-6 系杆准备合龙工况图(单位:kN)

(9) 合龙敏感性分析

通过在合龙口设调整对拉结构以及利用温度和荷载移动法进行拱肋合龙前的微小调整,合龙口局部调整变化情况见表 6-1。

拱桁下弦合龙计算　　　　　　　　　　　　　　　　　　　　　表 6-1

名称	A_{21}	E_{21}	C_{21}	A_{21}'	E_{21}'	C_{20}'
拱桁下弦合龙计算						
体系升温 10℃	$\Delta X = 18.6$ $\Delta Y = 7.0$	$\Delta X = 18.6$ $\Delta Y = 6.1$	$\Delta X = 17.8$ $\Delta Y = -0.3$	$\Delta X = -18.5$ $\Delta Y = 7.1$	$\Delta X = -18.3$ $\Delta Y = 6.1$	$\Delta X = -16.4$ $\Delta Y = -0.2$
前节点压重 10t	$\Delta X = 1.5$ $\Delta Y = -8.2$	$\Delta X = 0.2$ $\Delta Y = -8.2$	$\Delta X = 0$ $\Delta Y = -8.5$	$\Delta X = -1.1$ $\Delta Y = -6.1$	$\Delta X = -0.3$ $\Delta Y = -5.8$	$\Delta X = 0$ $\Delta Y = -4.6$
上弦拉 100t	$\Delta X = 6.8$ $\Delta Y = -15.4$	$\Delta X = 3.8$ $\Delta Y = -15.5$	$\Delta X = 0.9$ $\Delta Y = -16.0$	$\Delta X = -6.4$ $\Delta Y = -14.1$	$\Delta X = -3.7$ $\Delta Y = -14.0$	$\Delta X = -0.9$ $\Delta Y = -11.3$
吊机前移 2m	$\Delta X = 0.6$ $\Delta Y = -2.8$	$\Delta X = 0.2$ $\Delta Y = -2.8$	$\Delta X = 0.0$ $\Delta Y = -2.9$	—	—	—
吊机前移 10m	$\Delta X = 3.6$ $\Delta Y = -17.4$	$\Delta X = 1.3$ $\Delta Y = -17.4$	$\Delta X = 0.0$ $\Delta Y = -18.2$			
吊机后退 2m	$\Delta X = -0.4$ $\Delta Y = 2.3$	$\Delta X = -0.1$ $\Delta Y = 2.3$	$\Delta X = 0.0$ $\Delta Y = 2.4$			
吊机后退 10m	$\Delta X = -1.4$ $\Delta Y = 8$	$\Delta X = -0.3$ $\Delta Y = 8.1$	$\Delta X = 0.0$ $\Delta Y = 8.4$			
拱桁上弦合龙计算						
名称	A_{21}	E_{21}	C_{21}	A_{21}'	E_{21}'	C_{20}'
体系升温 10℃	$\Delta X = 1.7$ $\Delta Y = 21.8$	$\Delta X = 0.1$ $\Delta Y = 20.8$	$\Delta X = 14.2$ $\Delta Y = 15.7$	$\Delta X = -3.7$ $\Delta Y = 14.2$	$\Delta X = 0$ $\Delta Y = 19.7$	$\Delta X = -12.7$ $\Delta Y = 8.5$
P_1 侧压重 10t	$\Delta X = 0.3$ $\Delta Y = -1.9$	$\Delta X = 0$ $\Delta Y = -1.9$	$\Delta X = 0$ $\Delta Y = -1.9$	$\Delta X = -0.7$ $\Delta Y = -4.4$	$\Delta X = -0.1$ $\Delta Y = -2.1$	$\Delta X = -0$ $\Delta Y = -3.3$
P_2 侧压重 10t	$\Delta X = 0.7$ $\Delta Y = -4.4$	$\Delta X = 0$ $\Delta Y = -4.3$	$\Delta X = 0$ $\Delta Y = -4.5$	$\Delta X = -0.3$ $\Delta Y = -2.6$	$\Delta X = 0$ $\Delta Y = -4.3$	$\Delta X = 0$ $\Delta Y = -1.9$
上弦拉 100t	$\Delta X = 3.0$ $\Delta Y = -10.2$	$\Delta X = 0$ $\Delta Y = -10.2$	$\Delta X = 0.1$ $\Delta Y = -10.5$	$\Delta X = -3.6$ $\Delta Y = -13.9$	$\Delta X = -0.1$ $\Delta Y = -10.5$	$\Delta X = -0.1$ $\Delta Y = -10.2$
吊机前移 2m	$\Delta X = 0.2$ $\Delta Y = -1.5$	$\Delta X = 0.1$ $\Delta Y = -1.5$	$\Delta X = 0.0$ $\Delta Y = -1.6$	$\Delta X = 0.1$ $\Delta Y = -0.8$	$\Delta X = 0.1$ $\Delta Y = -1.4$	$\Delta X = 0.0$ $\Delta Y = -0.6$
吊机前移 10m	$\Delta X = 1.5$ $\Delta Y = -9.3$	$\Delta X = 0.4$ $\Delta Y = -9.3$	$\Delta X = -0.2$ $\Delta Y = -9.8$	$\Delta X = -0.4$ $\Delta Y = -5.2$	$\Delta X = 0.5$ $\Delta Y = -8.6$	$\Delta X = 0.1$ $\Delta Y = -3.8$
吊机后退 2m	$\Delta X = -0.2$ $\Delta Y = +1.3$	$\Delta X = 1.3$ $\Delta Y = 1.3$	$\Delta X = 0.0$ $\Delta Y = 1.3$	$\Delta X = 0.1$ $\Delta Y = 0.7$	$\Delta X = 0$ $\Delta Y = 1.2$	$\Delta X = 0$ $\Delta Y = 0.5$
吊机后退 10m	$\Delta X = -0.5$ $\Delta Y = 4.4$	$\Delta X = 0$ $\Delta Y = 4.4$	$\Delta X = 0.1$ $\Delta Y = 4.6$	$\Delta X = 0.3$ $\Delta Y = 2.4$	$\Delta X = 0.0$ $\Delta Y = 4.4$	$\Delta X = 0.0$ $\Delta Y = 1.8$

注：表中数据往 P_3 墩方向及往上为正，反之为负。

（10）预抬值及纵移量说明

钢桁梁架设至主墩 P_1（P_2）时，前端累计挠度 $D_Z = -360 \text{mm}$，$D_X = -55 \text{mm}$。为满足钢梁

架设过程中能顺利上主墩 $P_1(P_2)$，拼装边跨时钢桁梁高程整体提升450mm；为保证钢桁梁上主墩后节点 E_9 纵向位于设计位置，拼装边跨时钢桁梁整体往 $P_1(P_2)$ 主墩方向偏移 $D_X = 55$mm；钢桁梁拼装完成合龙前前端高程比设计值 $D_Z = +398$mm，$D_X = -358$mm，转角 $R_y = 0$；北岸 $P_2 \sim P_3$ 墩侧钢梁在架设至 E_{10} 时整体往跨中方向偏移量为680mm。

（11）各支点最大反力汇总（图6-7）

计算得边墩 $P_0(P_3)$ 反力 7219（4589）kN，临时墩 L_1 反力 1892kN，临时墩 L_2 反力 2187kN，临时墩 L_3 反力 6373kN，临时墩 L_4 反力 18524kN，主墩 $P_1(P_2)$ 反力 43793（43445）kN，临时墩 L_5 反力 13480kN，临时墩 L_6 反力 21094kN。

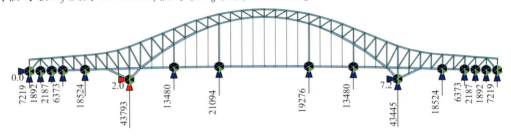

图6-7 支点最大反力（单位：kN）

第三节　主桥钢桁拱梁架设施工

一、主桥总体结构介绍

白露大桥主桥桥式布置形式为 108m + 288m + 108m = 504m 钢桁拱，桥面总宽度为43.5m。主桁由两片钢桁架组成，主桁中心距37m，在两片主桁架的外侧各挑出3.25m的悬臂托架支撑人行道，主跨拱圈矢高55m，矢跨比约1/4.8，边、中跨跨度比为0.375，拱肋下弦拱轴线采用二次抛物线（抛物线方程：$y = 0.00316x^2$）；拱肋上弦拱轴线中跨部分线形采用二次抛物线（抛物线方程：$y = 0.00223x^2$），与边跨上弦之间采用半径150m的反向圆曲线进行过渡。钢桁拱跨中桁高为8m，中支点处桁高34.45m（其中拱肋加劲弦高12m），边支点处桁高为13m。主桁采用节间长度12m的"N"形桁式。两片主桁架拱之间设有纵、横向联结系，桥面板采用与下弦（或系杆）焊接的正交异性整体桥面板，主拱肋通过柔性吊杆与系杆连接。主桥桥面铺装采用环氧沥青混凝土铺装层。主桥结构主要参数见图6-8。

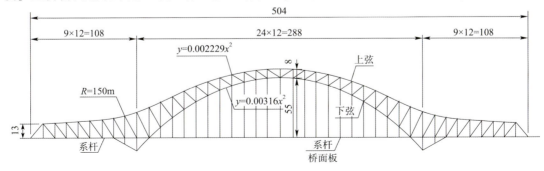

图6-8 主桥结构主要参数图（尺寸单位：m）

二、主桥细部结构介绍

1. 主桁

主桁下弦及系杆采用焊接整体节点结构形式,上弦及拱肋采用拼装节点结构形式,材质为 Q370q-D。主桁上下弦杆(包括拱肋弦杆)及系杆采用焊接箱型截面,杆件内宽 1000mm(拱肋上弦 $A_{14} \sim A_{21}$、下弦 $E_{14} \sim E_{21}$ 弦杆外宽 1000mm)。下弦杆及系杆截面尺寸 1000mm × 1640mm,每侧竖板和上、下水平板各设一道板式加劲肋;上弦杆截面尺寸 1000mm × 1300mm,每侧竖板和上、下水平板各设一道板式加劲肋;拱肋下弦杆采用不同的截面尺寸,$E_9 \sim E_{15}$ 截面尺寸 1000mm × 1840mm(图6-9),每侧竖板各设两道板式加劲肋,上、下水平板各设一道板式加劲肋,$E_{15} \sim E_{21}$ 截面尺寸 1000mm × 1300mm,每侧竖板和上、下水平板各设一道板式加劲肋。主桁斜杆和竖杆均采用"H"形截面。

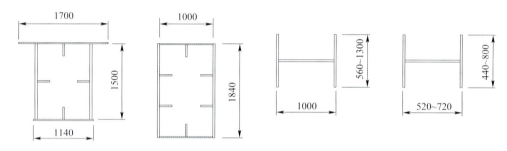

图 6-9　截面结构图(尺寸单位:mm)

2. 桥面系

公路桥面采用钢正交异性桥面板,桥面板厚 14mm,下设"U"形纵向加劲肋,间距 640mm。"U"形肋高 280mm,板厚 8mm;设 6 道小纵梁,纵梁高 734mm,腹板厚 12mm,下翼缘 300mm × 20mm,腹板上端与顶板焊连;在下弦节点处以及沿桥纵向每 3m 设一道横梁,横梁为鱼腹式,梁高由主桁至桥梁中心线约 1686 ~ 2645mm,腹板厚 14mm,下翼缘由跨中处 760mm × 36mm 变化至支点处 500mm × 32mm。桥面板在横桥向分为三段与横梁焊为一体出厂,工地安装时桥面板采用熔透焊连接,横梁采用高强度螺栓连接。

3. 平纵联

在主桁上弦、拱肋上、下弦以及主桁斜腿设菱形平联,杆件采用焊接"工"形构件,截面高 520 ~ 620mm。平联节点板与主桁节点板以高强度螺栓连接。

4. 横联及桥门架

每两个节间设置一横联,横联为三角形桁架形式。边跨横联桁架高约 4.2m,"工"形杆件,杆件高 520mm,宽 320 ~ 500mm。中跨拱肋横联桁架高 8 ~ 23m,"工"形杆件,杆件高 520mm,宽 600 ~ 800mm。

边墩、主墩处设有三角形桁架式桥门架,"工"形杆件,杆件高 520mm,宽 600 ~ 800mm。拱肋下弦 $E_{10}E_{11}$ 节间设置板式桥门架,焊接箱形杆件,截面高 1600mm、宽 660mm。

5. 支座

边墩、主墩处下弦各支承节点均采用铸钢球形支座。纵向除 1 号墩固定外,其他均为纵向活动,横向上游侧主桁各支座限制横向位移,下游侧主桁各支座横向活动。边支座、中支座的承载力分别为10000kN和65000kN。

6. 高强度螺栓

采用M30、M24高强度螺栓,精度等级10.9级,其中M30高强度螺栓材质为35VB,M24高强度螺栓材质为20MnTiB。

7. 上拱度设置

主桁设有上拱度,边跨拱度由上弦杆长度伸缩形成,伸长或缩短的值在上弦杆拼接板的拼缝中变化,弦杆和斜杆仍交会于节点中心;M_9、E_{10}通过结点直接上移设置拱度;中跨系杆拱度由缩短吊索长度形成。

8. 涂装

钢结构外表面涂层配套体系采用S04:环氧富锌底漆1道,最小干膜厚度$1\times60\mu m$;环氧(厚浆)漆2道,最小干膜厚度$2\times100\mu m$;丙烯酸脂肪族聚氨酯面漆2道,最小干膜厚度$2\times80\mu m$。

封闭环境内表面涂层配套体系采用S13:环氧富锌底漆1道,最小干膜厚度$1\times50\mu m$;环氧(厚浆)漆最小干膜厚度$200\mu m$,并采取密闭防腐措施,在端隔板外侧加焊密封,防止水气进入引起钢板锈蚀。

9. 吊杆

采用OVM15-27整体挤压钢绞线拉索,钢绞线抗拉强度标准值$f_{pk}=1860\mathrm{MPa}$,破断索力7031kN,安全系数$K>3.0$,锚头为整体挤压式锚头。

三、钢梁架设前的准备工作

1. 机械设备准备

(1) 架梁设备

白露大桥钢梁架设选用WD55型架梁起重机,该起重机能够在钢桁梁上弦行走,底座覆盖钢梁两片主桁,可完成边跨平直梁和主跨拱梁的架设,具有提升、变幅、全回转、底盘调平、整机前移及锚固的功能。起重机在钢桁拱上架梁时,起重机的上底盘能够随拱顶坡度变化保持水平状态,并能依靠牵引卷扬机牵引整机前移(图6-10)。

该起重机最大起重力矩为$14300\mathrm{kN\cdot m}$,最大起重量为$26\mathrm{m}\times55\mathrm{t}$,吊臂长36.5m。全桥共投入该型号起重机2台,分别用于南北岸钢梁架设,拼装后的整机质量约为320t。

(2) 龙门吊机

南岸预拼场布置一台75t龙门吊机,门吊跨度32.0m,高12.0m;北岸预拼场布置一台50t龙门吊机,跨度37.0m,高度19.0m。两台门吊主要用于钢梁预拼及桥面板的现场组拼。龙门吊机基础采用混凝土条形基础,基础顶面设置预埋件,通过钢板与预埋件焊接将龙门吊机轨道固定。

图6-10 架梁起重机

（3）塔吊

白露大桥南北岸 $E_0 \sim E_2$ 节间钢梁杆件及 WD55 型架梁起重机均采用塔吊安装，北岸塔吊起吊力矩为 4165kN·m，大臂长度为 50m，塔身高度 55m；南岸塔吊起吊力矩为 10000kN·m，大臂长度为 40m，塔身高度 60m。塔吊完成南北岸 $E_0 \sim E_2$ 节间钢梁杆件及 WD55 型架梁起重机安装后，即可退场。南岸塔吊型号为 ST80/75，布置在 0 号墩南侧，基础采用钻孔桩基础，桩径为 1.5m，共布置 4 根，桩顶设混凝土承台，承台混凝土强度等级为 C35，塔吊锚固脚预埋在承台内，承台尺寸为 10.5m×10.5m×3.0m。北岸塔吊采用钢管桩基础，钢管桩上部设混凝土承台，同时要求地基承载力不小于 200kPa，承台尺寸为 7.8m×7.8m×1.9m，承台混凝土强度等级为 C35。

南、北岸塔吊分别如图 6-11、图 6-12 所示。

图 6-11　南岸塔吊　　　　　　　图 6-12　北岸塔吊

（4）提升站

白露大桥南岸提升站吊机选用 QLY50/16 全液压架梁起重机，该起重机为全液压驱动，全回转轨道式行走，最大起重力矩为 11040kN·m，最大起重量为 18m×50t，吊臂长 40m。QLY50/16 全液压架梁起重机走行轨距为 15.0m，拼装后的整机质量约为 135t。南岸提升站基础采用钻孔桩基础，桩径为 1.0m，承台尺寸为 8.7m×8.7m×2.0m，承台混凝土强度等级为 C35，吊机通过承台顶预埋法兰与吊机转盘连接。

北岸提升站吊机选用 WD120 固定桅杆式起重机，最大起重力矩为 26650kN·m，吊臂长度为 55.0m，最大吊重为 80.0t，最大吊距 47.0m 时可吊 55.0t。转盘回转范围为 ±95°，变幅角度为 35°~78.6°。北岸提升站基础采用钢管桩基础，桩径为 820mm，共计 20 根。钢管桩顶设混凝土承台，承台内设置预埋件，上接钢管桩。

南、北岸提升站分别如图 6-13、图 6-14 所示。

（5）运梁设备

桥面运梁采用轨道式运梁小车，最大承载能力为 60.0t，轨道式运梁车全桥共计投入 2 台，地面运梁采用轮胎式运梁平车，全桥共计投入 2 台。

（6）油压千斤顶

白露大桥钢梁架设共需各种规格的油压千斤顶约 112 台，其中主要的 1000t 千斤顶需

40台,650t千斤顶需16台,600t千斤顶16台,500t千斤顶需8台,200t千斤顶需24台,100t千斤顶需8台。

图6-13　南岸提升站

图6-14　北岸提升站

（7）电动扳手

白露大桥电动扳手配备52把,其中NLY-12T型电动扳手10把,NHY-17T型电动扳手15把,NVY-25T型电动扳手15把,定扭矩带响扳手10把,表盘扳手2把,电动扳手维修工具1套。

2. 人力资源配备

白露大桥钢梁架设成立领导小组,负责白露大桥钢梁架设机械、材料、人员及技术准备工作,组建钢梁架设架子队承担全桥的钢梁架设工作,架子队下设预拼组、架设组、高强度螺栓施拧组、脚手架及安全网组、油漆组。高峰期共投入劳动力423人。

3. 架梁材料准备

（1）高强度螺栓

白露大桥钢梁高强度螺栓共计735230套,其中M24高强度螺栓333562套,M30高强度螺栓401668套。

（2）架设辅助材料

白露大桥钢梁架设的辅助材料包括钢垫块、工钢束、滑车、倒链、撬棍、手锤、扁铲等。

四、钢梁杆件的预拼

1. 钢梁预拼场地布置

白露大桥南北岸均设置钢梁预拼场,预拼场内设置桥面板组拼区及杆件预拼区,桥面板组拼区内布置桥面板部件存放场地、桥面板接宽胎架、桥面板吊装单元组焊胎架及桥面板吊装单元储存场地。杆件预拼区布置横梁及上平联横撑存放台座、弦杆预拼及存放台座、斜腹杆预拼及存放台座、竖杆预拼及存放台座、桥门架及平联存放场地及节点板分类存放场地一处。场地内还设置工具房、高强度螺栓库、电工房、油漆房、机具修理房、值班房等临时设施,场内还设有钢梁杆件运输通道及吊机走道。钢梁预拼及倒用主要利用场内门吊,质量小于15t的杆件采用汽车吊或履带吊进行吊运。

钢梁预拼场台座布置如图6-15所示。

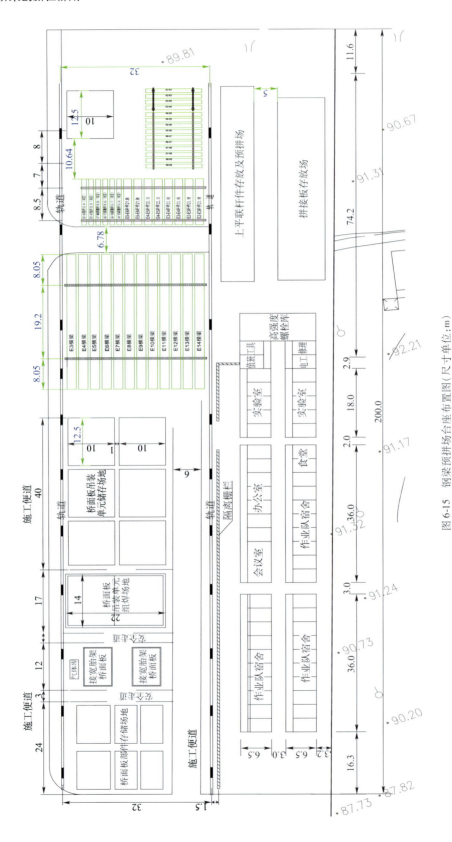

图6-15 钢梁预拼场合座布置图（尺寸单位：m）

2. 预拼及存放场地要求

(1) 预拼场地必须保持排水畅通,不允许有积水。

(2) 预拼场内设有水管路,用来冲洗钢梁上的污物。

(3) 上弦杆预拼台座设在弦杆存放台座附近,台座须具有一定刚度,承重后不发生沉陷、倾斜。

(4) 上弦杆件、竖杆、斜腹杆及平联杆件存放台座用素枕搭设(严禁用油枕)。在素枕垫层必须平整、密实,保证枕木垛的稳定性,防止杆件叠放后发生滑移倾斜现象。

(5) 节点板存放场地应保持整洁。各种节点板、拼接板分类存放,做好各种编号标记。节点板、拼接板要立放,防止雨水进入板缝后引起喷铝层的变质,降低摩擦系数。

(6) 杆件存放时,要特别注意保护摩擦面,杆件置于垫木或素枕上,严禁施工人员和非施工人员践踏杆件,堆放时必须平稳牢固可靠。杆件底面距离地面应不小于20cm的空间。

3. 钢梁杆件预拼

钢梁杆件预拼目的:为便于钢梁安装,架设前在预拼场要将部分零小杆件组拼成一大部件,将拼接板、填板和其他杆件组拼成一个整体,在钢梁杆件吊装时不单独起吊拼接板。

所有杆件预拼均要编制预拼图纸,清查杆件编号和数量,拼装冲钉的公称直径 $\phi33$ 孔为 $\phi32.7mm$,$\phi26$ 孔为 $\phi25.7mm$,冲钉材质可选用 35 号或 45 号碳素结构钢制作,并经过热处理。

4. 桥面板组拼

由于桥面板吊装单元尺寸最大为 12.37m×11.69m,为便于钢梁桥面板运输,桥面板在中铁宝桥集团有限公司制造时面板分成 4 小块,桥面板横梁及纵肋单独制造,各部分单元件运至工地后,组拼成起吊单元。

桥面板接宽、吊装单元组拼工艺流程分别如图 6-16、图 6-17 所示。

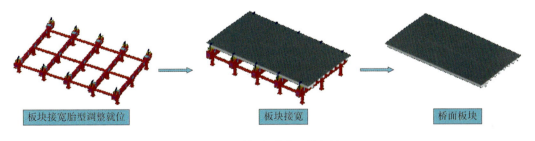

图 6-16 桥面板接宽工艺流程

5. 钢梁预拼检查

杆件预拼要根据钢梁杆件预拼图进行,并注意拼装的顺序与钢梁的安装顺序一致。各杆件、节点板等仔细核对编号尺寸,确认前后方向及内外侧无误后,才能拼装,避免返工。杆件预拼后需满足下列要求:

(1) 预拼单元重量不得超过吊机额定重量。

(2) 部件编号、数量和方向符合设计图和预拼图要求。

(3) 拼装后的杆件、节点板、拼接板之间应密贴,其板层密贴程度满足 0.2mm 塞尺插入板缝间深度不超过 20mm。

(4)主桁的螺栓孔应100%自由通过较设计孔径小0.75mm的试孔器;桥面系和连接系的螺栓孔应100%自由通过较设计孔径小1.0mm的试孔器。

(5)杆件组拼单元栓合后,经值班技术人员检查,填写杆件登记卡,并经质检人员检查验收合格办理签证后,才能出场架设。

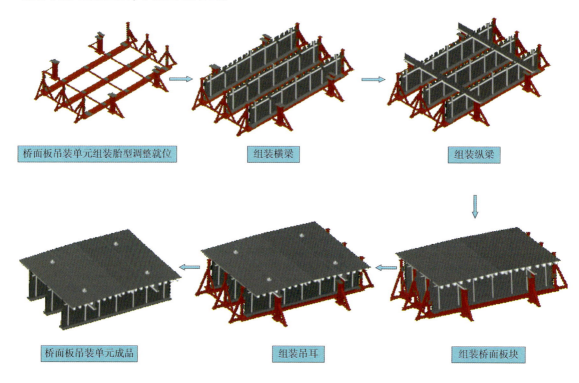

图6-17 桥面板吊装单元组拼工艺流程

五、钢梁的安装架设

1. 架设总体方案概述

(1)钢梁从制造厂家通过陆上及水上运输至南北岸工地码头后倒运至预拼场,预拼后的钢梁杆件通过运梁平车运输至南北岸提升站,通过提升站提升至桥面,通过桥面运梁轨道车运送至待架节间后方,利用WD55型架梁起重机起吊架设。

(2)施工架设步骤为先边跨,后中跨,最后实现跨中合龙。边跨钢梁采用膺架法半悬臂架设,分别在E_1、E_2、E_3、E_5节点布置临时支墩,临时支墩采用钻孔桩+钢管柱的结构形式。边跨钢梁架设过程中根据稳定要求设局部压重,压重采用预制混凝土块,混凝土块尺寸为2.2m×1.0m×1.0m,单块质量5.5t,全桥共预制288块,共计混凝土634m³,单块钢筋用量149.2kg,总计42969.6kg。中跨钢梁采用全悬臂架设,根据设计要求分别在E_{13}、E_{17}两个节点位置处设临时支墩,对应位置在桥面与拱肋间设计临时撑杆。中跨钢桁梁的合龙:纵桥向及横桥向调整通过墩顶设纵横向千斤顶实现;高度上调整除采用常规的墩顶起顶措施外,通过临时墩上设竖向千斤顶实现合龙前微调。

钢梁架设辅助设施总布置如图6-18所示。

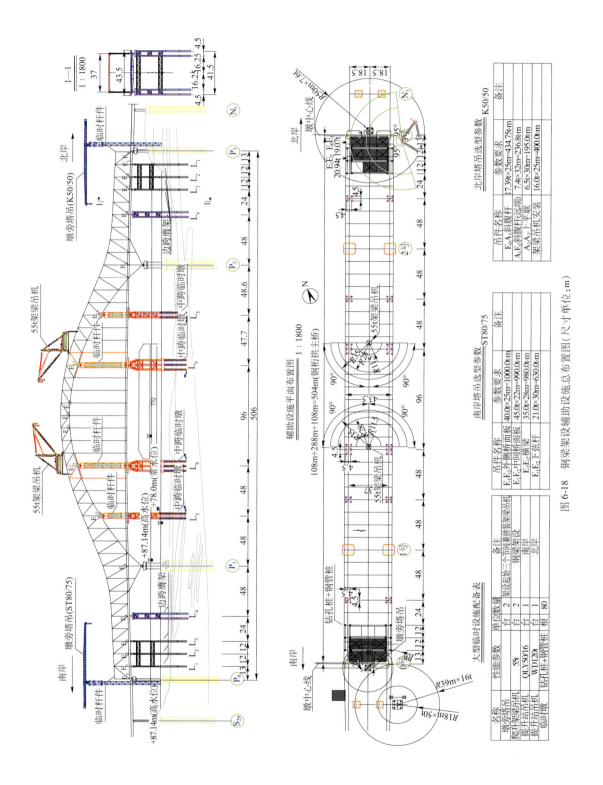

图 6-18 钢梁架设辅助设施总布置图（尺寸单位：m）

2. 白露大桥钢梁架设施工特点

(1)钢梁架设采用从两侧往跨中双向架设的方案。两边跨及中跨钢梁均采用临时支墩搭设膺架拼装,临时支墩受力大,墩顶距河床面较高,自由长度大。

(2)中跨钢梁采用半悬臂拼装,悬臂跨度大,施工控制难度大,施工工艺复杂,同时,由于架设过程中,钢梁水平推力影响,中跨临时墩设计难度大。

(3)钢梁最重杆件达54t(E_{10}),最长杆件长达35.3m(横梁),运输及吊装难度大。

(4)主跨处于主航道,又是高空作业(最大作业高度达93m,拱顶至施工常水位+78.0m),安全工作及与航道的协调工作是钢梁架设中的重要内容。

3. 临时支墩及墩顶布置

柳州白露大桥主桥边跨0~1号墩及2~3号墩钢梁在膺架上拼装。其中0~1号墩和2~3号之间各设4个临时支墩,距0号和3号墩的距离分别为12m、24m、36m、60m;中跨每桁布置4个临时支墩,分别在E_{13}和E_{17}节间,由于河床没有覆盖层,所有临时支墩下部采用钻孔桩基础,上部采用钢管桩。其中1号、2号临时支墩桩径为1.0m,其余临时支墩桩径为1.5m,边跨临时墩最大单桩受力7060kN。边跨L_1、L_2及L_3临时墩钢管连成整体形成临时支墩,边跨L_4临时墩及主跨L_5、L_6临时墩钢管单独连成整体。为了调节钢梁架设过程中的节点高程,在L_4、L_5、L_6临时支墩上设置了千斤顶顶位,其他临时墩不设千斤顶定位,仅作抄垫。

主桥边墩及主墩由于钢梁架设过程中顶落梁及纵横移的需要,均需要布置墩顶设施,墩顶设施包括纵、横移支垫工钢束、钢垫块、聚四氟乙烯滑板、千斤顶、油泵、油管等。

4号、5号临时墩墩顶布置如图6-19所示。6号临时墩墩顶布置如图6-20所示。主墩墩顶布置如图6-21所示。

图6-19 4号、5号临时墩墩顶布置

图6-20 6号临时墩墩顶布置

4. 钢梁架设步骤

(1)步骤一(图6-22):

①钢梁架设辅助设施施工;

②安装0号墩、3号墩顶临时支垫并临时锁定为固定支座;

③利用墩旁塔吊架设头两个节间钢梁杆件、桥面板、人行道板及临时杆件(为保证钢梁能顺利上1号、2号墩且在纵桥向刚好落在支座设计位置,钢梁边跨起始拼装时两岸分别整体向1号、2号墩偏移55mm,且钢梁整体预抬450mm)。

(2)步骤二(图6-23):

利用墩旁塔吊在钢梁上弦拼装WD55架梁吊机。

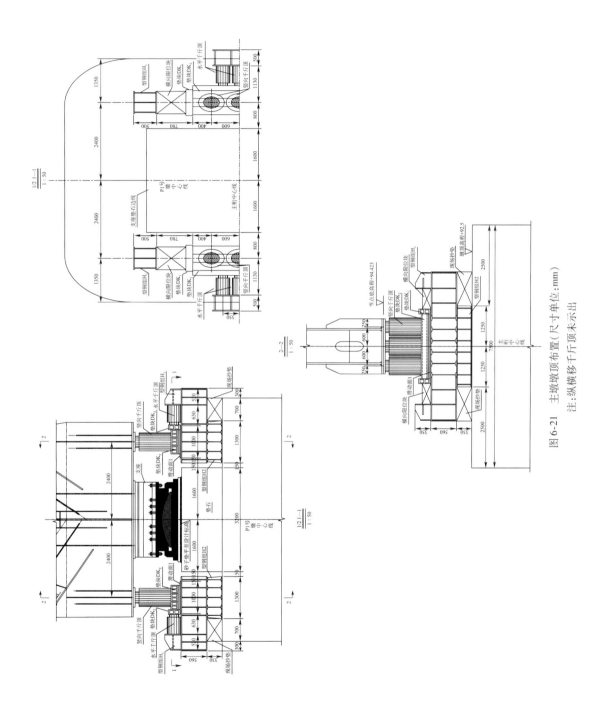

图 6-21 主墩顶布置（尺寸单位：mm）

注：纵横移千斤顶未示出

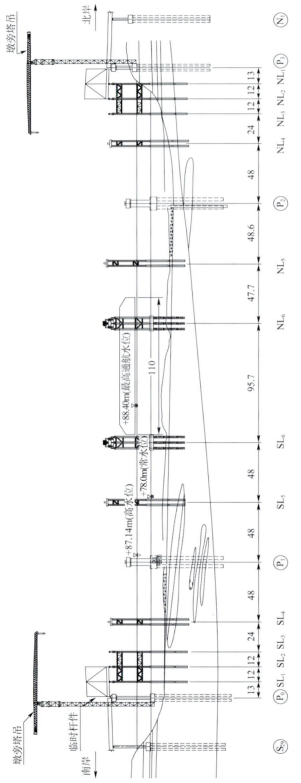

图6-22 钢梁架设步骤一(尺寸单位:m)

第六章 柳州市白露大桥

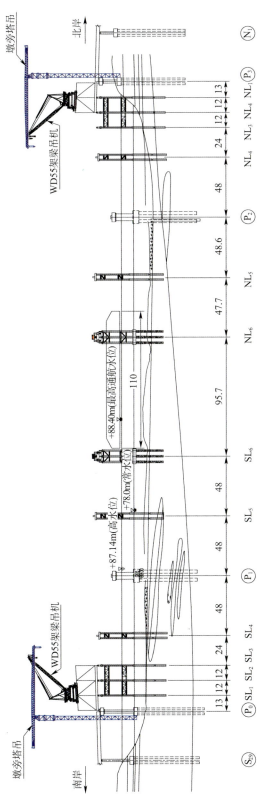

图 6-23 钢梁架设步骤二（尺寸单位：m）

(3)步骤三(图6-24):

①利用架梁吊机通过梁面取梁架设钢梁、桥面板及人行道板至4号临时墩,并抄垫使4号临时墩受力;

②塔吊拆除退场;

③拆除1号、2号、3号临时墩墩顶支垫使之与钢梁脱空,拆除边墩临时杆件。

(4)步骤四(图6-25):

①边跨前3个节间压重(每桁11t/m);

②利用架梁吊机通过梁面取梁悬臂向P_1、P_2主墩架设钢梁、桥面板及人行道板;

③安装P_1、P_2墩顶支座,布置墩顶起落、纵横移设备;

④钢梁悬拼至P_1、P_2墩后仅作抄垫且为临时活动。

(5)步骤五(图6-26):

①继续拼装1个节间,待高强度螺栓终拧后,拆除边跨压重及临时墩;

②调整P_1、P_2墩钢梁高程至设计高程;

③将P_0墩下落1200mm至梁底高程为+103.519m,将P_3墩处高程下落1138mm至梁底高程为+103.581m;

④将P_1、P_2墩活动支座临时锁定为固定支座,P_0、P_3两边墩临时固定支座释放为临时活动支座;

⑤进行边跨钢梁纵、横移作业,调整钢梁轴线偏差;

⑥将北岸钢梁整体向跨中纵移,相对于设计值纵移量为680mm。

(6)步骤六(图6-27):

①利用架梁吊机通过梁面取梁悬臂架设钢梁、桥面板及人行道板至5号临时墩;

②安装竖向临时杆件及5号临时墩与钢梁桁架间顶紧装置,保证其受力。

(7)步骤七(图6-28):

①利用架梁吊机继续悬臂架设钢梁、桥面板及人行道板至E_{17}节段;

②安装竖向临时杆件及6号临时墩与钢梁拱桁间顶紧装置,并保证其受力。

(8)步骤八(图6-29):

①利用架梁吊机继续悬臂架设主跨钢梁至E_{21}、E_{20}节段;

②南岸架梁吊机后退至A_{17}节点处,通过边墩、主墩及主跨临时墩顶调整定位设施调整钢梁里程、中线、高程,准备钢桁拱跨中合龙。

(9)步骤九(图6-30):

①根据监测结果选择合适时机,合龙拱桁下弦杆件;

②安装合龙顶拉设备,调整合龙拱桁上弦杆件;

③安装拱桁剩余钢梁杆件;

④将P_2墩临时锁定固定支座改为活动支座;

⑤拆除5号临时墩支撑;

⑥逐步下落6号临时墩墩顶高程,并顶高P_0、P_3边墩,实现系杆合龙。

(10)步骤十:

①浇筑P_0、P_3边墩支座垫石,安装正式支座;

第六章 柳州市白露大桥

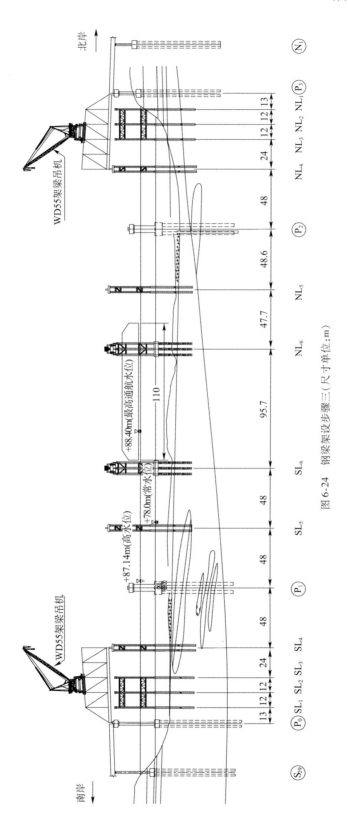

图6-24 钢梁架设步骤三（尺寸单位：m）

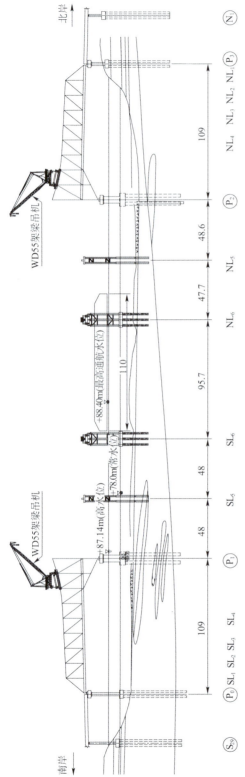

图 6-25 钢梁架设步骤四(尺寸单位:m)

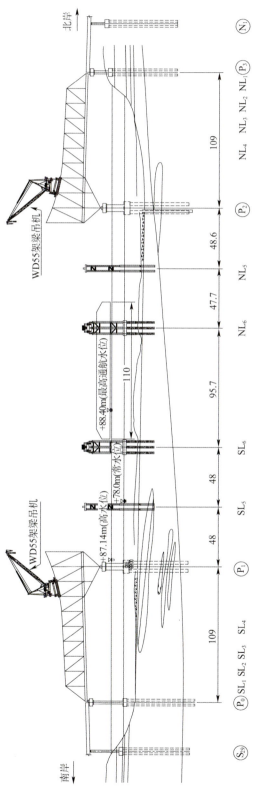

图 6-26 钢梁架设步骤五（尺寸单位：m）

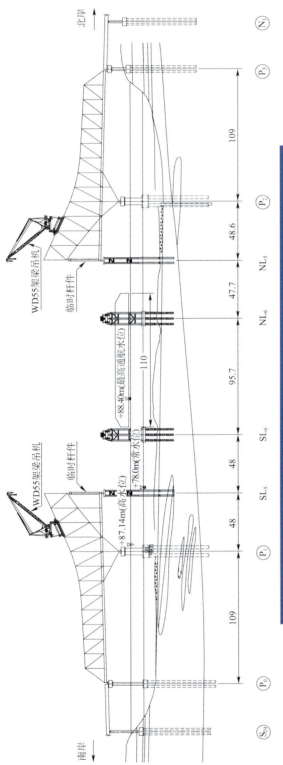

图 6-27 钢梁架设步骤六（尺寸单位：m）

第六章 柳州市白露大桥

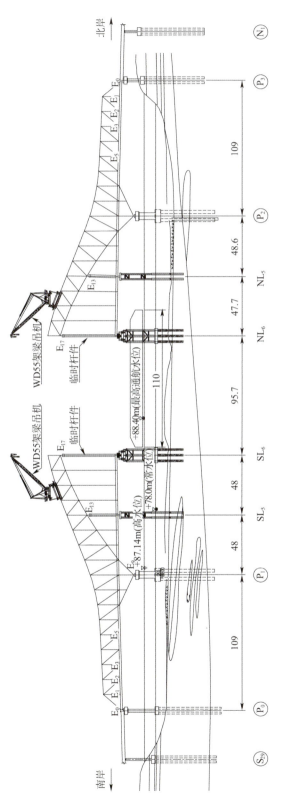

图 6-28 钢梁架设步骤七（尺寸单位：m）

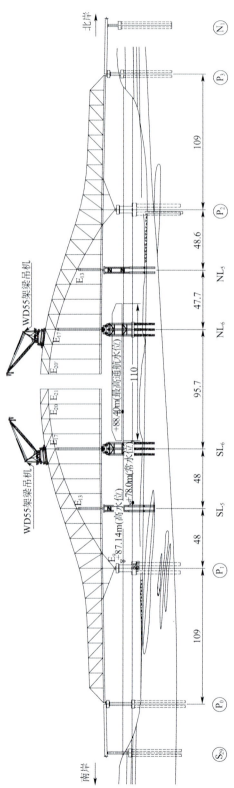
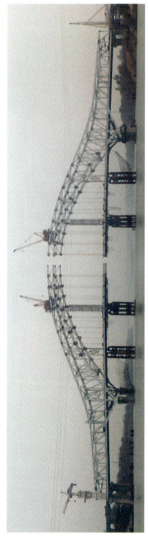

图 6-29 钢梁架设步骤八(尺寸单位:m)

第六章 柳州市白露大桥

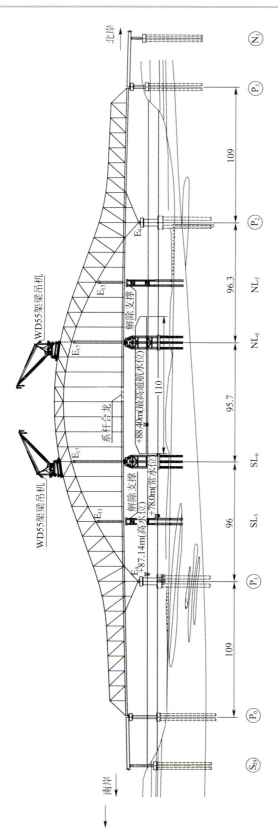

图6-30 钢梁架设步骤九(尺寸单位：m)

②通过墩顶起顶及纵、横移设备,调整钢梁高程及纵、横向位置;
③支座就位注浆;
④桥面铺装及其附属设施安装,主要安装完成。

5. 主跨钢梁吊索安装

白露大桥主跨钢梁主跨吊索采用 OVM.GJ15-27 钢绞线整体挤压拉索,钢绞线抗拉强度标准值 $f_{pk}=1860\text{MPa}$,破断索力为 7031kN。吊索在每节间钢梁架设完成后同步安装,由下往上牵引安装,安装就位后根据制造长度自然收紧,全桥钢梁合龙后按照设计要求进行吊索张拉。

6. 钢梁跨中合龙

(1)跨中合龙时钢梁安装状态

合龙前钢梁状态如图 6-31 所示。

①跨中合龙时,上拱弦杆合龙口预留在 $A_{20'} \sim A_{21'}$ 节间,下拱弦杆合龙口预留在 $E_{20'} \sim E_{21'}$ 节间,系杆合龙口预留在 $C_{20'} \sim C_{21'}$ 节间,E_{21}、A_{20} 斜杆不装。

②上下拱弦杆合龙前,$A_{20}(A_{20'})$ 节点处 SP_{22}、$A_{21}(A_{21'})$ 节点处 SP_7 及 $E_{20}(E_{20'})$ 节点处的 XP_{14}、$E_{21}(E_{21'})$ 节点处 XP_{4a} 不安装。

图 6-31 合龙前钢梁状态

(2)合龙顺序

总的施工步骤是先合龙上下弦杆,再合龙斜杆和平联。先合龙下拱弦杆,再合龙上拱弦杆,上下拱弦杆合龙后再合龙斜杆。主桁弦杆合龙后再合龙系杆,最后拱肋上、下平联。

(3)合龙前的施工准备

①施工监测。

钢梁架至合龙前状态后,每隔 2h 开始不间断进行连续测量监控(观测时间不短于48h),包括反复丈量合龙节点两侧间隙、中线偏差、挠度变化情况,并作好记录,分析温度和日照对中线及梁端位移的影响并与计算数据进行校核。通过同步观测,测出不同温度、日照下钢梁中线、挠度变化资料,以选择适当的合龙时间。

联系气象预报,尽量选择无风、无日照影响、气温变化不大的一段时间内进行合龙。合龙工作需要一气呵成,不停顿、不中断,直至按规定合龙节间全部上足螺栓为止。

②合龙铰。

在钢梁主桁杆件设置圆孔和长圆孔合龙铰,通过长圆孔初步定位,通过圆孔精确合龙。合龙铰是节点法合龙钢梁的关键设施,要求制作精细,安装时位置要求准确,在施工中不允许有任何损伤。

合龙铰设计如图6-32所示。

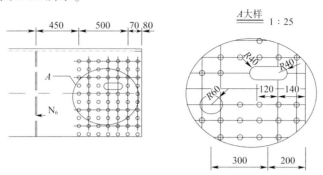

图6-32 合龙铰设计(尺寸单位：cm)

③顶拉装置。

为方便钢梁合龙时的细微精确调整，在钢梁主桁上弦设有顶拉装置，与主桁节点板相连的反力座随钢梁杆件在组拼场组拼，在合龙前需测量合龙口，根据对顶(拉)的需要确定支承座的安装方向。

顶拉装置设计如图6-33所示。

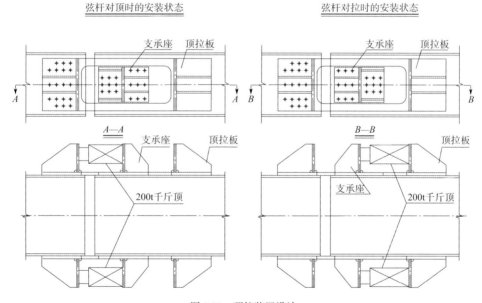

图6-33 顶拉装置设计

④临时牵引设施。

牵引器、倒链滑车、小千斤顶等合龙辅助工具必须详细检查，认为完好无损方可使用。

⑤其他材料准备。

合龙前，已拼梁段高强度螺栓必须全部终拧。千斤顶、压力表等必须齐备，并经检验合格。合龙节间的杆件，螺栓经过检查备足。脚手架等安全设施、照明、通信设备，通过检查并备齐。

⑥人员准备。

合龙方案审查批准以后，认真学习合龙步骤、施工工艺。监控小组根据实际调查的施工荷载,精确的计算出合龙点的位置、高程及各控制点的受力大小。调整时加力与误差变更的关系,现场指挥人员根据这些资料指导实际操作。安装好各个合龙点的顶拉设备,加减伸臂端临时荷载的设施,随时监测用的仪器、仪表与各种工具、安全设施都有专人准备好,各就各位、统一指挥,进行合龙前的调整工作。

(4)合龙施工步骤

①位移调整:

合龙前进行准确的测量,凡测量值与下列规定不符合者均应调整:中线测量,保证主桁平面中线差小于2mm;间距测量,两悬臂端间隔距离与设计尺寸的间距为(0,+100)mm;高程测量,两悬臂端高程一致,转角相等。

调整工作包括三个内容,即间距(纵向)、中线(横向)、高程(竖向)。钢梁位移调整顺序为先调整横向,再调整纵向,再调整竖向。

中线(横向)调整方法:其值包括安装测量误差,梁体横断面变形所引起的错位,日照不匀、温度使梁体横向挠曲等。当中线偏差太大时(超过10cm),利用1号、2号墩支点处设置的横移设备来完成;当中线偏差小于10cm时,可通过两侧钢梁上、下游的对拉导链来实现。

间距(纵向)调整方法:利用1号、2号墩支点处设置的纵移设备,调整钢梁的纵向位置,将合龙口间距调整至(0,+100)mm;

高程调整方法:调整 L_6 及边跨0号、3号墩支点高程,保持主墩1号、2号墩墩顶高程不变,使两悬臂端高程一致。

②当位移调整好后,两侧钢梁利用导链对拉,再次精调中线。

③打入下弦长圆孔钢销,此时悬臂端间隔距离与设计尺寸的间距为(0,+100)mm。

④将钢梁进行纵移,当合龙口尺寸与设计尺寸偏差在30mm左右、甚至更小时,不需再进行纵移,等待温度变化即可,当偏差在0.5mm以内时,打入下弦圆孔钢销。

⑤调整上口间隙至当偏差在0.5mm以内时,打入上弦圆孔钢销,至此,钢梁在跨中呈四点铰支状态。

⑥依次在下弦、上弦及斜杆的合龙点上打入50%冲钉、上足30%高强度螺栓,然后按照正常的顺序进行冲钉的替换、高强度螺栓初拧和终拧,同时退出钢销。

当上述步骤完成后,即表示主桁合龙已完成,立即将2号墩临时固定支座释放为活动支座,完成体系转换,防止产生过大的温度内力。

7. 顶落梁

(1)顶落梁使用的油压千斤顶,须带顶部球形支承垫保险箍,升降限位孔,共同作用的多台千斤顶选用同一型号,用油管并联。油压千斤顶、油泵、压力表、油管长度力求一致。为准确掌握支点反力,应对千斤顶、油泵、压力表一并配套校正,并注意定期检查。

(2)顶落梁中,上支承面及各垫层间放置石棉板防滑材料;为适应支点水平位移,千斤顶底部应设置辊轴或四氟乙烯板垫座,垫座中心应与千斤顶中心轴重合。

(3)顶落梁施工过程中,对顶落高程、支点反力、支点位移、跨中挠度等变化,应进行观测和记录。

(4)顶落梁时在正式支座顶进行抄垫,将正式支座作为保险支垛。同一墩的上、下游两点,除调整高程时分别起顶外,均同步进行。在施顶过程中,每起落5cm高度要停顿一下,测量两桁最大高差不大于3mm时,进行下一次顶落。

(5)千斤顶安放在墩顶及梁底的位置均严格按设计规定安放,千斤顶中心轴应与支承结构中心线重合,与起顶中心位置偏差不大于5mm。不得随意更改。

(6)在顶落梁及纵横移时,由值班工程师负责,并做好记录,使用多台千斤顶顶落梁时,应统一指挥,由专人负责。

(7)使用千斤顶必须遵守下列原则:

①油泵尽量摆在两桁中间,使油管长度大致相等;

②尽可能使用锭子油;

③千斤顶起顶时,一定要随时旋下保险箍,顶的上、下各垫石棉板;

④落梁时保险箍不能一次打到顶,也不能顶死,需与缸体顶面保留5~10mm空隙,随时旋松,以防将保险箍压坏,并随时预防万一。

8.钢梁纵、横移

(1)钢梁横移:

①钢梁拼装过程中或跨中合龙前,如发现钢梁中线与设计中线偏移较大,即应横移调整钢梁中线至设计位置,使下一孔钢梁沿设计中线方向悬臂伸出或方便跨中合龙。

②钢梁横移调整偏位前,横梁及节点、桥门架、上、下平联节点螺栓必须终拧完毕,以防钢梁受横向水平力的影响造成钢梁轴线发生曲折。

③横移工作在支点反力较小的情况下进行,如必须在反力较大的情况下横移钢梁,则横移设备不要集中一处,可分别设于下节点和横梁下,避免局部受力过大。

④横移用施加外力方法,由于横移量不易控制,又有东西向日偏照的影响。为了既加快进度,又避免钢梁偏移,横移时将顶力设备对称布置于上、下游,当一桁下的横移千斤顶工作时,另一桁下的设备起保险作用。

(2)钢梁纵移:

可利用温差法,起落梁法或顶推法纵移。在钢梁偏位不大于规范时应优先采用温差法或起落梁法进行调整。

起落梁法即通过起落顶使钢梁变形、支点移动,然后转换体系,进行反向操作使钢梁移动,如此反复进行,直至钢梁纵移到设计位置。为增加固定支点的摩擦约束,固定支点加垫石棉板,使其摩擦力大于所有活动支座的摩擦力之和。

(3)钢梁顶落梁和纵横移作业不得与主桁伸臂拼装同时进行,也不得与纵、横移工作同时进行。

9.架设过程中的测量工作

为保证钢梁轴线顺直,拱度符合设计要求,以及利用钢梁悬臂安装时前端的实测拱度值来复核杆件的内力和支承点的反力,钢梁架设过程中应随时测量,发现问题及时矫正。

钢梁架设测量工作主要内容:

(1)钢梁中心线的测量,每拼装一个节间测量一次。为减少光照对钢梁旁弯的影响,测量工作应选在早晨日出前或太阳刚出、阴天、无风或微风状况下进行,测量时吊机暂停工作。

(2)钢梁主桁挠度测量,每拼装一个节间测量一次,填写资料应注意吊机位置。为保证挠度值的准确性,测量时间和工作状况与(1)同。

(3)主桁横断面测量,每孔跨中测一断面。

(4)支点高程测量,包括桥墩上正式支座和临时支座,膺架支点高程等。膺架上拼装时每拼出一个节间各已架部分膺架都要测量。

(5)钢梁每架完一孔应及时对所有已架钢梁各节点拱度进行观测。

10. 钢梁架设临时支墩拆除

白露大桥主桥钢桁拱梁架设完成后,为避免钢梁架设临时支墩对柳江河道行洪及船舶通行安全的影响,临时支墩在钢梁架设完成后需全部拆除至河床面处,拆除方法:首先沿河床面采用水下切割的方法对钢护筒进行割除(图6-34),然后用金刚石绳锯对混凝土钻孔桩基础进行整体切割,临时墩钻孔桩起吊外运处理。

桩身导向装置布置如图6-35所示。

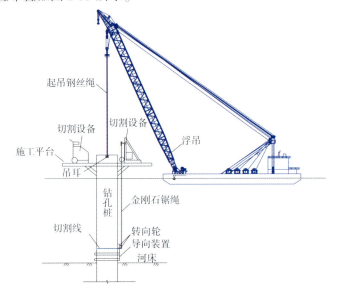

图6-34 临时墩水下整体切割示意图

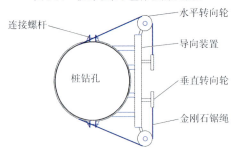

图6-35 桩身导向装置布置示意图

第四节 科研成果

大跨度钢桁拱梁膺架法半悬臂架设施工工法获2011年度公路工程工法,工法编号:GGG(中企)C3072—2011。

第七章　柳州市广雅大桥

第一节　工程概况

一、工程简介

柳州市广雅大桥是柳州市河西片区通往市中心的重要通道之一;路线呈东西走向,大桥引桥西接河西路与磨滩路路口后,与西环线相连,跨越柳江后东接广雅路并通往市中心。

二、桥址水文与地质

柳州市柳江上的桥梁较多,主通航孔在49.3~124m之间,基本满足Ⅲ-(3)级航道要求。考虑到柳江两个180°大弯穿越柳州市区,河道本身已行洪不畅,因此,在柳江上新建桥梁的跨度和桥下净空应满足行洪和通航的要求。根据广雅大桥设计技术标准,桥址河段采用Ⅲ-(3)级航道标准,Ⅲ级航道应满足1000吨级船舶的通航要求,净高10m,单孔航道净宽55m。

河床内覆盖层较薄,均匀性较好,两岸整个覆盖层厚度变化不大,虽然各土层的分布及厚度变化较大,但其力学强度差异不大,故场区地基土均匀性较好,钻探过程中未揭露土洞或其他不良地质现象;整个场区下伏白云质灰岩,岩面总体起伏不大,除岩体浅部分布薄层状或团带状强风化层、溶蚀裂隙破碎带及小规模溶洞外,其余深度段岩体连续性较好,岩石强度较高。本场区地基土均匀性及地基稳定性条件良好,场区地处岩溶发育带,地质情况较复杂。

三、设计标准

(1)道路等级:城市主干路Ⅰ级。
(2)设计车速:50km/h。
(3)设计荷载:公路—Ⅰ级,人群设计荷载3.5kN/m^2。
(4)桥面布置:四条机动车道,两条辅道,两侧各设有人行道。
(5)桥下通航标准:航道等级为Ⅲ-(3)级,通航净空高度为10m,净宽为55m。
(6)最高通航水位:十年一遇,水位+86.68m(黄海高程)。
(7)桥梁设计洪水频率:1/100。
(8)桥上纵坡:≤4%。
(9)地震动峰值加速度:0.05g。

四、大桥结构设计及主要工程数量

主桥孔跨布置为63m+2×210m+63m,总长546m。

图7-1 坡拱方案

全桥孔跨布置为 $9×30m+4×34m+(63m+2×210m+63m)+3×30m$,桥梁全长 1058m。

主桥采用海鸥式双孔中承式钢箱拱桥方案,引桥均采用现浇连续箱梁,引桥桥跨采用 30m 及 34m 两种跨径形式。

坡拱方案如图 7-1 所示。主要工程数量见表 7-1。

主要工程数量　　　　　　　　　　表 7-1

项目		工程项目名称	材料名称及数量	钢材(kg)
基础工程	1	φ180cm 桩基础(1959m/74 根)	C30:6779.8m³	普通钢材:526374.2
	2	φ230cm 桩基础(1967.8m/62 根)	C30:9663.4m³	普通钢材:713029.5
	3	引桥承台	C30:1723.92m³	普通钢材:179912.48
	4	交界墩承台	C30:837m³	普通钢材:93058.4
	5	主墩承台	C30:7800m³ 微膨胀 C30:126m³	普通钢材:638272.5
下部构造	1	交界墩柱	C30:2345m³	普通钢材:225190.6
	2	拱座	抗渗 C40:5320.9m³	普通钢材:420324.5
	3	引桥墩柱	C30:2714.6m³	普通钢材:423940.8
上部结构	1	桥面系以上拱肋		Q345C:3074740.3
	2	三角钢架	C50 自密实:1447.14m³	Q345C:4090968
	3	桥面梁及附属刚构		Q345C:7702795.4
	4	$φ_s15.2$ 钢绞线		517531.5
	5	引桥现浇梁	C50:11264.4m³	
附属工程	1	防撞护栏和人行道栏杆		249392.6kg
	2	上桥楼梯混凝土	C30:491.2m³	钢筋:62387.5kg
	3	引桥沥青混凝土和主桥沥青混凝土	2315m³	
	4	伸缩缝	122m,共 8 道	
引道工程	1	填方	54849m³	
	2	挖方	13408m³	
	3	水泥稳定碎石	43031.2m²	
	4	级配碎石	34149m²	

五、参建单位

建设单位:柳州市城市投资建设发展有限公司;

设计单位:四川省交通运输厅公路规划勘察设计研究院;

参建单位:中铁交通投资集团有限公司;

监理单位:甘肃铁一院工程监理有限责任公司;
施工单位:中铁三局集团有限公司。

第二节　工程(设计及施工技术)重难点与创新

一、主桥结构设计

主桥长546m,跨径组合为63m+2×210m+63m,桥宽36m。

主墩基础采用桩基承台基础。12号、16号墩为交接墩,采用钢筋混凝土花瓶形桥墩,每个墩有4根直径1.8m的桩,桩基均按嵌岩桩设计。13号、15号主墩承台平面尺寸为13.7m×13.35m,14号主墩承台平面尺寸为13m×13m,承台高度6m。为减小水流阻力,承台的迎水面设置了分水尖。每个承台下方设置9根直径为2.3m的桩,行列式布置。桩基中心距横桥向均为4.9m;顺桥向间距对于13号、15号主墩为5m,对于14号主墩为4.65m。桩基均按嵌岩桩设计。每个主墩有2个承台,承台之间采用系梁连接,系梁为矩形实心结构,断面尺寸为3.5m×6m。系梁分两次浇筑,在系梁中央设置2m后浇段,后浇段混凝土在三角钢架施工前进行浇筑。

主墩拱座横向断面设计为上部梯形与下部矩形的组合截面形式,拱座顶宽2m,底宽12m,由于主桥为单向纵坡,3个主墩处桥面高差的一部分通过拱座的不等高度及承台顶高程的不同来调整,13~15号拱座的高度分别为8.232m、8.232m、7.232m。13号、15号主墩拱座横桥向长度为11m,14号主墩拱座横桥向长度为10.5m。为减小水流阻力,拱座同样在迎水面设置了分水尖。

主拱肋为钢箱拱,桥面加劲梁采用底板开口的正交异性钢桥面板纵横梁格结构形式,主桥结构体系为下承式系杆拱与三角钢架的组合体系拱桥。桥面总宽36m,主跨吊杆间距为9m。主跨拱圈为悬链线变截面钢箱拱,钢箱拱肋采用等宽变高的单箱单室截面,组合跨径为主跨双孔210m,由于主桥为单向纵坡,因此主拱采用坡拱形式,倾斜角度(即拱脚连线与水平向夹角)为0.273°,其斜向净跨径(即两拱脚起拱点连线距离)为200m,斜向净矢高50m,净矢跨比1/4,拱轴系数$m=1.6$,计算跨径为203.282m,计算矢高49.711m;拱顶截面径向高为2.5m,拱脚截面径向高为4.5m,截面高度按照1.5次抛物线的变化规律、沿x轴方向(拱脚连线方向)从拱脚的4.5m渐变至拱顶的2.5m,钢箱拱宽2.5m。中墩三角钢架两侧斜腿及边墩的三角钢架主跨侧斜腿为主跨拱圈同线形拱圈的延续。边墩三角钢架的边跨侧斜腿与主跨侧斜腿对称布置。斜腿拱脚处截面径向高4.5m,临近与桥面梁交界处截面径向高为4.137~4.197m,三角钢架纵向66m,高度22m,宽度2.5m。

全桥系杆按纵坡及竖曲线沿桥面贯通设置,以便在主桥施工过程中对大桥的主体(三角钢架、主拱)进行内力与线形的调整与主动控制,使大桥结构受力更趋于合理。为方便后期的养护与检查,系杆依靠支撑架设于主纵梁上面。每边拱肋共设置4束索,理论长度为383m,索重15.4~15.5t,全桥共设8根。吊杆采用可调可换的钢绞线体系——GJ15-19环氧全喷涂钢绞线整束挤压式吊杆体系。吊杆上端设于钢箱拱内,吊杆下端设于主纵梁顶,上端为张拉端。主跨吊杆间距均为9m,全桥双主跨共设64根吊杆。索长10~30m,索重0.2~0.6t。系杆、吊杆成品索均采用1860级、ϕ15.24无黏结环氧喷涂钢绞线缠包后热挤高密度聚乙烯。

二、主桥结构受力特点

主拱肋为钢箱拱肋，桥面加劲梁采用底板开口的正交异性钢桥面板纵横梁格结构形式，主桥结构体系为下承式系杆拱与三角钢架的组合体系拱桥。

在施工阶段，通过主跨、边跨加载和系杆张拉程序的控制，可靠地保证三角钢架的受力和拱推力的平衡，将三角钢架根部和承台底中心的不平衡弯矩控制在施工允许的范围内。

三角钢架的存在，增大了结构的跨越能力，三角钢架可理解为与上部系杆拱固结的下部结构（三角钢构桥墩）。其优点是抗推刚度大，施工和运营中起到抵抗边、中跨不平衡内力的作用。为释放桥面结构产生的巨大水平力，将主桥中跨的桥面结构设计成半漂浮体系，即在桥面结构不与主跨拱肋、三角钢架固结，而是通过吊杆或三角钢架上单向活动球型支座相连，由球型支座传递桥面上荷载，另在三角钢架与边跨处设置单元式多向变位梳形板桥梁伸缩缝。

出于防船撞的需要，三角钢架斜腿部分采用新型的钢箱混凝土组合结构，受力复杂，设计难度也较大，通过对钢箱混凝土组合结构资料的收集和研究，完善了钢箱混凝土的计算方法。

三、主要技术特点和创新点

该桥主要技术特点和创新点如下：

（1）水中主墩大体积承台尺寸为44m×13m×6m，共3个，主墩均采用无底钢围堰进行施工。在承台施工过程中，提前进行混凝土配合比设计，确定合理的分层浇筑厚度，降低混凝土浇筑入模温度，尤其是中间墩14号墩混凝土的浇筑，由于无法搭设栈桥且河两岸均为高边坡，所以长距离多弯道的泵送增加了混凝土浇筑连续性的难度，容易堵塞导管，通过对混凝土拌和、运输、二次泵送浇筑、养护整个过程的控制，从而解决混凝土浇筑的连续性及大体积混凝土在水化热作用下开裂的问题。

（2）进行水中无覆盖层大体积承台施工，采用无底双壁钢围堰与锁扣钢管桩，施工难度大。由于处于市中心地区，大型双壁钢围堰在临时码头采用水陆整体拼装，潜水区下水属世界首次，锁口钢管桩在覆盖层厚度不够的情况下采用上游冲孔、四周再抛填石笼的方案进行加固、抗洪，很好地解决了浅覆盖层钢管桩的施工难题。

（3）以节段的整体性进行设计，针对拱肋节段超长、超重且吊装高度超高（尺寸为长22m、宽15.3m、高2.5m，最大质量为210t，吊装最高高度为58m），采用2台浮吊进行抬吊；三角钢架及主拱区单向纵坡的设计，要求合龙精度很高，加大了吊装难度。最后采取一系列的监控措施，保质保量地完成了主桥的合龙，达到了设计的精度要求。

（4）由于工期的需要和受两岸拆迁进度的影响，主桥施工工艺采用浮吊大节段提升的施工方法，将大量高空水上吊装作业变成低空陆上作业，最大限度地改善了拱肋施工条件，对确保安装的精度、焊接质量和施工安全，加快施工进度具有重要的意义。

（5）采用先拱后梁法施工，系杆与吊杆设计为整体挤压式索体，但实现索体生产长度与安装长度转变的施工难度大，通过采用张拉连接杆等张拉设备很好地控制了系杆的安装及张拉伸长量。

四、工程实施重点与难点

柳州市广雅大桥为特大跨度钢箱拱下承式系杆拱桥,无横向风撑设计,结构特点新颖,技术含量高,安装精度要求高,施工难度大。由于桥址处于柳州市市中心地段,并且航道航运繁忙,施工场地和施工用航道很有限。因此该桥无法采用缆索吊索塔施工,而是采用浮吊加支架大节段吊装拱肋施工,支架间距应满足通航要求,不占用航道,将大量高空水上吊装作业转变成低空陆上作业,最大限度地改善了拱肋施工条件,对确保安装的精度、焊接质量、施工安全、加快施工进度具有重要的意义。

工程施工的主要难点在于:一是,主墩深水基础围堰施工;二是,钢箱拱支架在无覆盖层河道中施工;三是,主拱大节段制作、浮运、大节段吊装。

第三节　基础施工工艺

一、围堰形式的比选

根据桥址情况,柳江每年5～8月份是洪水期,无法进行正常施工,为保证汛前钻孔桩及承台施工完成,对主桥水中3个墩分别用不同的围堰形式进行施工,13号、15号墩采用先平台后围堰施工,14号墩为先围堰后平台施工,保证了不同工序队伍的工作面,从而大大缩短了工期。

1. 13号墩围堰的选择

由于工期紧、任务重及经济方面的考虑,决定采用锁口钢管桩围堰方案进行施工,理由如下:

(1)13号墩采用双壁钢围堰施工,加工工作量大、时间长,且14号墩、15号墩已采用双壁钢围堰施工,在市中心施工场地无法达到同时生产3个墩双壁钢围堰的条件。

(2)根据地质情况、现场环境及工期要求,为完成承台施工,必须采用围堰施工。与其他两个墩相比,13号墩覆盖层厚度是最厚的一个,为满足度洪要求,选择钢管桩围堰而不是钢板桩围堰。

(3)锁口钢管桩围堰方案特点及在本工程中应用的优缺点如下:

相对于双壁钢围堰,锁口钢管桩围堰施工速度快,施工方便,无需大型起重设备拼装,现场焊接作业量少。材料回收率高且损耗低,基本不降低使用价值。

相对于钢板桩围堰,锁口钢管桩围堰施工便捷,但单元刚度远大于钢板桩围堰,水密性比钢板桩围堰好,且钢管桩围堰度洪能力远远大于钢板桩围堰。

由于本工程河床覆盖层偏薄,不利于钢管桩围堰单体刚度大这一优势的发挥,封底混凝土完成前,整体刚度较差。虽然13号位置水流速度小,但很难保证施工期间能避开柳江洪水的冲击,需采取相应措施。

2. 14号、15号墩围堰的选择

由前述可知,14号墩河床覆盖层非常少,有的地方是裸岩,无法采用钢管桩围堰和钢板桩围堰进行施工,因此采用双壁钢围堰和钢吊箱围堰进行施工。

（1）双壁钢围堰方案可争取提前半年的工期。柳州市广雅大桥为建设移交项目，设计比较滞后，开工很晚，在没有地质资料的情况下，为保证工期，做了13号、15号两个主墩先平台后围堰方案，以及中间14号主墩先围堰后平台方案。这样，平台和围堰平行作业，大大缩短了孔桩施工前的准备时间，11月中旬已开始13号、15号墩的孔桩施工，在2010年4月30日汛期前结束基础工程的施工，争取了大约半年的工期。

钢吊箱围堰方案需先施工平台，且平台管桩内须冲孔，才能施工桩基，最后施工围堰作承台，这样流水作业会大大影响施工进度，具备孔桩施工条件约在2010年1月，浪费了枯水期施工的黄金时期，完成基础施工的时间约在2010年10月。

（2）双壁钢围堰可接高，汛期时高度可由15m加高至18m，从而保证5~8月份非洪水时期能正常施工，缩短整个工程工期。

双壁钢围堰工序单一、制造方便、施工简便，同时，围堰内支撑相较钢吊箱很少，吸泥下沉和清基都比较方便，节省了围堰的制作、封底时间。

（3）柳江一到汛期水位便猛涨，流速也较大，一般在洪水期只能停工，待水位下降后继续施工，在此期间必须保证已经施工的工程安全。与钢吊箱围堰相比，双壁钢围堰结构刚性大，能承受较大水压，尽可能地提高抽水水位，所以，不担心洪水淹没围堰，也不担心下沉时翻砂，施工十分安全可靠，能安全度过洪水期。

二、基础施工概述

根据桥位地理情况，13号墩与15号墩先搭设平台，由于覆盖层厚度不够，则利用剪刀撑、井字框架结构进行连接，保证施工平台的稳定性。钻孔施工平台尺寸为54m×28m，如图7-2所示。

主桥13号墩采用锁口钢管桩围堰（图7-3），围堰尺寸为49m×17.7m。由于覆盖层不够厚，在上游端的8根1.2m的钢管桩内冲桩，冲桩深度不小于4m。另外，在钢管桩围堰外侧抛填石笼，保证钢管桩围堰的抗洪水能力和减小封底混凝土浇筑时的钢管桩外张。

图7-2　钻孔施工平台　　　　　　　　图7-3　13号墩锁口钢管桩围堰

14号墩、15号墩采用双壁钢围堰施工，14号墩双壁钢围堰在广雅大桥临时施工码头进行整体拼装下水（图7-4）。由于条件所限，采用水路整体拼装在浅水区进行下水，之后用拖轮浮运至桥墩处注水定位、封底、浇筑双壁钢围堰隔舱混凝土，搭设钻孔施工平台。15号墩采用在桥位墩处利用现有施工平台搭设钢围堰拼装平台，再进行围堰拼装、注水下沉（图7-5）、定位、浇筑围堰隔舱混凝土、围堰封底等。

图7-4　14号墩双壁钢围堰整体拼装下水　　　　图7-5　15号墩双壁钢围堰桥墩处整体拼装下水

主桥每个墩分左右幅,每幅9根桩,桩径2.3m,平均桩长约37m,加上水深及平台高度约50m。根据详勘地质资料显示,钻孔桩外设的钢护筒,使用冲击钻和泥浆正循环进行钻孔,泥浆采用不分散、低固相、高黏度的水解聚丙烯酰胺泥浆。灌注混凝土采用强度等级为C30的水下混凝土。

第四节　围堰施工工艺

一、13号墩锁口钢管桩

1. 结构概述

本工程拟采用 φ820×8 螺旋管、φ1200×10、I20 工字钢、φ200×8 无缝管加工成锁扣钢管桩打入河床中作为堰壁,岩壁内侧采用 2HW594×302H 钢设置一道围楞,顺桥向用 φ820×12 螺旋管及 Q235A2[36a 的槽钢设置内支撑,与围楞形成平面框架结构,以约束钢管桩上端水平方向的位移自由度。封底前需借助现有的桩基施工平台进行桩间联系,维持整个围堰的稳定。在上游端的8根1.2m的钢管桩内冲桩,冲桩深度不小于4m,13号墩锁口钢管桩围堰平面图如图7-6所示。

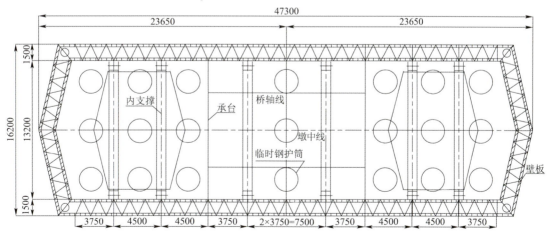

图7-6　13号墩锁口钢管桩围堰平面图(尺寸单位:mm)

2. 围堰总体施工方法及步骤

(1)首先备足相应材料并在岸上加工足够数量的钢管桩,打在上游迎水面的钢管桩应在封底混凝土 1/3 高度处焊接锚固牛腿,以便钢管桩更好地锚固,以抵抗洪水冲击。

(2)采用 50t 浮吊。浮吊按设计位置逐根将钢管桩打入河床,所有的钢管桩底必须插打至基岩面,顶面以桩基施工平台顶面高程控制为宜(以免影响剩余桩基施工)。覆盖层厚度较小的地方利用现有平台的桩间横联保持稳定,直至围堰合龙为止。

(3)安装堰围檩及内支撑。利用袋装砂土和石笼在外侧河床底码砌护角,外侧以承台底面高度控制,内侧以封底混凝土底面高程控制。保证封底混凝土厚度不小于 3.5m。

(4)采用 $10m^3$ 空压机及导管抽出堰内淤泥、河卵石,以及底顶面高出封底混凝土底面处的砂砾。

(5)多点均匀布置水下混凝土导管灌注封底混凝土,同时对锁扣进行压浆。

(6)水下混凝土达到设计强度后抽水形成承台施工干环境。

3. 钢管桩拆除

当水中承台全部施工完成后,先拆除内支撑,然后利用打入设备,逐根拔出钢管桩。上游迎水面部分由于下端设置了锚固牛腿,无法拔出,故需派潜水员潜入水中切割,切割前上端必须用汽车吊扣挂稳妥,方可进行水下切割作业;必须逐根拆除,应避免锚固牛腿脱落对作业人员造成伤害。

4. 封底抽水工况计算

采用 Mida S2006 建立模型,荷载考虑静水压力(水位 +82.0m),建立空间模型计算,将 $\phi 820 \times 8$ 锁口钢管桩在承台底铰接,导环转角处铰接,内支撑与导环间铰接。

(1)模型

13 号墩锁口钢管桩整体模型、模型荷载及边界分别如图 7-7、图 7-8 所示。

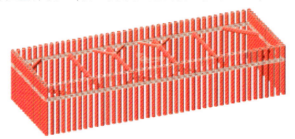

图 7-7　13 号墩锁口钢管桩整体模型

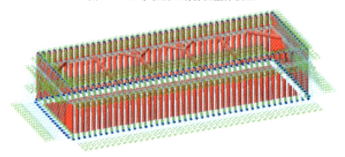

图 7-8　13 号墩锁口钢管桩模型荷载及边界

(2)变形

13 号墩锁口钢管桩变形最大值为 9.0mm,变形云图见图 7-9。

图 7-9　13 号墩锁口钢管桩变形云图

（3）锁口钢管桩应力

13 号墩锁口钢管桩应力最大值为 113.6MPa（<170MPa），满足要求，应力云图见图 7-10。

图 7-10　13 号墩锁口钢管桩应力云图

（4）导环应力

13 号墩锁口钢管桩导环最大组合应力为 -128.6MPa（<-170MPa），最大剪应力为 42.9MPa（<100MPa），满足要求，应力云图见图 7-11、图 7-12，导环变形云图见图 7-13。

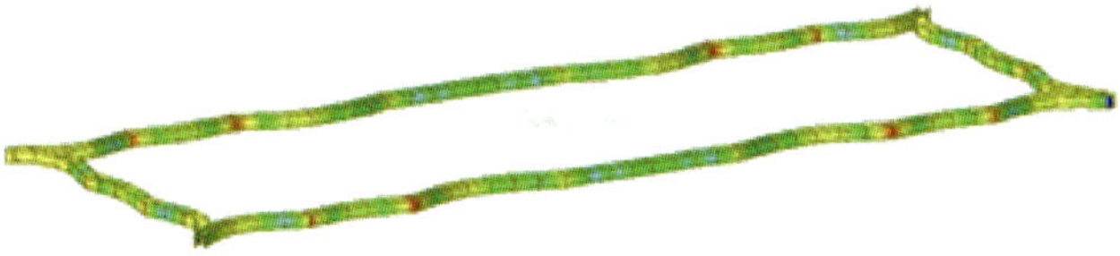

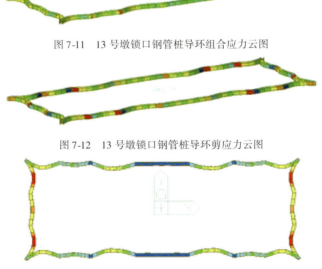

图 7-11　13 号墩锁口钢管桩导环组合应力云图

图 7-12　13 号墩锁口钢管桩导环剪应力云图

图 7-13　13 号墩锁口钢管桩导环变形云图

（5）钢管内支撑应力

13 号墩锁口钢管桩钢管内支撑，$\lambda = 14800/287 = 51.6$，查得 $\phi = 0.847$，最大组合应力为

$-118.7 \text{MPa}(<0.847 \times -170 = -144 \text{MPa})$,满足要求,内支撑组合应力云图见图7-14。

图7-14　13号墩锁口钢管桩 $\phi 820 \times 8$ 钢管内支撑组合应力云图

二、14号墩双壁钢围堰

1. 结构概述

根据柳州市广雅大桥两阶段初步设计文件,双壁钢围堰为圆形围堰,外径45.5m,内径42.5m,堰壁厚1.5m,单个封底混凝土量达到 6537.3m^3。

初步设计中钢材用量和混凝土用量都很大,为此,项目部与设计单位和业主沟通后,决定改为矩形(设尖端)双壁钢围堰,围堰尺寸根据承台尺寸设计,后期兼作承台模板,长度47.3m、宽16.2m,优化后的围堰单个封底混凝土工程量为 3040m^3,大大节省了封底混凝土用量,钢材用量也大幅减少。

本工程位于市中心,施工场地局限性非常大。根据柳江水文情况,选择14号墩双壁钢围堰在临时码头进行整体拼装下水,再进行围堰定位、封底,搭设钻孔平台,待孔桩施工完成后进行二次封底、抽水施工承台。围堰尺寸为 $47.3\text{m} \times 16.2\text{m} \times 15\text{m}$,围堰壁厚1.5m,质量约589t。由于码头水位浅,且面积不足以拼装整个围堰,则采用浮箱进行水陆拼装、增加助浮设备整体下水。

2. 围堰施工方法及步骤

双壁钢围堰分为围堰的加工、拼装、下水、定位下沉四个步骤。

(1) 围堰加工

钢围堰在水平方向分为14块进行制造,上下节共28个单元,各节块围堰组拼时应按编号顺序进行。各节围堰先点焊组拼成整体,然后对围堰直径、倾斜度及围堰结构等进行测量检查,合格后方能全面施焊。

(2) 围堰拼装(图7-15)

①码头地面支撑架测量放样。

②汽车吊按顺序吊装围堰单元块。

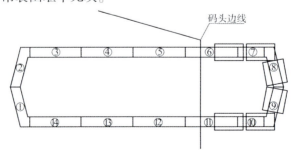

图7-15　围堰拼装示意图

③安装下水滑道(图7-16)。

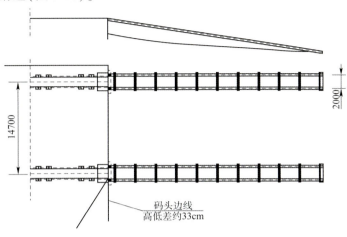

图7-16 下水滑道安装图(尺寸单位:mm)

④将滑道沉入水中,安装就位浮箱,先将围堰支撑座焊接固定在浮箱之上,在浮箱4个角固定4个手拉葫芦,在浮箱内外各放一个抽水泵,调节水箱的高度。当水位上涨或下降时,通过抽水或注水来调节水位差,使浮箱的浮力大于水面部分钢围堰的重力,减小焊缝的受力,保证围堰整体的稳定性。拼装完成后对结构进行煤油渗透性试验,合格后即可安装气囊,达到下水条件。

(3)围堰下水

钢围堰制作拼装完成后,报经有关部门检查合格并签证后,对围堰滑移范围内的场地进行清理,保证无杂物,尤其是无可能戳破气囊的尖锐物,挂好地锚钢丝绳后,开始围堰下水。

①准备工作。

磨平尖锐物体,清理场地。

承重板下安装气囊,切割承重板支撑工字钢(围堰前移时都要割除承重装置)。

安装钢围堰前端两侧 $2m \times 14m$ 的大气囊,控制好气囊压力以提供更多的浮力。

②围堰下滑。

在钢围堰前移过程中控制气囊的压力及前移中的走向,防止偏离滑道,使围堰前移7.5m。

待围堰前行至7.5m时,将滑道用倒链上提于码头端部,进行滑道的安装与加固。

根据预先计算,围堰中心过码头边8.5m时,往浮箱注水使其下沉,此时围堰前端吃水深度为198.6cm,6个浮箱共提供浮力1821kN。由于单个浮箱最大能承受430kN,为保护浮箱,则往后两个浮箱内每个注水 $14.12m^3$、中间两个浮箱每个注水 $12.5m^3$、前端两个浮箱每个注水 $11.35m^3$(浮箱可以提高承重力,使后面的移动角度更加平顺),使浮箱沉入水中,以便更好地保护浮箱,使围堰前移状态更加良好,当围堰再往前移时,则靠大气囊提供浮力。

安装钢围堰后端两侧 $2m \times 8m$ 的助浮大气囊,控制好气囊压力。

钢围堰缓慢前移置入水中,方向基本在控制中心线上。

③围堰前加浮力。

一艘500t浮船和一艘300t的浮船在前端注水下沉,在浮船上面分别用铰接与围堰连接,用一根 $820mm \times 10mm$ 螺旋管焊接到围堰上,上面焊接4个支架且支架之间用工字钢连接,同时调整气囊压力。

④围堰下水助浮桁架和驳船如图7-17所示。围堰下水后,将围堰运至水深超过7m的位置,在围堰的后端隔舱内注水,使围堰后部下沉前端上仰和浮船内注水下沉,使围堰脱离浮船;脱离后拆除桁架和螺旋管。

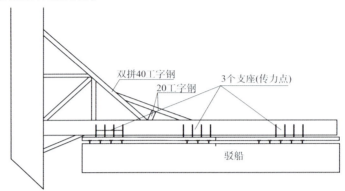

图7-17　围堰下水助浮桁架和驳船

⑤托板回收。

托板一端预留起吊钢丝绳和浮漂,在托板沉到河床后将其与地锚及卷扬机相连,拖至近岸后,利用气囊拖拉上岸。

（4）围堰定位

①用驳船和浮吊在设计的位置抛设围堰定位锚块。

②用3艘拖船把双壁钢围堰拖运至墩位处,在围堰前端设一艘拖轮,另外围堰两侧分别一艘拖轮。在围堰上设有4台2t卷扬机,为围堰的定位起调节作用。

③用测量仪器进行测量,定出围堰的大体位置。

④在上游端进行围堰注水。在围堰两侧对称注水。

⑤精确定位。

⑥刃脚支垫及封堵。

⑦封底混凝土灌注。

围堰刃脚封堵如图7-18所示。

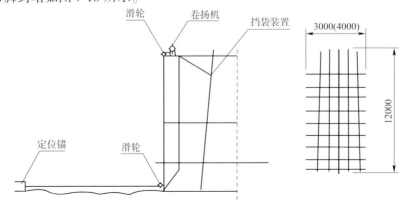

图7-18　围堰刃脚封堵(尺寸单位:mm)

三、15号墩双壁钢围堰

1. 围堰施工方法

根据前面的介绍,15号墩采用先平台后围堰施工,围堰在车间加工成单元块后,运输至15号墩,通过龙门吊进行吊装拼装,再以吊箱的形式下放至水中并定位。

2. 围堰施工步骤

(1)围堰拼装

先将钻孔平台更改为围堰拼装平台,即将拼装围堰的位置及内部的平台面板和分配梁等都拆除,然后在平台下游侧搭设一个放置围堰单元块的平台,以便龙门吊能吊装单元块进行拼装。

主墩承台间距过大,系梁处围堰单元块无法进行拼装,则在拼装之前,用振动锤在系梁两侧各插打4根钢管桩,并在钢管桩上焊接牛腿以便围堰能进行拼装。准备工作完成后,按顺序将围堰进行拼装,拼装完第一层后,进行煤油渗透试验,检查水密性及围堰焊缝质量。

待第一层焊接且检查合格后,准备围堰下放,安装下放系统。

(2)安装下放系统

围堰拼装好后,先进行钢护筒的接高,接高后在钢护筒侧面焊接牛腿,牛腿上摆设分配梁,之后在上面架设由贝雷梁拼装的横梁,吊杆用φ32的精轧螺纹钢作材料。下放系统的上部可以接高钻孔钢护筒,且在上下游和东西岸各安装8个限位轮,保证围堰下放时的平衡。

(3)围堰下放

围堰下放采用φ32mm精轧螺纹钢筋配合液压千斤顶进行同步施工,千斤顶每次行程180mm。利用千斤顶的行程一致、偏差小,达到同步下放的目的;利用液压千斤顶操作简单、油压稳定、利于控制等特点,达到下放围堰平稳、高差小,保持围堰水平的目的。

施工时布置4台液压千斤顶,下放时,应注意以下事项:

①为保持液压千斤顶的同步,4台千斤顶控制台应同步。

②螺母之间的相对位移距离应小于千斤顶的最大行程。

③下放过程中,应始终保持围堰平面处于水平位置,防止围堰倾斜。围堰高差最大不超过1cm。下放到位时,观测围堰并调整,再用5t手拉葫芦与钢护筒拉紧。

15号墩围堰下放如图7-19所示。

图7-19 15号墩围堰下放照片

四、围堰拼装、下沉、定位及封底

1. 第二层拼装

围堰下放自浮后,通过下放系统使围堰稳固,再进行第二层的安装。安装围堰第二层和第一层的过程基本一致,但需要对称安装,且安装几块后要调节下放系统,使围堰平衡及减小下放系统受力。调节方法:主要靠围堰的浮力和围堰的自重量抵消。

2. 安装内支撑

围堰自重约600t,下放入水达到自浮浮力后,吃水深度约4.2m。此时用5t手拉葫芦或其他连接系将围堰与钢护筒或平台连接起来,进行内支撑的安装。用浮船将内支撑浮运到15号平台安装位置,用50t浮吊将其吊起放置平台上,再用龙门吊吊起进行安装。安装时要严格控制水平面及位置。在安装时,应先安装中间再往两端安装,要保持围堰受力均匀,不应使围堰受力偏差太大。

3. 围堰下沉定位、刃脚添堵

将围堰注水沿限位轮下沉,注水要对称且先中间后两端。注水过程中每隔一段时间用仪器对围堰进行观测,防止围堰倾斜偏移,直到围堰着床。由于河床存在淤泥和卵石层,且河床表面不平整,则围堰下放时要对河床进行清理淤泥和卵石工作。清理机具采用21m³空压机的吸泥装置。吸泥时用龙门吊将吸泥导管沿着围堰内侧慢慢移动,几次循环后使围堰下放位置的淤泥慢慢排除。随着覆盖层的处理,再慢慢下放围堰直至围堰下放至指定高程。

由于河床高低不平,吸泥过程中局部地方容易内外串通,须安排潜水员进行排查,发现漏洞及时填补。

一切准备完成后,进行围堰封底混凝土的浇筑,浇筑方式同14号墩围堰施工方案。

第五节 上部结构设计、加工及安装

一、上部结构设计概述

主桥部分长546m,结构形式为63m+2×210m+63m的海鸥式双孔中承式钢箱拱桥;双主跨为2×210m的钢箱拱,净跨径200m,净矢高50m,拱轴系数1.6。双主跨桥面纵坡-0.8%,13~14号墩主跨跨中桥面高程为+104.48m,拱顶高程为+135.48m,桥面距拱顶31m。全桥横桥向设置两片拱肋,拱肋间距28m。拱肋为箱形断面,截面宽度为2.5m,截面高度按照1.5次抛物线的变化规律,沿 x 轴方向从拱脚的4.5m渐变至拱顶的2.5m。

拱肋横断面如图7-20所示。

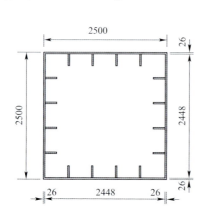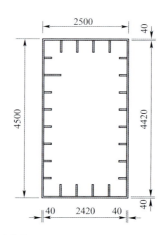

图7-20 拱肋横断面(尺寸单位:mm)

全桥在双主跨均设置水平系杆,系杆为55孔可换索式系杆OVMXGK15-55,采用环氧涂层填充型钢绞线成品索,系杆理论长度为166.5m,全桥共设16根。吊杆采用OVM.GJ15-31钢绞线整束挤压拉索,成品索采用1860级31根ϕ15.24无黏结环氧喷涂钢绞线缠包后热挤HDPE。主跨吊杆间距均为9m,全桥双主跨共设64根吊杆。

系杆、吊杆总体布置如图7-21所示。系杆整束挤压拉索如图7-22所示。系杆索体结构示意图如图7-23所示。

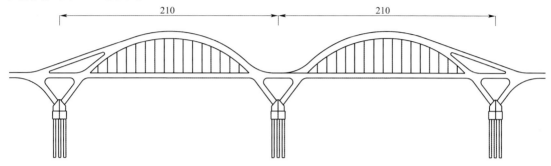

图7-21 系杆、吊杆总体布置(尺寸单位:m)

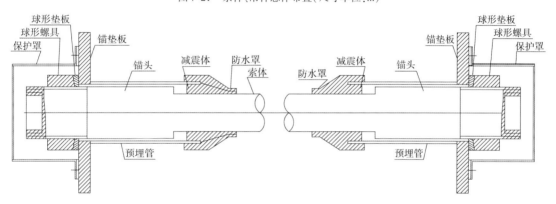

图7-22 系杆整束挤压拉索图

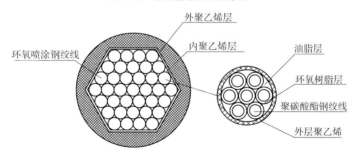

图7-23 系杆索体结构示意图

桥面加劲梁采用底板开口的正交异性钢桥面板纵横梁格结构形式,主桥结构体系为下承式系杆拱与三角钢架的组合体系拱桥。桥面总宽36m,主跨吊杆间距为9m。为释放桥面结构连续时因温差而产生的巨大水平力,主梁设2道伸缩缝,位于边墩三角钢架端部与中跨桥面加劲梁之间。

拱脚节段作为钢箱拱与拱座的连接节段,采用预应力钢筋混凝土结构,即在拱脚0号节段中灌注C50自密实微膨胀混凝土(混凝土膨胀率应控制在0.03%以内),同时张拉预应力,钢束张拉端位于0号节段端部横隔板上,锚固端位于拱座中,锚固长度3.5m。在这种全断面完全承压的连接方式中,拱脚底部的压力通过拱脚的承压板传递至拱座混凝土中,钢箱拱内的混凝土起到扩散应力的作用,弯矩通过张拉预应力束传递,剪力则通过焊接在承压板上的剪力钉来传递。

拱脚节段全断面设置8束$\phi^s15.2-25$和6束$\phi^s15.2-19$预应力钢绞线,对拱脚钢箱混凝土提供预压应力,以保证钢-混凝土结合段始终处于受压状态。钢束穿过在钢箱拱内的预埋钢管,预埋钢管与钢箱内的纵向加劲肋相互焊接,同时纵向加劲肋上开有60mm圆孔,穿过$\phi22$钢筋与进入该孔的混凝土一起形成PBL剪力键,以保证钢箱、混凝土及预应力束三者之间相互作用力的可靠传递。

在钢-混凝土结合面处,承压板的高度、宽度均比钢箱拱肋宽60cm,在钢箱拱肋四周张拉JL32精轧螺纹钢筋,以保证承压板与混凝土拱座的紧密接触。承压板上开有100mm圆孔,以作为拱座混凝土浇筑时的振捣孔及排气孔。

拱脚、三角钢架、边跨在拼装支架上进行安装,采用浮吊进行辅助吊装。三角钢架安装后,灌注三角钢架斜腿钢箱内混凝土,混凝土形成刚度后张拉钢混凝土结合段内预应力束。拼装三角钢架的同时,采用2台150t浮吊吊装安装桥面正交异性板构件以及边跨三角钢架段桥面板节段。三角钢架以上根据2台150t配合吊装重量进行换分吊装节段,再在柳江内插打钢管进行施工。

二、钢结构加工

广雅大桥钢梁结构由钢箱拱、三角钢架及桥面梁三部分组成。钢箱拱、三角钢架节段与该区的梁节段之间、拱肋之间的横梁连接为焊接,箱体内部加劲肋采用栓接,桥面纵横梁之间为栓接。

钢箱拱、三角钢架结构制作工序分为:零件放样及下料、零件加工拼板、单元件制作、分段制作、预拼装、节段匹配、节段涂装。

1. 单元件制作

(1) 单元件种类

钢箱拱、三角钢架单元件包括:顶、底板单元件,腹板单元件,横隔板单元件及横梁接头单元件,锚点单元,局部加强单元,人行道挑臂接头单元等。

(2) 单元件装焊平台

根据各单元件的需要制作相应的单元件装焊平台,单元件的装焊在同一平台上进行。单元件装焊平台的平面度控制在2mm范围内。

(3) 单元件结构画线

按单元件施工图绘制单元件各结构定位线,包含横隔板定位线、纵肋定位线、分段端口检查线及顶、底板定位线,安装位置线等。

(4) 单元件结构装焊

按单元件纵肋定位线安装各纵肋,点焊固定,采用CO_2气体保护焊焊接纵肋角焊缝,严格控制焊接程序,减少焊接变形。焊接前需采用火焰方式对焊缝进行预热,预热温度80~120℃。

(5)单元件检验及矫正

单元件装焊完成后,在专用的检验及矫正平台上进行平面度检查,采用火焰矫正方式,温度控制在 600~800℃。

(6)单元件标识

单元件标识包含:单元件纵横定位线、样冲标识,吊点位置线、样冲标识。采用白油漆在单元件端头按要求编写,单元件编码及方向标识。

2. 节段制作

(1)拱肋节段组装

节段组装是在测平且稳固的胎型上按照腹板单元—横隔板单元—中间纵向隔板—顶板、底板单元—腹板单元—外部连接接头的工序进行。以大节段为例,钢箱拱节段制造工艺如图 7-24 所示。

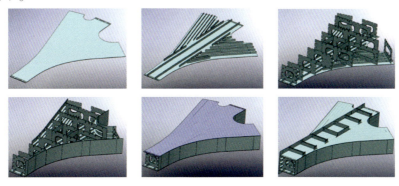

图 7-24 钢箱拱节段制造工艺

(2)桥面梁面板单元组拼

桥面梁面板单元组拼工艺流程:

①钢板平板预处理;

②板料数控精密切割下料;

③按 U 肋展开尺寸精确下料(同时开制端头坡口),并铣两长边、开孔(预留焊接收缩余量)开坡口、利用数控折弯机压制;

④以钢板纵横向中心线为基准,画 U 形纵肋拼装线,焊线打磨;

⑤在无码拼装胎架内按拼装线组拼 U 肋,点固焊;

⑥转移至反变形翻转焊接胎架,用螺旋千斤顶压紧板单元,实现反变形;

⑦反变形胎架上利用可调节螺杆调整板单元角度,使得 CO_2 自动焊机全方位焊接,U 肋两端部留 200mm 不焊,工地焊接;

⑧调校,完成桥面板板块单元制造。

桥面梁面板单元制作如图 7-25 所示。

图 7-25 桥面梁面板单元制作

桥面梁横梁单元组拼工艺流程：
①钢板平板预处理。
②横梁腹板、翼板模板制孔(预留竖肋焊接收缩余量)。
③横梁(横肋)腹板数控精密切割下料、横肋翼板多头精密切割下料。
④钻孔定位组拼横梁单元。
桥面梁横梁单元制作如图7-26所示。

图7-26　桥面梁横梁单元制作

桥面梁组拼工艺：

桥面板采用正拼法组拼，组拼时在三角钢架区域内专用的模拟标准连接头的总拼胎架上进行连续匹配拼装、焊接。在拱肋区域采用实桥纵梁进行总拼。桥面系总拼采用3+1的模式，以下仅以一个节段的视角来反映总拼装情况。

纵、横梁下面设置刚性胎架，根据预拱度设计胎架线形，实现工厂制造线形的控制，每档横梁处设置支撑，通过支撑牙板高度调节，形成线形。
①按系统线布置模拟接头板或实桥纵梁，搭设总装胎架。
②组拼横梁。
③铺设桥面板顶板单元，从中间向两侧进行安装，定位检测，每节段两端吊垂线与胎架上的系统线对应。
④继续安装桥面板单元，高精度全站仪测量定位基准线，且与纵横向测量网及地模进行复核；按顺序完成分段内桥面板的焊接。
⑤最后两块桥面板单元采用与纵梁焊接边预留20mm配切余量，测量对位后统一配切，开坡口，并完成与纵梁的焊接。
⑥精确测量，对位地模和线形检测，合格后装焊吊点构造。
⑦完成分段间匹配件的安装后脱胎，形成桥面板吊段，以吊段为单位进行现场转运、喷涂、待吊装架设。

桥面梁组拼工艺如图7-27所示。

图7-27　桥面梁组拼工艺

3.钢梁试拼装

按试拼装图进行，分三角钢架拱肋、主拱肋、桥面梁部分进行试拼装，一次试拼装长度不小于3个节段。

杆件试拼装应在测平的台凳或胎架上进行，杆件应处于自由状态。

试拼装时,必须使板层密贴,冲钉个数不得少于螺栓孔总数的15%,螺栓个数不得少于螺栓孔总数的25%。

4. 桥面板预拼装

为保证桥面板的制造质量,桥面板除参与模拟接头共同试拼装外,所有的桥面板在预拼装专用场地进行预拼装,主纵梁拼焊形成整体后吊装,检验完毕后在匹配接口安装临时连接件,然后吊装运输。预拼装和组焊采取4+1的方式。

5. 结构涂装

在工厂内进行钢结构的涂装、表面处理等工作。

三、三角钢架的安装

中墩三角钢架两侧斜腿及边墩的三角钢架主跨侧斜腿为主跨拱圈同线形拱圈的延续。边墩三角钢架的边跨侧斜腿与主跨侧斜腿对称布置。斜腿拱脚处截面径向高4.5m,临近与桥面梁交界处截面径向高为4.137~4.197m;肋宽均为2.5m;与桥面梁交界处设箱形肋间横梁,横梁宽3m,跨中梁高3m,横梁钢箱顶板即为桥面正交异性板,厚度为16mm,腹板厚20mm,下翼缘厚30mm,全桥共设6道肋间端横梁。

主桥三角钢架节段0号节段与1号节段采用一台浮吊进行吊装,2号节段、纵梁和肋间横梁均采用2台150t浮吊抬吊施工。

起拱段(即0号节段)施工时拱座浇筑一层混凝土,为保证将起拱段内5排钢绞线中的3排穿进和底排精轧螺纹钢穿入,之后再浇筑混凝土,这对0号段的定位精度要求非常高。根据设计要求,本桥为全钢构桥,且无横向风撑,为保证主桥横向的稳定性,则拱肋的安装精度为拱肋横向偏移小于10mm,高程控制在10mm以内,节段之间的对接等均在10mm以内,所以起拱段的安装要求很高。

1号节段直接在0号节段的基础上安装即可。0号节段安装如图7-28所示。三角钢架合龙如图7-29所示。

图7-28　0号节段安装照片　　　　　图7-29　三角钢架合龙照片

四、异形节段安装

节段模拟图形如图7-30所示。

将异形节段拱肋以吊装的上下顺序支立在驳船上面运输到桥址安装处,抛锚固定驳船,并安排交通船只在附近航道处挂慢行标旗,提醒过往船只慢行。

2台150t浮吊按先后顺序行驶到吊装桥址处,然后挂上弓形卡环和钢丝绳,根据起吊高度

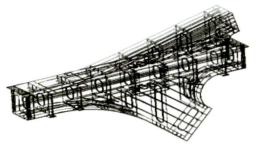

图 7-30 节段模拟图形

和浮吊吊装高度确定吊装钢丝绳吊装长度范围,再确定钢丝绳合适吊装长度。将浮吊上的卷扬机钢丝绳通过船头和船尾的滑轮呈八字形挂在拱肋下撑支架和锚块上,以便调节浮吊的各个角度。

在拱肋节段连接端的下端(2 号段与 1 号段连接断面下面)往上一段距离处挂一垂球,距离由拱肋节段吊装完成后与水平面的角度确定,使拱肋调整至安装角度时垂球的垂线与拱肋连接断面的下端点重合。2 台浮吊同时起吊,徐徐提起拱肋节段,当节段提起高度能使运输驳船驶出时则停止起吊,先使驳船驶出安装位置,然后一台浮吊往上、另一台浮吊适当往下降低,调节拱肋节段角度,当垂球与连接断面下端重合时停止调整角度。2 台浮吊再同时提高拱肋节段至安装高度,再通过卷扬机钢丝绳进行前进后退的调整浮吊,使拱肋大致落于安装支架上的安装位置处,然后通过 5t 手拉葫芦固定拱肋节段自由端,使拱肋节段慢慢往 1 号节段连接段处靠近,并使异形节段拱肋慢慢落在事先在 1 号节段底板上焊接的固定钢板(俗称马板)上,再在异形节段的一侧腹板和在 1 号节段上焊接固定钢板,并通过 L 形固定板和千斤顶固定拱肋连接端,测量拱肋自由端和其他端头是否符合监控指令数据,如果有出入,则通过手拉葫芦和千斤顶进行调整,至拱肋安装在误差范围以内。

1. 主拱概况

主跨拱圈为悬链线变截面钢箱拱,钢箱拱肋采用等宽变高的单箱单室截面,组合跨径为主跨双孔 210m,由于主桥为单向纵坡,因此主拱采用坡拱形式,倾斜角度(即拱脚连线与水平向夹角为 0.273°),其斜向净跨径(即两拱脚起拱点连线距离)为 200m,斜向净矢高 50m,净矢跨比 1/4,拱轴系数 $m=1.6$,计算跨径为 203.282m,计算矢高 49.711m;拱顶截面径向高为 2.5m,拱脚截面径向高为 4.5m,截面高度按照 1.5 次抛物线的变化规律、沿 x 轴方向(拱脚连线方向)从拱脚的 4.5m 渐变至拱顶的 2.5m。钢箱肋宽 2.5m,钢箱的腹板厚为 28~40mm,顶底板厚为 28~40mm。副拱高 2.5m,宽度与主拱同宽 2.5m,拱箱顶底板厚为 20mm,侧板厚 20mm。

2. 施工步骤

步骤一:施工临时墩的钻孔灌注桩;拼装三角钢架及桥面以上钢结构。

步骤二:利用支架拼装三角钢架斜腿钢箱;完成 0 号、1 号段施工后,灌注三角钢架斜腿钢箱拱内混凝土,混凝土形成刚度后张拉拱脚钢混凝土结合段内预应力束;采用浮吊继续吊装安装 2 号节段和纵梁;安装三角钢架的肋间横梁。

步骤三:吊装安装桥面以上主拱圈 3 号、4 号节段构件;安装副拱,副拱的合龙温度宜控制在 16~21℃;按设计要求采用栓焊结合方式连接拱圈各节段;每吊装安装组成一节段,观测拱圈变形及支架变形情况,满足要求后再吊装安装下一节段构件。

步骤四:对 13 号墩与 15 号墩边跨梁端压重 2250kN(拱肋单侧,此时边跨临时支墩顶需脱空),13 号墩与 15 号墩的 2~4 号段各起顶力参考值依次为 2826kN、2820kN、499kN;15 号墩的 2~4 号段起顶力参考值依次为 2673kN、2469kN、427kN,以上起顶力均位于单侧拱肋;检查测试主拱圈安装精度及接头连接质量,调整各支架顶反力,以调整拱肋高程和拱轴线,待调整到位后进行拱圈的合龙,形成无铰拱圈;边跨预压与中跨起顶应采取分级逐步施加的方式,在此过程应密切监控拱圈的受力和变形情况,以确保安全。

步骤五:在支架上拼装安装两个边跨的钢主纵梁梁段;安装边跨及三角钢架区段桥面梁;分级拆除压重和支架,拆除过程中加强对拱圈应力和变形的检测。

步骤六:安装系杆并进行初步张拉,系杆初步张拉参考值为 3000kN(单侧);拆除临时支墩;安装中跨钢梁梁段,从中墩三角钢架开始向两边逐段对称拼装安装,同时安装并张拉吊杆,每 9m 节段包括 3 道横梁、2 道主纵梁,以及正交异性桥面梁;根据监控计算要求边安装钢梁边调整系杆的张拉力。

按照上述步骤安装桥面梁直到合龙。广雅大桥主桥桥面施工流程如图 7-31、图 7-32 所示。

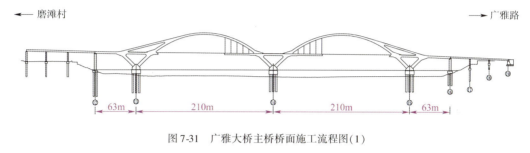

图 7-31　广雅大桥主桥桥面施工流程图(1)

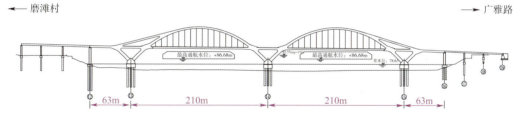

图 7-32　广雅大桥主桥桥面施工流程图(2)

步骤七:对称同步安装人行道挑梁、人行道板;施工全桥桥面铺装,安装桥面系附属构件,调整吊杆和系杆张拉力,系杆最终张拉力参考值为 9800kN(单侧);涂装钢结构第二道面漆。

步骤八:拆除多有支架及桥面施工临时设备、机具等;进行静动载试验,通车。

第六节　主桥系杆、吊杆及桥面梁施工

一、概述

全桥系杆按纵坡及竖曲线沿桥面贯通设置,以便在主桥施工过程中对大桥的主体(三角钢架、主拱)进行内力与线形的调整与主动控制,使大桥结构受力更趋于合理。为方便后期的养护与检查,系杆依靠支撑架设于主纵梁上面。

系杆索是系杆拱桥中抵抗由于恒活载引起的水平推力的关键结构单元,考虑到其耐久性、可维护性及可更换性,每边拱肋共设置 4 束,理论长度为 383m,索重 15.4~15.5t,全桥

共设8根。每束系杆索由37根φ15.2mm环氧涂层钢绞线组成,排列成六边形。钢绞线外涂专用防锈油脂,单根高密度聚乙烯管防护,整束缠包高强聚酯带再挤包高密度聚乙烯外护套。

吊杆采用可调可换的钢绞线体系——GJ15-19环氧全喷涂钢绞线整束挤压式吊杆体系。吊杆上端设于钢箱拱内,吊杆下端设于主纵梁顶,上端为张拉端。主跨吊杆间距均为9m,全桥双主跨共设64根吊杆。索长10~30m,索重0.2~0.6t。

系杆、吊杆成品索均采用1860级φ15.24无黏结环氧喷涂钢绞线缠包后热挤HDPE。

二、系杆施工

施工准备工作完成后,安装猫道,穿索,安装系杆张拉机具,第一次张拉系杆并拆除猫道,安装桥面梁、人行道板;进行第二次系杆张拉,根据监控结果调整拉力;安装桥面系附属构件;进行第三次张拉,调整张拉力至设计值;最后安装系杆防护装置。

三、吊杆施工

由于设计吊杆张拉端为钢箱拱内部,则改变以往的施工方法,先用浮吊将吊杆安装在桥面梁上,再用浮吊将桥面梁吊装至安装位置,梁吊装的过程中利用卷扬机钢丝绳通过拱肋底部吊杆锚管通道牵引吊杆进入钢箱拱内,安装拱肋内吊杆张拉液压千斤顶,将桥面梁调整至监控指令高程,然后将吊杆进行张拉至监控指令数据,以桥面梁高程为辅助校核,调整桥面梁高程大于监控数据的5mm左右进行桥面梁栓接,待浮吊松钩后进行复测桥面梁,再根据梁高程调整吊杆张拉力。

四、桥面梁安装

1. 概述

主梁采用正交异性板,全宽36m,中跨吊杆区段中心高2.5m(外轮廓),边跨梁段中心高度3.0m。正交异性板桥面板厚16mm,下设U形纵向加劲肋,间距600mm,U形肋高280mm,顶宽300mm,底宽170mm,板厚8mm。吊杆区桥面梁标准节段质量为120t。

一般而言,U肋沿主梁节段通长布置,即横隔板上开孔,仅在梁端采用箱形端横梁部位,为保证箱形端横梁的密闭性,U肋穿过的横隔板上不开过焊孔。

在顶板、顶板U形加劲肋和横隔板的相交处,由于承受往复作用的车轮荷载,应力非常复杂,为提高此处的抗疲劳性能,将此处的横隔板局部先加工成7mm×7mm的倒角,待各板件就位后,将横隔板与顶板和U肋的焊接采取连续焊过倒角的方式,将此处填实。主桥中跨桥面系构造如图7-33所示。

图7-33 主桥中跨桥面系构造示意图(尺寸单位:mm)

2.桥面梁安装

边跨桥面梁安装在主拱合龙后进行,先安装边跨纵梁,然后按顺序进行安装即可。吊杆区桥面梁在系杆安装完成且进行一次张拉后安装。

1)吊杆区桥面安装顺序

(1)安装 B 拱 B 型桥面梁和两片 A 型桥面梁;

(2)安装 A 拱 B 型桥面梁和两片 A 型桥面梁;

(3)安装 B 拱 1 片 A 型桥面梁再安装 A 拱 1 片 A 型桥面梁,循环安装,直至 A 型梁安装完成;

(4)安装 A、B 拱 C 型桥面梁;

(5)安装 A、B 拱合龙段桥面梁 A-1。

2)安装流程

(1)下游码头组拼桥面梁和桥位处切割临时支墩水下灌注桩。

(2)150t 浮吊及驳船行驶至下游拼装码头,将桥面梁吊装到驳船上并运输至桥位处。

(3)长杆 150t 浮吊停在上游跨过拱,短杆浮吊停在原下游临时支墩孔桩处进行桥面吊装。先吊装 1 片 B 拱 B 型梁,根据监控指令将吊杆张拉至张拉力,桥面梁调整到指令高程,调整以桥面梁高程为准,吊杆张拉力为辅。调节完成后向监理单位报验,合格后将 B 型梁与 BZ14 拱栓接完成,并将桥面板横焊缝焊接完成。

(4)对桥面梁桥面板横焊缝进行探伤,待高强度螺栓等检验合格后进行下一片桥面梁吊装。

(5)以 14 号墩为中心东西岸各吊装 3 片梁(1 片 B 型梁 + 2 片 A 型梁)后,对桥面梁高程进行复测,并与监控单位计算理论值进行复核,存在问题及时用吊杆调整桥面梁高程,没有问题继续安装下一片桥面梁。

(6)根据监控指令,到梁体 A_7 或 B_7(A 型梁第 7 梁段)和 A_9 号(B_8 号)吊杆安装阶段,需根据测量结果和计算值对系杆张拉力再进行一次补张拉,确保 13 号和 15 号桥墩水平推力不会过大。

(7)安装完成 A、B 拱 A 型桥面梁后对 AZ_2 与 BZ_2 号节段牛腿处进行测量开孔,安装支座,并将 C 型梁安装完成。

(8)安装合龙段 A-1 型桥面梁。

第七节 桥梁施工监控

广雅大桥钢结构施工过程中监控分为拱肋和桥面梁两部分。

一、监测点设置

1.拱肋

选择在三角钢架斜腿顶和底、副拱中部、6 号节段、跨中拱顶等布置 16 个测试断面(A 拱和 B 拱合计),具体测试断面布置如图 7-34 所示。每单侧拱肋断面布置 4 个测点(图 7-35 ~ 图 7-37),全桥拱肋共 112 个测点。

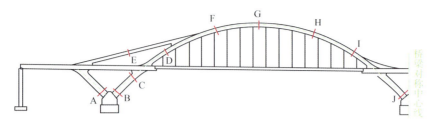

图 7-34 拱上游侧肋应力测试断面

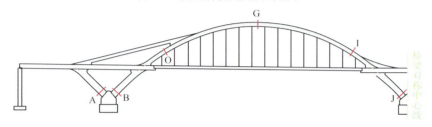

图 7-35 拱下游侧拱肋应力测试断

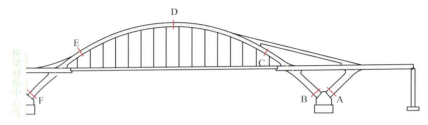

图 7-36 上下游侧拱肋应力测试断面

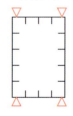

图 7-37 拱肋横断面应力测点布置示意图

注：△表示应力测点

2. 钢梁

桥面应力监测断面和测点布置形式如图 7-38～图 7-41 所示，布置 10 个测试断面，每个测试断面布置在纵梁上 8 个测点；横梁布置 2 个测试断面，共 8 个测点。全桥桥面系共 72 个应力测点。

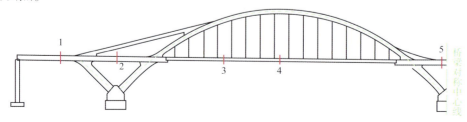

图 7-38 A 拱桥面系应力测试断面

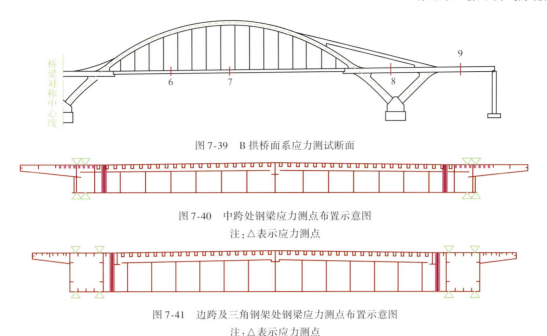

图 7-39　B 拱桥面系应力测试断面

图 7-40　中跨处钢梁应力测点布置示意图
注:△表示应力测点

图 7-41　边跨及三角钢架处钢梁应力测点布置示意图
注:△表示应力测点

二、线形测量

基础变位及沉降通过在承台四角设置测量标志,采用全站仪和精密水准仪测量,全桥共 24 个测点。

拱肋线形的测量方法采用坐标法。在拱脚、三角钢架端部、副拱跨中布置测试断面,每个测量断面布置 2 个测量标志,采用全站仪和精密水准仪测量,全桥共 28 个测点。钢箱拱肋 3 ~ 7 号节段,在节段前端各设置一个测量标志,采用全站仪和精密水准仪测量,全桥共 40 个测点。

拱肋安装施工阶段,测量已安装拱肋段的三维坐标、线形,再根据监控计算,精确控制安装拱肋节段的预拱度;系杆和吊杆每次张拉前后,测量主横梁相对高程,二期恒载铺装完毕,测量拱轴线形及主横梁相对高程。

拱肋几何线形测点布置如图 7-42 所示。

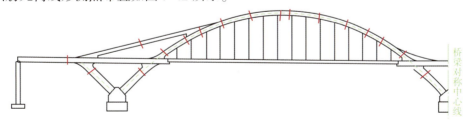

图 7-42　拱肋几何线形测点布置示意图

钢梁的测量:每个安装节段前后端顶面各设置 2 个测量标志,采用全站仪和精密水准仪测量,节段安装前后对已安装钢桥面进行测量。

三、索力测量

吊杆采用单吊杆形式(每个吊点采用一根吊杆),吊点纵向间距 9m,采用可调可换的钢绞线体系——GJ15-19环氧全喷涂钢绞线整束挤压式吊杆体系,全桥共32对。吊杆上端设于钢箱拱内,吊杆下端设于主纵梁顶,上端为张拉端。

临时系杆采用穿心式压力传感器监测。每束永久系杆均设置穿心压力传感器测量,靠近拱脚的短吊杆索采用压力传感器,全桥共8个。其余永久吊索采用弦振式索力仪与张拉设备来监控。

吊杆和系杆的压力传感器安装需要考虑锚头的结构构造和索体预留长度等因素,压力传感器的安装需要在项目实施过程中根据实际情况具体确定。

四、温度场测量

温度场对本桥的影响主要体现在拱肋、主梁及吊杆上,为精确计算结构内力,需要对这些部位的结构温度进行测量。此外还需测量大气温度。

选择气温变化较大的一天进行全天测试。每隔2h测量一次,分析温度场随时间变化的规律。

环境温度测点:两岸拱座上方遮阴通风处各1个温度传感器,全桥共2个。

钢箱拱:选择在三角钢架斜腿顶和底,副拱中部,6号节段,跨中拱顶等布置测试断面,每个拱肋温度测试断面布置2个温度传感器,全桥共56个。

钢桥面:在边跨跨中、三角钢架纵梁跨中、中跨跨中、中跨1/4点布置测试断面,每个温度测试断面布置4个温度传感器,全桥共40个。

温度测试如图7-43~图7-47所示。

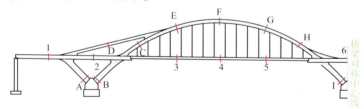

图7-43 A拱肋温度测试断面

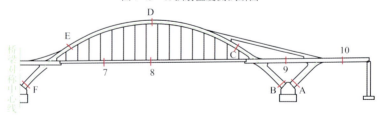

图7-44 B拱肋温度测试断面

图7-45 拱肋温度测点布置示意图
注:△表示温度测点

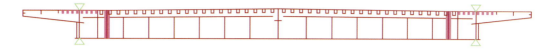

图 7-46　中跨处钢梁温度测点布置示意图

注:△表示温度测点

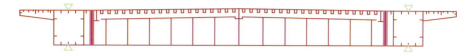

图 7-47　边跨及三角钢架处钢梁温度测点布置示意图

注:△表示温度测点

永久系杆:共设 4 个温度传感器。

永久吊杆:共设 4 个温度传感器。

上述传感器均采用埋置式温度传感器。另外,配置 2 套红外测温仪辅助测量。

施工阶段各工况监测内容见表 7-2。

施工阶段各工况监测内容　　　　　表 7-2

监测工况		拱肋拼装	拱肋合龙	主梁拼装	主梁焊接	浇筑桥面板混凝土
几何监测	内容	高程、线形	高程、线形	高程、线形	高程、线形	高程、线形
	范围	全部测点	全部测点	全部测点	全部测点	全部测点
应力监测	内容	拱肋	拱肋	拱肋、主梁	—	拱肋、主梁
	范围	全部测点	全部测点	全部测点		全部测点
温度场监测	内容	拱肋	拱肋、拉索	拱肋、拉索、主梁	—	拱肋、拉索、主梁
	范围	全部测点	全部测点	全部测点		全部测点
索力监测	内容	—	—	索力		索力
	范围	—	—	全部测点		全部测点
监测时间		日落 3~5h 后	日落 3~5h 后	日落 3~5h 后	日落 3~5h 后	日落 3~5h 后

五、监控阶段

结合工程进度,监控计算可分为以下三个阶段。

1. 前期施工仿真计算

根据设计图纸和现场前期收集的资料和荷载等参数,进行施工过程和成桥状态计算,确定施工方案的可行性,得到初步的施工过程理论轨迹和架设前的主要施工监控参数。

2. 施工过程跟踪计算

施工过程跟踪计算包括施工前的预测计算和施工后的校核和修正计算。

在施工之前,应对施工过程中结构的内力和变形进行预测,并作为施工过程控制的目标,在施工完毕之后,需要根据实际的测试和测量结果,得出一组消除各种误差因素后结构的实际状态数据,并与预测值进行对比分析,找出差值,对计算模型进行修正,重新计算,以计算结果作为后续施工的依据。如果实测值与计算值有较大差异,需要采用最小偏差理论分析原因,并在后续施工过程中考虑采取适当的调整措施。跟踪计算提供如下结果：

①各阶段系梁的内力和变形；
②各阶段拱肋的内力和变形；
③系杆和吊杆初拉力及各阶段吊杆拉力；
④架设及施工过程中系梁、拱肋的预拱度设计和架设高程；
⑤成桥阶段桥面的高程。

3.成桥运营状态计算

根据各施工阶段以及成桥状态的实测结果,计算桥梁的成桥状态恒载内力和运营阶段荷载组合内力,并与设计成桥内力和线形比较,做出施工监控评价。

六、系杆拱桥整体结构有限元分析

广雅大桥主桥约束系统布置如图7-48所示,广雅大桥主桥计算模型如图7-49所示。

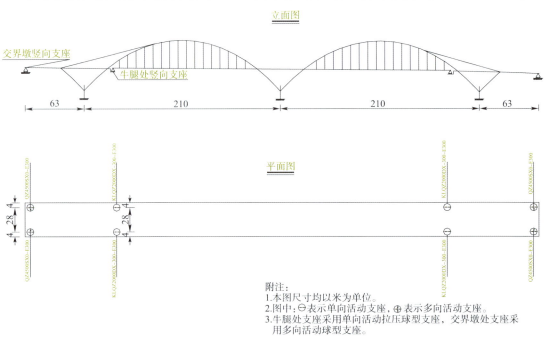

图7-48 广雅大桥主桥约束系统布置

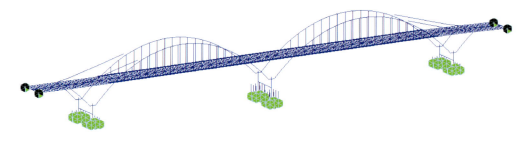

图7-49 广雅大桥主桥计算模型

七、各关键施工工况受力分析

(1)临时支墩墩顶反力计算结果。

施工过程中,各关键施工阶段临时支墩最大支反力计算结果见表7-3。

各关键施工阶段临时支墩最大支反力计算结果 表7-3

支墩位置		临时支墩立柱支反力(kN)	
		竖向力 F_Z	水平力 F_X
三角钢架处	立柱1(Z_1/B_1)	1776	158
	立柱2(Z_2/B_2)	3049	165
	立柱3(Z_2/B_2)	3278	—
LD_1/LD_6	支点1(Z_{5-1})	1740	177
	支点2(Z_{5-2})	507	127
LD_2/LD_5	支点1(Z_7)	637	—
	支点2(Z_9)	673	—
LD_3/LD_4	支点1(Z_{10})	686	125
	支点2(Z_{11})	1543	160

关键施工阶段拱脚根部内力计算结果如表7-4所示。

关键施工阶段拱脚根部内力计算结果 表7-4

施工阶段	内力	13号墩拱脚根部		14号墩拱脚根部		15号墩拱脚根部	
		AB0	AZ0	AZ16	BZ16	BZ0	BB0
三角钢架施工完毕	轴力(kN)	−46954	−46769	−46812	−46820	−46638	−46709
	弯矩(kN·m)	−4890	−6777	−4117	−7218	−2374	−6951
起顶前	轴力(kN)	−46808	−46209	−46866	−46870	−46283	−46804
	弯矩(kN·m)	−7266	−6397	−3507	−6616	−2015	−9028
合龙后压重卸载前	轴力(kN)	−57056	−49903	−46469	−46494	−49277	−56454
	弯矩(kN·m)	−74380	42074	−3689	−6808	42148	−71411
压重卸载后	轴力(kN)	−54327	−48273	−46650	−46664	−47650	−53749
	弯矩(kN·m)	−71847	40312	−3606	−6719	39781	−67912
二期恒载施工完毕	轴力(kN)	−59926	−67792	−66135	−66116	−67584	−58786
	弯矩(kN·m)	8515	−35846	−13839	−20333	−32937	10803

广雅大桥施工过程中,当拱肋合龙、边跨桥面板已经安装,且压重未撤除,各关键施工阶段的内力和应力分布见图7-50。

(2)副拱安装完毕。

副拱安装完毕时拱肋的内力和应力见图7-51。

(3)合龙前、压重和起顶毕。

合龙前、压重和起顶完毕时拱肋的内力和应力如图7-52所示。

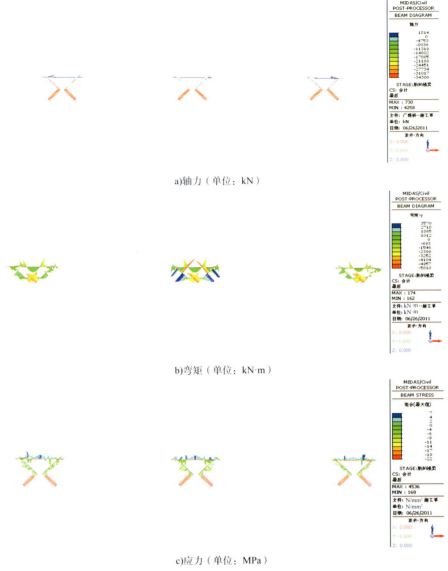

a)轴力（单位：kN）

b)弯矩（单位：kN·m）

c)应力（单位：MPa）

图 7-50　三角钢架和肋间横梁安装完毕时拱肋的轴力、弯矩和应力图

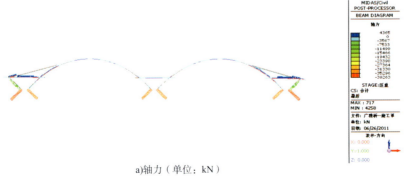

a)轴力（单位：kN）

图　7-51

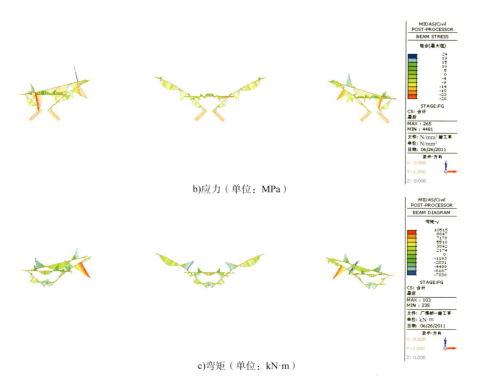

b)应力（单位：MPa）

c)弯矩（单位：kN·m）

图 7-51　副拱安装完毕时拱肋的轴力、弯矩和应力图

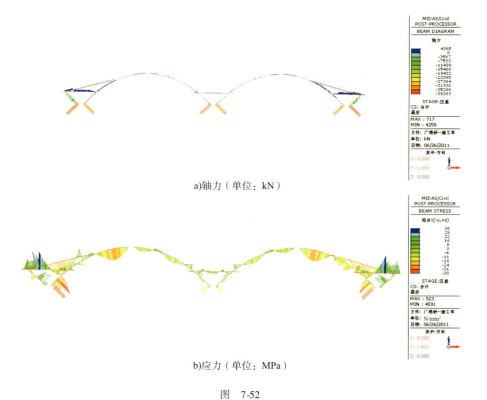

a)轴力（单位：kN）

b)应力（单位：MPa）

图　7-52

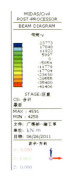

c) 弯矩（单位：kN·m）

图 7-52 合龙前、压重和起顶完毕时拱肋的轴力、弯矩和应力图

（4）合龙后，边跨桥面安装完毕，压重和临时支墩撤除（略）。
（5）中跨桥面板安装完毕（略）。
（6）二期恒载施工完毕（略）。
（7）桥面及附属结构施工完毕（略）。

八、施工过程内力包络图

1. 吊杆内力

中跨桥面板安装完毕、系杆索力调整至8000kN时，以及二期恒载施工完毕、系杆索力调整至9800kN时，中跨各吊杆内力见表7-5。

各施工阶段的中跨吊杆内力(kN) 表7-5

吊索编号	一期恒载	二期恒载	吊索编号	一期恒载	二期恒载
A_1	279	454	B_1	222	336
A_2	450	728	B_2	432	657
A_3	564	862	B_3	519	790
A_4	561	852	B_4	547	832
A_5	546	830	B_5	551	838
A_6	538	819	B_6	548	832
A_7	536	815	B_7	544	825
A_8	537	815	B_8	540	819
A_9	540	818	B_9	538	816
A_{10}	544	824	B_{10}	538	816
A_{11}	549	832	B_{11}	540	821
A_{12}	553	839	B_{12}	547	831
A_{13}	549	835	B_{13}	559	850
A_{14}	521	792	B_{14}	563	860
A_{15}	430	653	B_{15}	460	743
A_{16}	213	320	B_{16}	370	566

2. 位移计算结果

施工过程中,结构竖向变形如图 7-53、图 7-54 所示。

图 7-53 合龙前,压重和起顶结构竖向变形(单位:mm)

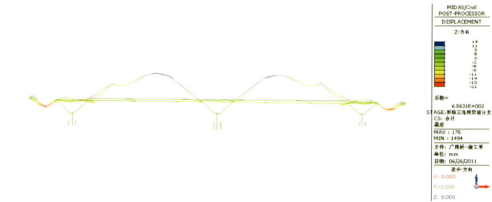

图 7-54 安装系杆,临时支墩拆除前结构竖向变形(单位:mm)

九、监测结果对比分析

广雅大桥主桥拱肋安装完毕,主桥钢梁及吊杆全部安装完毕,人行道板除 B 拱下游尚未安装,其余人行道板和栏杆均已安装完成,应力和索力测试结果及分析如下。

(1)桥面钢梁应力监测结果,见表 7-6、表 7-7。

桥面钢梁应力测试结果(1)　　　　　　　　　表 7-6

施工工况	主桥钢梁及吊杆全部安装完毕,A 拱及 B 拱上游人行道板安装完成			
测量部位	测点位置	传感器编号	测试应力增量值(MPa)	测点温度(℃)
A 拱 A8 类钢梁顶板	A 拱上游外侧	434	—	—
	A 拱上游内侧	444	13.6	25.0
	A 拱下游外侧	378	12.4	25.0
	A 拱下游内侧	379	12.1	25.0

续上表

施工工况	主桥钢梁及吊杆全部安装完毕，A 拱及 B 拱上游人行道板安装完成			
测量部位	测点位置	传感器编号	测试应力增量值(MPa)	测点温度(℃)
B 拱 A8 类钢梁顶板	B 拱上游外侧	320	10.9	25.0
	B 拱上游内侧	319	11.5	25.0
	B 拱下游外侧	415	11.1	25.0
	B 拱下游内侧	414	11.6	25.0
A 拱 A8 类钢梁底板	B 拱 A7 梁下游外侧	391	-23.1	25.0
	B 拱 A7 梁下游外侧	419	-22.5	25.0

桥面钢梁应力测试结果(2)　　　　　　表 7-7

施工工况	主桥钢梁及吊杆全部安装完毕，A 拱及 B 拱上游人行道板安装完成			
测量部位	测点位置	传感器编号	测试应力增量值(MPa)	测点温度(℃)
A 拱 B 类钢梁顶板	A 拱上游外侧	325	15.0	25.0
	A 拱上游内侧	308	14.8	25.0
	A 拱下游外侧	345	18.5	25.0
	A 拱下游内侧	343	16.4	25.0
B 拱 B 类钢梁顶板	B 拱上游外侧	302	18.5	25.0
	B 拱上游内侧	347	15.8	25.0
	B 拱下游外侧	312	15.6	25.0
	B 拱下游内侧	303	14.6	25.0
A 拱 A_1 类钢梁顶板	A 拱 A1 梁下游外侧	321	18.1	25.0
	A 拱 A1 梁下游内侧	360	18.6	25.0

(2) 主桥主梁底板、顶板应力分布分别如图 7-55、图 7-56 所示。

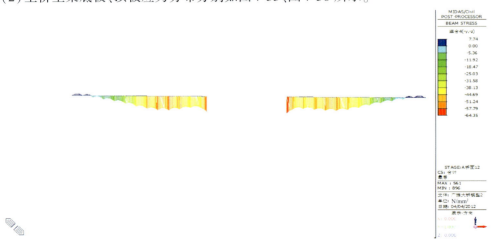

图 7-55　主梁底板应力分布示意图(单位:MPa)

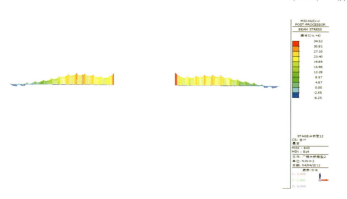

图7-56 主梁顶板应力分布示意图(单位:MPa)

(3)索力测试结果见表7-8～表7-10。

A拱上游吊索力测试结果(单位:kN)　　　　表7-8

A拱吊杆编号	理论吊索力	实测吊索力	索 力 差 值
A_{16}上游	236.9	221.2	-15.7
A_{15}上游	522.2	493.6	-28.6
A_{14}上游	595.9	633.1	37.2
A_{13}上游	612.7	658.7	46.0
A_{12}上游	623.4	665.5	42.1
A_{11}上游	621.6	536.3	-85.3
A_{10}上游	602.2	648.9	46.7
A_9上游	589.2	663.5	74.3
A_8上游	588.9	684.4	95.5
A_7上游	547.0	629.9	82.9
A_6上游	544.5	446.4	-98.1
A_5上游	561.8	596.2	34.4
A_4上游	582.5	681.4	98.9
A_3上游	584.1	740.4	156.3
A_2上游	487.2	581.5	94.3
A_1上游	314.1	279.6	-34.5
总吊索力	8614.2	9160.7	546.5

A拱下游吊索力测试结果(单位:kN)　　　　表7-9

A拱吊杆编号	理论吊索力	实测吊索力	索 力 差 值
A_{16}下游	236.9	189.1	-47.8
A_{15}下游	522.2	583.2	61.0
A_{14}下游	595.9	635.9	40.0
A_{13}下游	612.7	584.3	-28.4
A_{12}下游	623.4	712.0	88.6

续上表

A拱吊杆编号	理论吊索力	实测吊索力	索力差值
A_{11}下游	621.6	548.1	-73.5
A_{10}下游	602.2	689.0	86.8
A_9下游	589.2	618.8	29.6
A_8下游	588.9	635.7	46.8
A_7下游	547.0	558.5	11.5
A_6下游	544.5	539.1	-5.4
A_5下游	561.8	498.8	-63.0
A_4下游	582.5	677.7	95.2
A_3下游	584.1	681.2	97.1
A_2下游	487.2	503.5	16.3
A_1下游	314.1	299.8	-14.3
总吊索力	8614.2	9344.7	730.5

B拱上游吊索力测试结果（单位：kN）　　　　表7-10

B拱吊杆编号	理论吊索力	实测吊索力	索力差值
B_1上游	244.0	310.2	66.2
B_2上游	519.6	533.2	13.6
B_3上游	572.1	485.3	-86.8
B_4上游	604.4	692.6	88.2
B_5上游	614.4	567.2	-47.2
B_6上游	616.4	530.3	-86.1
B_7上游	604.2	509.1	-95.1
B_8上游	568.6	625.3	56.7
B_9上游	563.5	653.2	89.7
B_{10}上游	549.5	578.8	29.3
B_{11}上游	546.3	604.3	58.0
B_{12}上游	561.8	609.1	47.3
B_{13}上游	580.6	560.4	-20.2
B_{14}上游	583.2	670.0	86.8
B_{15}上游	492.2	534.8	42.6
B_{16}上游	404.4	435.0	30.6
总吊索力	8625.2	8898.9	273.7

根根施工进度，对A拱与B拱吊索索力进行了测试，其测试结果见表7-11，从表中可以

得看出,除少数吊索力差别较大外,大部分实测索力与理论索力计算值吻合较好,索力实测总值与计算值差别较小,但考虑到单拱上下游相应吊索索力均匀性较差,且相邻吊索索力分配较差,后续将在二期恒载施工完后进行调整。

B拱下游吊索力测试结果(单位:kN)　　　　　　　　　　　　　表7-11

B拱吊杆编号	理论吊索力	实测吊索力	索力差值
B_1下游	244.0	167.2	-76.8
B_2下游	519.6	489.6	-30.0
B_3下游	572.1	581.5	9.4
B_4下游	604.4	633.3	28.9
B_5下游	614.4	638.3	23.9
B_6下游	616.4	641.6	25.2
B_7下游	604.2	543.6	-60.6
B_8下游	568.6	661.2	92.6
B_9下游	563.5	511.7	-51.8
B_{10}下游	549.5	462.1	-87.4
B_{11}下游	546.3	597.2	50.9
B_{12}下游	561.8	653.7	91.9
B_{13}下游	580.6	520.5	-60.1
B_{14}下游	583.2	653.9	70.7
B_{15}下游	492.2	525.0	32.8
B_{16}下游	404.4	334.1	-70.3
总吊索力	8625.2	8614.6	-10.6

(4)主桥吊索索力计算值(图7-57)。

图7-57　主桥吊索索力计算值示意图(单位:kN)

第八节 科学研究及成果

一、科学研究

广雅大桥大跨度海鸥式双孔中承系杆拱与三角钢架墩组合钢箱拱结构与国内外已建钢箱拱桥相比,造型优美,其施工控制、线形精度、成桥状态等要求高,而且该桥跨内河,桥位处为裸岩河床地质,给深水基础施工及大吨位节段运输和吊装等带来了技术难题。为此,开展了深水基础裸岩河床施工技术和钢箱拱桥施工及控制技术的研究,以确保工程质量、安全,节省工程成本,提升企业拱桥施工技术水平,培养一批技术人员,增强了企业核心竞争力,提升我国钢结构桥梁及拱桥的施工技术水平。

该项目针对大跨度海鸥式双孔中承系杆拱与三角钢架墩组合钢箱拱桥的工程特点和施工技术条件,在基础施工过程中,双壁钢围堰采用水陆结合拼装,浮箱、气囊、桁架浮船抬浮围堰入水的方法,成功实现了浅水区域的围堰下水,通过人工增加覆盖层增加锁口钢管桩锚固长度,通过钻孔灌注桩提高围堰抗冲刷、抗滑移、抗倾覆能力,保证围堰正常工作。上部结构施工中采用了浮吊吊装,在支架上进行安装的方法,将拱肋小节段预拼装成大节段,增加支架的跨度,满足了通航要求,在支架顶部设置调节装置,可对拱肋的线形及位置进行粗调和精调。主要技术创新点有:

采用深水浅覆盖层锁口钢管桩施工技术,通过增加局部堆填改善钢管锚固性能,在迎水面钢管桩内施工钻孔灌注桩提高围堰在汛期的抗滑移能力,保证了围堰的安全度汛;通过综合采用气囊、浮箱、驳船抬浮围堰入水等方法,开发了大型双壁钢围堰浅水区整体拼装下水施工技术,解决了场地受限等条件下大型双壁钢围堰整体拼装下水的施工难题;在拱座内预埋劲性骨架,在拱座外侧设置牛腿,利用双壁钢围堰和水中支架相结合的支架体系进行拱肋底节段的安装与定位,实现了三角钢架的精确定位;采用浮吊配合临时支墩进行大节段钢拱肋安装,保证了成桥线形,在本桥环境制约的情况下,减少了拆迁,缩短了工期,提高了工效;针对双孔拱桥通长系杆,采用与系杆自然垂度一致的双跨不连续猫道,系杆索力的应力损失由设计的6%减小到实测值1.3%。

二、科研成果

(1)斜腿钢箱三角钢架墩定位安装施工方法,国家发明专利号:ZL201210318037.X。

(2)一种钢箱内运输小车,国家发明专利号:ZL201210317952.7。

(3)深水无覆盖层条件下组合钢管桩围堰,国家实用新型专利号:ZL201220440508.X。

(4)大跨度海鸥式双孔中承式系杆拱与三角钢架墩组合钢箱拱桥施工技术,荣获2012年度中国施工企业管理协会科学技术奖科技创新成果一等奖,2014年山西省科技进步二等奖,中国铁路工程总公司科学技术一等奖。

(5)大型双壁钢围堰浅水区拼装与下水,荣获山西省级施工工法、2010年度公路工程工法、2010年度中铁股份有限公司工法,中铁三局集团有限公司科技进步二等奖。

(6)深水浅覆盖层锁口钢管桩围堰施工工法,荣获2009—2010年度国家一级工法。

（7）利用钻孔平台拼装双壁钢围堰施工工法，荣获2010年度山西省省级工法。

（8）大型"钢-混凝土V形"钢构墩施工工法，2011年度山西省省级工法，荣获2012年公路工程工法。

（9）中承式系杆拱两跨端锚式柔性系杆索力瞬间损失控制施工工法，荣获2013年度公路工程工法，2012年山西省省级工法。

（10）中承式系杆钢箱拱原位拼装施工工法，荣获2013年度公路工程工法，2012年山西省省级工法。

（11）QC成果"大型双壁钢围堰浅水区域整体拼装下水"，荣获2011年全国工程建设优秀质量管理小组二等奖。

（12）QC成果"减小双跨整束挤压式柔性系杆索力瞬间损失"，荣获2012年全国工程建设优秀质量管理小组三等奖。

（13）QC成果"提高悬链线无铰钢箱拱合龙口定位精度"，荣获2013年全国工程建设优秀质量管理小组二等奖。

第八章 柳州市白沙大桥

第一节 工程概况

一、桥梁简介

柳州市白沙大桥位于河东大桥和壶东大桥之间,西起柳北区跃进路东至河东片区高新三路与海关路交叉口,全长1920m,进一步强化河东片区与柳东新区的交通联系。

白沙大桥建成于2018年,其机动车设计荷载为城市-A级;道路等级为城市主干道Ⅰ级。白沙大桥桥型图如图8-1所示。

图8-1 白沙大桥桥型图

主桥桥面宽度为38m[2.5m人行道+1.5m索区+3.5m非机动车道+0.5m护栏+0.5m路缘带+(3.5+3.5+3.25)m机动车道+0.5m双黄线+(3.25+3.5+3.5)m机动车道+0.5m路缘带+0.5m护栏+3.5m非机动车道+1.5m索区+2.5m人行道]。主桥为2×200m单塔双索面斜拉桥。主塔采用8根φ3m分离式桩基础,承台为矩形承台,横桥向宽12m,纵桥向长27.5m,高8m;主塔塔柱形似门形,由空间曲线扭曲构成,主塔高108m,采用单箱七室结构矩形截面钢箱形结构;主梁采用正交异形桥面板流线型扁平钢箱梁,桥梁中心线处梁高4m,桥面全宽38m,设双向1.5%横坡。

白沙大桥主桥横断面图如图8-2所示。

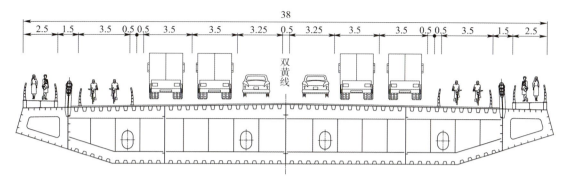

图 8-2 白沙大桥主桥横断面图(尺寸单位:m)

二、桥址水文与地质

根据柳州水文站实测资料统计,柳州站最大年平均流量 $2050m^3/s$。洪水特性与流域特性密切相关,具有来势凶猛、暴涨暴落的特点。年最高水位多发生在 6 月下旬至 7 月上旬,其发生频率超过 50%。每年较明显的洪水过程平均约为 15 次左右。一次洪水过程,时间短者 3d,长者可达 25d。涨水历时较短,约占一次洪水过程总历时的 $1/3 \sim 1/2$。一次洪水过程的最大变幅可达 18m 左右,24h 最大涨幅可达 12.1m。最大涨率达 1.28m/h,一般涨率为 $0.3 \sim 0.5m/h$。

根据当地水文站资料显示,常水位为 77.5m,最大流量为 $700m^3/s$,洪水期间的最高水位为 89m,最大流量为 $32700m^3/s$。洪水期间江面有大量漂浮物。

桥址主桥处河床的覆盖层较为稀薄,为砂卵石层,厚度约为 0.5m,常水位水深 16m;下伏基岩裂隙较发育,岩体较破碎,易溶蚀风化,溶蚀现象比较发育,局部形成强中风化深槽,在局部发现较大溶洞。

水文地质图如图 8-3 所示。

图 8-3 水文地质图

三、主要工程数量

本工程施工范围:桥梁工程,包括桩基、承台、墩(台)身、主塔塔座、主塔节段、东岸连续梁、西岸连续梁、主桥钢箱梁、附属工程等;路基工程,包括土方、级配碎石、碎石稳定层、沥青混凝土、排水混凝土管、排水箱涵。其主要工程数量见表8-1。

白沙大桥主要工程数量　　　　　　　　　表8-1

序号	工程部位	工程项目	单位	工程数量	备注
1	桥梁工程	桩基	根	148	
2		承台	个	35	
3		墩(台)身	个	32	
4		主塔塔座	个	2	
5		主塔节段	节	27	
6		东岸连续梁	m	286	
7		西岸连续梁	m	250	
8		主桥钢箱梁	m	400	
9		附属工程梯道桩基	根	41	
10	路基工程	土方挖方	万 m³	21	
11		土方填方	万 m³	7	
12		级配碎石	万 m³	1.18	
13		碎石稳定层	万 m³	3.75	
14		沥青混凝土	万 m³	1.06	
15		排水混凝土管	m	312	
16		排水箱涵	m	370	

四、参建单位

业主单位:柳州市城市投资建设发展有限公司;
设计单位:中铁大桥勘测设计院集团有限公司;
监理单位:中铁一院集团南方工程咨询监理有限公司;
施工单位:中铁上海工程局集团有限公司。

第二节　工程(技术)重难点与创新

一、工程重难点分析与对策

在工程施工前通过调查,结合现有施工经验,本工程的重点、难点及对策见表8-2。

白沙大桥工程重点、难点及对策　　　　　　　　　表 8-2

序号	工程重难点分析	对　　策
1	空间异型钢主塔制造与安装精度要求高、施工难度大： 1. 塔身节段为空间异型结构，结构形式特殊，制造难度大。 2. 主塔高 100m，共 20 个节段，最大节段质量 293.4t。最高处吊装质量达 88.2t。总重 4178t，吊装安全风险高。 3. 塔身轴线为空间扭曲曲线，塔身倾斜，施工中测量定位和吊装就位难度大，稳定性差。 4. 安装过程中温度对塔身空间位置的偏差影响大	1. 编制主塔制造和安装的专项方案，组织专家评审后实施。 2. 组织经认证的操作工人制造，进行焊接工艺评定，组织专家评审后正式开始制造。 3. 主塔节段在工厂加工制造，水路运输至桥位处，采用钢栈桥基础加高位门吊分节吊装。 4. 采用计算机仿真、自动化控制技术下料、切割和焊接。 5. 设计特殊胎架，进行面板加工和节段组拼。 6. 严格执行工艺流程细则，严格把关原材料，焊缝全覆盖进行探伤检验。 7. 节段在工厂试拼后，以实际量测结构尺寸通过三维模型模拟定位，沿塔身布置多条定位轴线，消除制造误差后计算实际空间定位坐标，进行桥位定位。 8. 在工厂采用模拟、试吊和设计专用吊具等三位一体的措施，确定保证节段吊装空间姿态正确的吊点位置，同时按吊装要求确定节段运输体位。 9. 根据吊装重量、高度、幅度等选择合适的吊装机械，并在正式吊装前进行工况模拟试吊，完成吊装流程设计确定指挥系统，制定应急预案。 10. 建立监控量测、测量定位控制网和测站，选用精度符合要求的测量仪器设备，编制并严格执行测量方案。 11. 主塔吊装过程中由于塔节段重心不断变化，为了保证主塔稳定性，在横桥向设置钢管内支撑保证主塔横向稳定，纵桥向设置预应力临时索保证主塔纵桥向稳定。 12. 通过每个安装节段的工况模拟计算，确定提前或同步施加的临时索索力，以满足桥位焊接要求和定位要求。 13. 主塔施工时横撑、立柱等临时设施形成整体，以保证稳定性，设置高空作业的走道、桥位焊接平台和防风防雨防火等设施，保证施工安全
2	正交异型桥面板流线型扁平钢箱梁制造和安装是重点之一。 1. 钢主梁宽 38m，梁高 4m。 2. 顶推距离为 400m。 3. 最大节段质量约 233t，总质量为 8450t。 4. 设置支墩最大跨度为 65m，支墩高 36m	1. 编制钢箱梁制造和安装的专项方案，联系海事、航道等部门确定，组织专家评审后实施。 2. 组织经认证的操作工人制造，进行焊接工艺评定，组织专家评审后正式开始制造；加工制造严把原材料关、下料关、运输关和焊接关。 3. 钢箱梁在工厂制造板单元，水路和陆路运输至现场组拼。钢箱梁加工场设置在东岸匝道和引桥位，试拼、总拼完成后场内运输、引桥位处提升滑移至顶推焊接平台。采用双滑道多点连续顶推法安装。 4. 焊接平台采用钢管桩支架，长 63m，设置在 E_1 交界墩处。单个顶推支墩由 10 根锚固入岩的钢管钻孔桩和滑道等组成，全桥共设置 6 处，最大跨度 65m，主航道满足 2×55m 通航净宽。 5. 焊接平台设置防风、防雨、防火等措施，顶推支墩上下游在钢箱梁风嘴下设置横向限位纠偏钢管桩，支墩间设置水平约束索。 6. 每 5 节段为一轮，在焊接平台上焊接一轮、顶推一轮。顶推前对竖向顶、牵拉顶等进行标定和试顶，细化顶推流程和协同指挥系统，并制订应急预案。 7. 设置 45m 长钢导梁，钢导梁与箱梁端面栓焊连接。 8. 顶推过程中纠偏主要采用牵引和限制规位的方式。穿过主塔时初步纠偏、强制限位、控制通过三个阶段，保证顺利通过。通过后在主塔横梁、两侧支墩上设置限位，保证后续顶推时主塔处的钢箱梁桥位轴线。 9. 顶推过程中温度影响钢箱梁的长度，使支墩产生偏移，根据监测数据利用约束索纠正支墩垂直度，保证支墩稳定

续上表

序号	工程重难点分析	对　策
3	溶蚀地质大直径钻孔桩施工不确定地质因素多、难度大。 1. 主塔有 16 根 3m 直径，长 15m 钻孔灌注桩。交界墩有 16 根 2.5m 直径钻孔灌注桩。 2. 桥位处裂隙、溶洞发育，地处溶蚀地质	1. 设置钻孔平台，采用冲击钻钻孔，特制冲击锤头，改制加强冲击钻机。 2. 编制溶蚀地质大直径钻孔桩方案，进行试钻验证工艺流程，开组织专项评审。 3. 加强钻机固定措施和钻孔平台的稳定性措施，做好施工过程的垂直度监控。 4. 采用隔桩钻孔，加强泥浆配置与循环利用，配置泥浆船和清渣船。 5. 配置浮吊进行钻机转场、钢筋笼安装、护筒安装，减少吊装焊接工作保证施工质量和安全。 6. 严格执行斜面入岩、溶洞处理的工艺细则，根据地勘资料针对性制定溶洞处理方案，加强施工过程管理，提高溶洞处理效果。 7. 采用商品混凝土，地泵输送，在浮桥上架设泵管，水下混凝土浇筑采用大直径导管
4	通航河道、塔梁同步施工、场地受限环境下的施工组织要求高。 1. 既有主航道在主塔西岸侧，为Ⅲ级航道。 2. 主塔 T_3 节段与钢主梁固结后进行后续节段安装，主塔主梁同步施工。 3. 桥两岸边无施工临时场地，水中施工、主桥施工的临时场地受限程度大	1. 联系航道、海事部门编制航道维护方案，根据施工阶段及时调整维护通航航道，保证航行安全。 2. 在组织主塔、钢箱梁制造安装时，充分考虑 T_3 节段安装前使钢主梁顶推就位等关系主塔和主梁安装工况的条件，合理衔接。 3. 采用浮式平台同步作业施工顶推支墩，进场后加快钢箱梁顶推施工进度。 4. 支墩、支撑等临时措施，采用模块化设计，工厂加工后现场螺栓连接安装，提高工效。 5. 在东岸水边设置临时码头，用作临时场地，同时此处设置一台塔吊，主要用于水中构件的转场运输。 6. 配置必要的运输船只，提高存放和运输效率，做好构件进场与安装的组织衔接
5	水中施工工程量大，河床覆盖层薄、基岩面起伏等不确定因素多，跨洪水期施工度洪要求高。 1. 钻孔平台、水中顶推支墩等有 70 多根钢管钻孔桩。 2. 主塔承台为深水基础，承台长 27.5m，宽 12m，高 8m，承台底部在河床面，需要清理覆盖层，基岩面起伏不定。 3. 施工期间跨柳江三个洪水期	1. 合理设置钻孔平台、钢套箱等顶面标高，降低洪水对作业面的影响。 2. 水中设置钢套箱钻孔桩锚固入岩，提高临时设施抗洪稳定性，水中钢构件联系杆件尽量设置在顺水流方向，减少漂浮物阻挡面积。 3. 采用钢套箱围堰施工主塔承台，提前清理主塔处覆盖层，确定基岩面起伏情况，制定相应处理措施。 4. 钻孔平台、顶推支墩等钢管桩采用自行设计的浮式平台钻孔浇筑灌注桩锚固。 5. 在桥位上游侧设置浮桥用作泵管、电缆、行人等通道，设置定位钢管钻孔桩，浮桥可随水位升降，并可及时拆除，有效减少洪水影响。 6. 钢套箱采用大重量整体提升分段自浮式安装围堰的方法，提升系统吊装节段就位焊接后注水下沉，安装快捷，围堰稳定性好，岸边不需要拼装场。 7. 承台混凝土分层浇筑，设置冷却水管，降低水化热，保证混凝土质量。 8. 洪水期随时掌握上游雨量，及时联系水文站和防洪办，掌握流量和水位情况，启动及时撤离等应急预案。紧凑组织洪水间歇期的施工，既保证安全又稳步推进施工进度
6	斜拉索安装、成桥索力及线形控制是重点之一。 1. 斜拉索采用热挤聚乙烯 $\phi7$ 热镀锌钢拉索，钢丝抗拉强度为 1670MPa。 2. 全桥共 60 根斜拉索，斜拉索梁端采用固定端冷铸锚，塔端采用张拉端冷铸锚。 3. 单根索设计最大成桥索力 6876kN	1. 主塔施工完成后，测量主塔线型与理论值对比，再考虑温度因素的影响等修正斜拉索设计长度下下料制造。 2. 施工前编制专项方案，规划工艺流程和实施细则，并经评审。 3. 斜拉索在专业拉索厂制造，将索盘运输至现场吊装上桥进行安装。 4. 根据监控结果，通过工况模拟计算确定拉索安装顺序、初始安装索力和钢箱梁压重施工工况。 5. 斜拉索安装采取对称原则，统筹控制主塔变形、索力、钢主梁线型的原则，严格控制主塔变形，分阶段施加索力，同时测量钢主梁线型，在斜拉索张拉端设置索力监测装置。 6. 斜拉索安装采用塔吊牵引上塔，同时施工过程中加强对成品索的保护

二、工程创新点

白沙大桥工程施工技术创新点见表8-3。

白沙大桥工程施工技术创新点汇总　　　　　表8-3

序号	技术创新点	内 容 简 介
1	深水溶蚀地质大直径钻孔桩施工	采用深水裸岩地段板凳结构钻孔平台进行钻孔施工,利用特制导管与料斗通过浮桥+双泵管灌注混凝土,保证施工质量
2	深水嵌岩承台施工	白沙大桥承台嵌入岩层2m,采用控制性水下爆破的方法开挖基坑,采用分段拼装整体下浮的方法安装双壁钢套箱围堰
3	异形预应力塔座施工	异形塔座基础结构设计复杂,塔座预埋扎螺纹钢、PBL键与承台钢筋、钢底座等相互干扰,采用BIM技术进行碰撞检查,提前优化结构,保证异形塔座施工质量
4	空间异形扭转反对称钢主塔制造	钢塔制造应用钢构件全自动定位测量技术,采用三维立体放样、塔轴线法向分段、板单元小角度折弯与压圆、火修仿形定位、节段无应力二次配切等加工方法,有效控制了空间扭转曲线钢主塔节段制造的精度
5	空间异形扭转反对称钢主塔安装	针对钢主塔空间扭转曲线的特点,采用塔梁交错施工及塔梁固结方案,自主研制应用超高门架智能提升系统、钢管内支撑加预应力临时索辅助稳定系统,利用双向转动十字吊具全向翻转主塔节段等专利技术和空间曲线测量定位技术,实现了钢塔节段安装的精确、稳定、安全、高效
6	钢箱梁顶推与主塔安装工业自动化应用	钢箱梁与钢主塔施工中采用自动化同步控制技术,将多台千斤顶连接至泵站通过有线电缆将数据传输至主控台统一操作,实现多项同步协作自动化控制
7	反对称斜拉索合理成桥状态与施工控制关键技术	通过对结构体系受力特点以及成桥运营相关规范要求,对受力与线形的关系进行数据敏感性误差模拟与施工过程模拟预判,确定合理成桥状态
8	超高门架状态监控系统设计与应用关键技术	采用自主研制的基于BIM的自动监测系统,利用物联网技术,实时自动监测和评估施工信息,实现了施工风险管理信息化

第三节　深水溶蚀地质塔座基础施工技术

一、概况简介

白沙大桥塔座基础共分为3m大直径钻孔桩、嵌岩钢筋混凝土承台、异形预应力塔座三部分。搭设钻孔平台,采用冲击钻机冲孔和特制料斗导管灌注桩基;采用静态控制爆破开挖基坑;采用分段拼装,整体下沉的方法安装双壁钢套箱围堰;围堰抽水后搭设支架施工预应力混凝土塔座基础。

白沙大桥基础结构如图8-4所示。白沙大桥基础预埋件布置如图8-5所示。

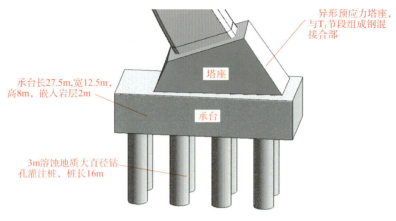

图 8-4 白沙大桥基础结构图

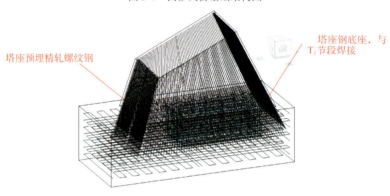

图 8-5 白沙大桥基础预埋件布置图

二、深水溶蚀地质大直径钻孔桩施工

（1）裸岩地段钻孔平台搭设（图 8-6）

柳江汛期洪水流速快，河床无覆盖层，平台钢管底部与岩面固结困难，为保证结构整体稳定性，平台搭设采用 4 根锚固桩入岩，其余钢管采用振动锤插打至岩面，与锚固桩连接形成整体。

图 8-6 钻孔平台设置

（2）大直径钻孔桩特制设备
①根据首盘灌注方量，特殊制造容积为 16m³ 料斗。
②根据首盘灌注混凝土扩散范围设计内径 400mm 特殊导管（图 8-7）。
③定制冲击钻机，改造锤头，配置 20t 卷扬机。

图 8-7　钻孔桩灌注特殊导管及料斗

三、深水嵌岩承台基础施工

1. 深水嵌岩基坑爆破

基坑爆破开挖距离大桥两岸的建筑物较近，施工受建筑物制约，现场采用静态控制爆破。水下爆破采用一艘配备有 6 台改进型中风压 YQ100 型潜孔钻的钻机船进行钻孔爆破，清渣分别用两艘 6m³ 的抓斗式挖泥船，配合 2 艘 40m³ 泥驳船进行。清渣完成后采用超声波测量仪进行水下测量采集岩面高程，计算炸药量。

钻爆船按照岸上设置的导标粗略定位后，再用全站仪进行精确定位。定位完成后在需要钻孔的位置下放套管、钻杆，进行水下钻孔作业。当钻至预定深度后，起升钻杆，经检查孔深后，进行装药、堵塞和连线，并做好钻孔和装药记录。一个船次钻完后，按排距移动钻爆船，再进行钻孔作业，钻完一个船次断面后，移动钻爆船到安全区，并确认所有船舶、机械设备和人员均处于安全区后，发令通电起爆，照此循环进行。清渣完成后超声波扫描河床，若未爆破到位，进行局部补爆。围堰下放前采用冲击钻进行钢围堰下放位置整平，确保围堰下放到位。

深水嵌岩基坑爆破相关施工照片如图 8-8 ～ 图 8-13 所示。

图 8-8　爆破钻眼

图 8-9　装药准备

图 8-10　抓斗船清渣

图 8-11　长臂挖掘机二次清渣

图 8-12　雷达河床面扫描

2. 双壁钢套箱围堰下放

双壁钢套箱围堰总质量为600t，利用既有钻孔平台搭设钢围堰安装平台及提升门架，采用100t浮吊将围堰节段吊装至围堰安装平台组拼，采用提升门架整体提升下放。围堰下放至岩面后采用双导管同时灌注封底混凝土。

双壁钢套箱围堰下放施工照片如图 8-14 ~ 图 8-16 所示。

图 8-13　围堰刃脚处岩面冲击钻整平

图 8-14　围堰及提升系统结构布置

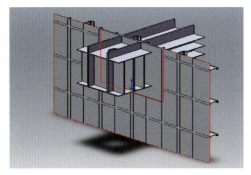

图 8-15　围堰吊点采用钢箱结构

图 8-16　围堰封底混凝土灌注

四、异形塔座预埋件施工

异形塔座预埋件结构复杂主要有以下部分组成：钢主塔 T_1 节段与承台钢底座焊接；T_1 节段采用剪力钉和 PBL 键与周边混凝土连接；钢主塔四周预埋 3 层共 441 根 $\phi32$ 预应力精轧螺纹钢，深入承台 3~5m。塔座预埋件与承台钢筋、冷却水管、围堰内支撑相互干扰，施工前利用 BIM 技术建立整体模型进行结构碰撞检查，优化结构，保证塔座基础施工质量，避免返工。

塔座预埋精轧螺纹钢沿塔座不规则平面布置，采用 Revit 软件进行三维放样（图 8-17），提取定位与安装坐标，将每根螺纹钢筋配成两节，首节钢筋底部伸入承台，并用支撑垫板、螺母/垫圈、钢筋网片等构件锚固在承台混凝土中作为固定端，第二节钢筋用连接器连接，与塔座钢筋焊接固定。

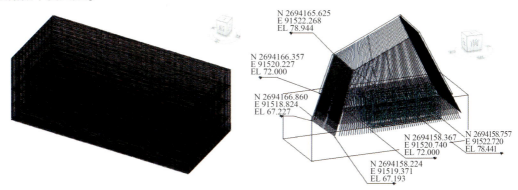

图 8-17　承台钢筋三维放样（左）、塔座精轧螺纹钢三维放样（右）

异形塔座预埋件施工照片如图 8-18～图 8-20 所示。

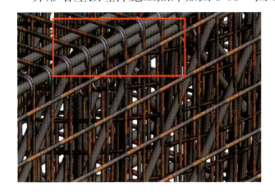
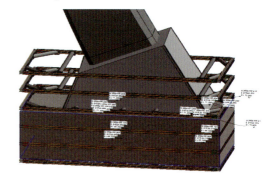

图 8-18　塔座基础碰撞检查(左)、塔座基础整体结构优化(右)

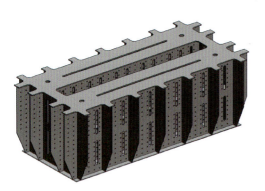

图 8-19　钢底座安装

图 8-20　精轧螺纹钢安装(左)、钢底座内支撑位置预留孔洞(右)

五、结论

针对 3m 溶蚀地质大直径钻孔灌注桩，采用特制钻机冲孔，通过特制导管及料斗浇筑桩基混凝土，桩基后期超声波检测均为 I 类桩，质量可控；深水嵌岩承台采用静态控制爆破，安全环保；双壁钢套箱围堰采用分段拼装整体下沉的方式安装，封底效果良好，无渗水情况；异形预应力塔座预埋件结构复杂，通过 BIM 技术进行碰撞检查及结构优化，施工效果良好。塔座基础整体质量可控。

第四节　钢箱梁顶推与钢主塔安装集成化与自动化施工技术

一、概况简介

白沙大桥钢箱梁顶推和主塔吊装施工全过程采用千斤顶自动化智能同步控制技术，将多台千斤顶连接至泵站通过有线电缆将数据传送至主控台统一操作，实现多顶同步协作自动化控制（图8-21）。

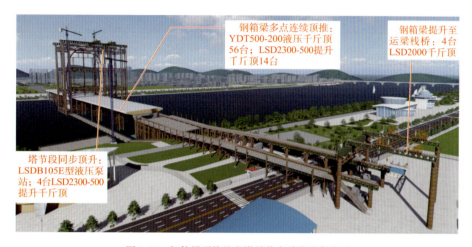

图8-21　钢箱梁顶推及主塔吊装自动化设备布置

二、钢箱梁提升运输至焊接平台

钢梁在预制厂内进行节段焊接拼装，运输至提梁门架底部，提升系统采用LSDKC-8型控制系统及LSD2000千斤顶同步提升钢箱梁至运梁栈桥，通过20t连续千斤顶将单片钢梁节段滑移至钢箱梁拼装焊接平台。

提梁门架提升钢箱梁至拼装焊接平台，如图8-22所示。

图8-22　提梁门架提升钢箱梁至拼装焊接平台

三、多点连续千斤顶顶推施工

在桥址东侧设置钢箱梁拼装平台,拼装平台往西侧设置6个临时顶推支墩(图8-23),其布置1~6号为(35+65×5+40)m=400m,在拼装平台分节段拼装钢导梁和钢箱梁,然后通过顶推支墩上水平顶推智能系统施力,将梁体向前顶推出拼装平台,然后继续在拼装平台上进行下一节段梁的拼装和顶推。

图8-23 顶推支墩布置图

多点同步液压连续千斤顶顶推系统(图8-24)拟采用分布式计算机网络控制系统,由14台连续千斤顶及56台顶升千斤顶、7个泵站、7个现场控制柜、1个主控台构成。现场控制柜采用PLC+触摸屏控制方式,每个现场控制柜控制2台连续千斤顶或8台顶升千斤顶及1台泵站。现场控制柜在就地控制状态下,能对1个泵站和多台千斤顶进行自动、手动、调整操作。

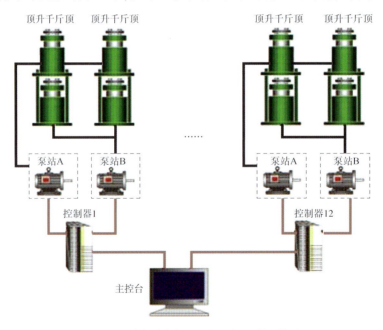

图8-24 多点同步液压连续千斤顶顶推系统图

多点同步液压连续千斤顶顶推控制如图8-25所示。

图 8-25　多点同步液压连续千斤顶顶推控制图

各现场控制器之间采用通信单元通信,所有检测及控制信号经过通信单元传送到监控计算机以利于操作者掌握全局。系统的主控台采用工控机 + PLC + 组态软件的方式,在联网状态下,当系统为远程控制状态时,所有的操作均由主控台完成,系统的各种状态均显示在屏幕上(如各控制点千斤顶的油压及位移、最大行程和最高压力保护值、同步控制精度、电机频率等)。由于采用分布式网络控制技术,系统可以很方便地让现场施工远程起动、停止泵站,远程调节泵站的流量、压力及控制泵站,完成各种动作。在联机状态下,所有的操作均由主控计算机完成,在中央控制室实现对任何一台千斤顶及泵站进行单独操作或联机操作,控制需要运行的千斤顶实现设定的参数,而现场控制器只进行急停操作。系统还具有数据保存功能和故障报警功能,在达到预先设定的行程或负载限制时自动停机。

主控计算机根据传感器采集到的位移信号、压力信号,按照设定的控制程序和算法,决定油缸的动作顺序,完成各墩集群千斤顶的协调动作,驱动油缸伸缸或缩缸;同时控制泵站变频器频率的大小,改变泵站输出液压油流量控制千斤顶动作的速度,实现调速的功能,从而实现千斤顶动作的同步,系统采取多种技术措施,以保证多点同步精度。

四、塔节段同步提升自动化控制

超高提升门架顶部设置大跨度移动横梁,在横梁顶部设置 4 台 200t LSD2000 千斤顶进行提升塔节段,提升系统由大跨度移动横梁实现横桥向移动,再由钢绞线提升系统通过卷扬机牵引,由不锈钢板与 MGE 板之间的摩擦实现纵桥向移动,从而达到精确对位的效果。LSD2000 千斤顶上下共有 3 道锚固系统装置,每个千斤顶布置 10-ϕ^s15.2 钢绞线。

该技术是一项新颖的构件提升安装施工技术,采用柔性钢绞线承重、提升千斤顶集群、计算机控制、液压同步提升原理,结合现代化施工工艺,将成千上万吨的构件在地面拼装后,整体提升到预定位置安装就位,实现大吨位、大跨度、大面积的超大型构件超高空整体同步提升。

塔节段四点同步提升系统如图 8-26 所示。

计算机控制液压同步提升系统由钢绞线及提升千斤顶集群(承重部件)、液压泵站(驱动部件)、传感检测及网络式远程计算机控制系统(分主控及分控部件)等部分组成(图 8-27 ~ 图 8-29)。

图 8-26　塔节段四点同步提升系统

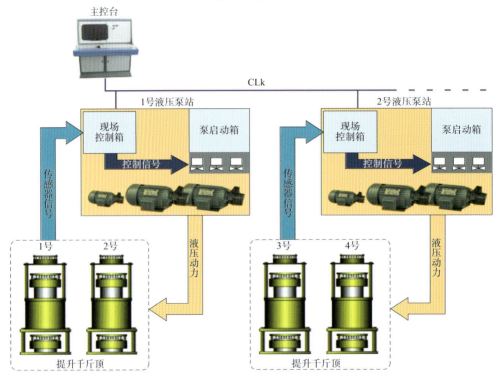

图 8-27　系统组成

图 8-28　500t 提升千斤顶

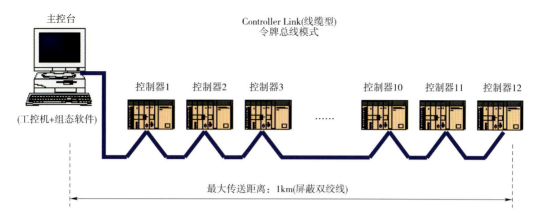

图 8-29 远程控制网络图

钢绞线及提升千斤顶是系统的承重部件,用来承受提升构件的重量。可以根据提升重量(提升荷载)的大小来配置提升千斤顶的数量,每个提升吊点中油缸可以并联或单独伸缩,通过电液比例控制技术,实现液压提升中的同步控制,各点之间的同步控制精度在 ±1mm 内。主令提升吊点决定整个提升系统的提升速度,操作人员根据泵站的流量分配和其他因素来设定提升速度。根据现有的提升系统设计,最大提升速度不大于 10m/h。本控制系统设计同步控制精度不得大于 ±5mm,满足国家标准 10mm 的要求。在白沙大桥主塔节段提升过程中,4 个提升吊点,各吊点的同步控制精度在 ±2mm 内;油缸行程传感器测量误差为 0.25mm。

在使用该自动化智能设备后,缩短工期 3 个月,钢主梁和钢主塔线形便于控制,轴线误差均在 10mm 以内。

五、结论

白沙大桥钢箱梁顶推和主塔吊装施工全过程采用千斤顶自动化智能同步控制技术,该技术核心设备采用计算机控制,可全自动完成同步升降,实现力和位移控制、操作闭锁、过程显示和故障报警等多种功能,是集机、电、液、传感器、计算机控制技术于一体的现代化施工设备,保证了施工过程的安全稳定。

第五节 反对称斜拉索合理成桥状态与施工控制关键技术

一、概况简介

斜拉桥是由主梁、索塔和斜拉索组成的高次超静定力学体系。在施工过程中其塔、梁、索力与变形相互影响,同时又受温度和众多施工随机因素影响,整个施工过程是个力学体系复杂的演变过程。在此过程中,温度的影响、施工过程中的自重、计算的数学模型和结构的差异,以及线形、索力的测量误差等诸多因素,将不可避免地导致实际结构状态和理想状态之间的偏差。随着跨度和结构复杂性的增加,该偏差对结构状态的不良影响显著增加,给结构施工和后期运营带来诸多隐患,甚至会危及结构的安全。

为确保斜拉桥在施工过程中结构状态(内力和变形)始终安全、合理、可控,且成桥后结构状态满足设计要求,必须在施工过程中对结构开展严密的施工控制。通过施工监控,在斜拉桥的施工过程中对结构体系计算所采用的参数(如温度、线形、索力、节段尺寸和质量等)进行识别、计算和修正,才能消除或减少实际线形、内力、索力与设计目标值的偏差,最终确保成桥线形、索力和应力满足设计要求。

施工控制是以全面的理论计算为指导,结合全面的测量数据对施工全过程进行控制。既要实现成桥目标状态,也要实现施工过程阶段目标状态,以保证每一施工阶段结构的内力和线形都处于预测和控制之中。在本桥的施工控制中,根据偏差的特点和性质采用自适应控制法进行控制。

白沙大桥施工控制体系如图8-30所示。

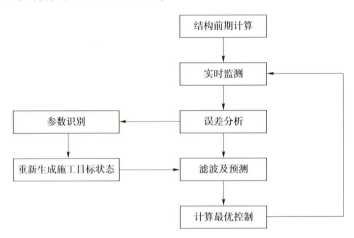

图8-30 白沙大桥施工控制体系图

二、整体模型建立

通过准确计算与精确施工监控,在主桥施工过程中对结构体系计算所采用的参数(如温度、线形、索力、节段尺寸和质量等)进行识别、计算和修正,才能消除或减少实际线形、内力、索力与设计目标值的偏差,最终实现成桥线形、索力和应力,满足设计要求。

采用Midas Civil建立整体有限元模型,整体监控计算模型共880个单元,其中主塔516个单元,主梁304个单元,斜拉索60个单元,主塔、主梁采用梁单元模拟,斜拉索采用只受拉索单元模拟。

按表8-4所示的施工阶段划分,进行施工过程模型仿真分析。

施工阶段划分表　　　　　表8-4

序号	结构描述	施工内容	备注
1	主塔节段吊装	依次吊装 $T_1 \sim T_5$ 节段	
2	钢箱梁顶推	导梁拼装	
3		A节段钢箱梁与导梁连接	
4		钢导梁往前顶推12m,连接第二节钢箱梁	

续上表

序号	结构描述	施工内容	备注
5	钢箱梁顶推	继续顶推导梁，直至5节钢梁组拼完成	
6		往前顶推3个节段，将剩余2个节段与后续3个节段焊接	
7		重复上述步骤，直至完成顶推	
8	主塔节段吊装	将 T_5 与钢箱梁 B_{17} 节段固结	
9		吊装 T_6 节段	
10		吊装 T_7 节段(安装第一层内支撑支架)	
11		吊装 T_8 节段	
12		吊装 T_9 节段(安装第二层内支撑支架)	
13		吊装 T_{10} 节段	
14		张拉 T_{10} 临时预应力束	
15		吊装 T_{11} 节段(安装第三层内支撑支架)	
16		张拉 T_{11} 临时预应力束	
17		吊装 T_{12} 节段(安装第四层内支撑支架)	
18		张拉 T_{12} 临时预应力束	
19		依次吊装 T_{13}、T_{14} 节段	
20	斜拉索挂设	安装并张拉 S_1、M_1	
21		安装并张拉 S_2、M_2	
22		安装并张拉 S_3、M_3	
23		安装并张拉 S_4、M_4	
24		安装并张拉 S_5、M_5	
25		安装并张拉 S_6、M_6	
26		安装并张拉 S_7、M_7	
27		安装并张拉 S_8、M_8	
28		安装并张拉 S_9、M_9	
29		安装并张拉 S_{10}、M_{10}	
30		安装并张拉 S_{11}、M_{11}	
31		安装并张拉 S_{12}、M_{12}	
32		安装并张拉 S_{13}、M_{13}	
33		安装并张拉 S_{14}、M_{14}	
34		安装并张拉 S_{15}、M_{15}	
35		拆除临时设施	
36		二期恒载	

白沙大桥整体与钢箱梁计算模型如图 8-31 所示。

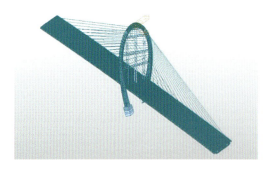
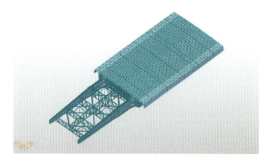

图 8-31　白沙大桥整体与钢箱梁计算模型

三、结论

针对白沙大桥主塔空间异型扭转反对称的结构形式,并结合该桥的施工特点,建立了全过程施工控制体系,采用该体系获得了高质量的施工控制结果。通过对施工全过程结构线形、内力、索力实测数据的分析,可以得出以下结论:白沙大桥成桥状态各项指标均满足控制要求,结构受力合理,达到了预期控制目标。

第六节　空间扭转钢主塔制造与安装施工技术

一、概况简介

白沙大桥钢塔塔柱形似门形,由空间曲线扭曲构成,塔高 108m。塔柱采用单箱七室结构的矩形截面,四角均以 650mm × 650mm 倒角,横桥向截面宽 4500mm,顺桥向截面宽为 5000 ~ 10420mm,塔壁壁厚为 24 ~ 50mm,采用板式加劲肋加劲,沿塔柱轴线每隔约 2.5m 设置一道横隔板,板厚 12mm,除塔上锚索区中间箱室部分横隔板水平设置外,其余均沿塔柱轴线的法向平面设置。

二、空间扭转钢主塔制造

（1）空间扭转钢主塔制造

三维放样及塔节段划分采用 CAXA、REVIT 两款软件对钢塔进行三维放样,绘制制造模型。根据钢塔安装方案及现场设备起重能力,将塔节段重新划分为 T_1 ~ T_{14},共计 27 个节段,节段长度 7.1 ~ 13.9m 不等,最大节段质量为 206t（T_2 节段）。钢塔各节段间的分界面均为塔柱轴线的法向平面。

钢主塔三维放样及节段划分如图 8-32 所示。

（2）扭曲板单元制造

弯扭程度较小类型板单元,即钢塔节段中

质量	节段号	外形尺寸(m×m×m)
74t	T_{14}	6 × 12 × 6
58t	T_{13}	6.2 × 8.9 × 5.8
160t	T_{12}	5.5 × 13.9 × 4.5
119t	T_{11}	5.8 × 9.2 × 4.5
130t	T_{10}	6.0 × 12.7 × 4.5
157t	T_9	6.4 × 9.4 × 4.5
123t	T_8	6.8 × 7.1 × 4.5
130t	T_7	7.3 × 7.7 × 4.5
150t	T_6	7.8 × 8.5 × 4.5
170t	T_5	8.5 × 7.9 × 4.5
188t	T_4	9.1 × 8.5 × 4.5
198t	T_3	9.9 × 9.1 × 4.5
206t	T_2	10.5 × 7.9 × 4.5
197t	T_1	10.5 × 9.8 × 4.5

图 8-32　钢主塔三维放样及节段划分

$T_1 \sim T_{12}$ 板单元,对于此类型板单元,首先通过压力机压弯,然后在弯扭胎上通过机械加火焰矫正的方式,使板单元与弯扭胎密贴,可以使板单元弯扭变形完全符合节段拼装的精度要求。因该类型板单元弯扭程度小,所以通过在板单元上压出多道小角度折弯来实现板单元弯扭。在做板单元施工图技术准备时,需要在图纸上标明压弯线及压弯角度。压弯角度分为正压和反压两种。

弯扭程度较大的类型板单元,即钢塔节段 T_{13}、T_{14} 板单元,对于此类型板单元,采用压圆方式,同时采用活络样板检查,随时成形,随时检查。板单元弯扭成形后,在仿形胎上组焊加劲肋,最后用火焰修整板单元外形至完全附胎。仿形胎采用横肋式结构,横肋间距适当加密,保证板单元外形成形需求。

(3)钢塔整体组拼

钢塔节段定位组拼遵循由下向上、由中间向两侧的原则,每个钢塔节段的中心底板定位根据板单元上两端头的监控定位点与胎架中心线及横梁中心线的偏差完成定位。单个钢塔节段的中心底板定位完成后,用相邻钢塔节段中心底板横基线处监控定位点的距离检查节段相对位置。中心底板定位组装完成后,依次定位组装其余底板、下角板,其余底板纵向定位保证与中心底板的横基线、标志线重合,优先保证横基线,横向定位根据板单元上定位点到中心底板监控定位点的距离进行定位。下角板纵向定位保证与相邻底板的横基线、标志线重合,横向定位通过角板外边缘坡口进行定位。定位完成后,进行限位板固定,限位板固定时靠近横基线处使用刚性固定钢板,其余位置使用柔性固定钢板。

钢主塔节段组拼如图 8-33 所示。

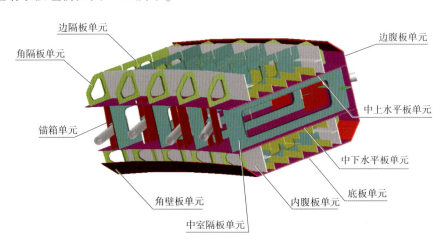

图 8-33 钢主塔节段组拼示意图

(4)代表节段立体总拼装

T_{13}、T_{14} 节段为塔顶合龙段,截面扭曲。需要根据扭曲面制作专用胎架用于整体组装。因 T_{13}、T_{14} 扭曲幅度大,不易与 T_{12} 等节段的胎架相互配合,因此 T_{13}、T_{14} 节段可以单独匹配组装。

T_{13}、T_{14} 节段总拼流程及说明见表 8-5。

T_{13}、T_{14} 节段总拼流程及说明　　　　　　　　　表 8-5

T_{13}、T_{14} 节段整体总拼流程	流 程 说 明
	组装底板及两侧斜底板
	组装两侧腹板,点焊固定
	组装下竖板及横隔板
	组装下水平腹板
	组装中层横隔板
	组装上水平腹板
	组装上层竖板及隔板

续上表

T₁₃、T₁₄节段整体总拼流程	流程说明
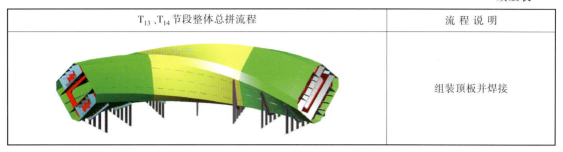	组装顶板并焊接

三、空间扭转钢主塔安装

（1）利用超高提升门架进行塔节段提升方案设计

柳州市白沙大桥钢主塔为空间扭转结构，安装过程中需要调节 X、Y、Z 三个轴向的对位精度，采用传统塔吊、浮吊等方法安装无法保证空中姿态的吊装满足设计规范要求，综合考虑，项目设计了超高提升门架系统，通过四点同步提升，准确调整节段空中对位姿态。

超高吊装系统分为五个部分：第一部分为深水钢管混凝土桩基承台，采用 ϕ1520mm 钢管混凝土桩入岩，桩顶浇筑 1.5m 高承台；第二部分超高提升门架系统，由工厂加工的定制杆件在现场进行组拼，降低高空焊接时间过长造成的安全风险；第三部分为大跨度移动横梁系统，采用 44m 大跨度特制桁架移动横梁保证塔节段水平 X、Y 两个轴向的坐标移动；第四部分为双向转动吊具，通过张拉单个吊点钢绞线调整塔节段最终对位姿态；第五部分为刚性内支撑＋柔性拉索，通过内支撑与柔性拉索保证合龙前钢主塔稳定性。

超高提升门架结构布置如图 8-34 所示。

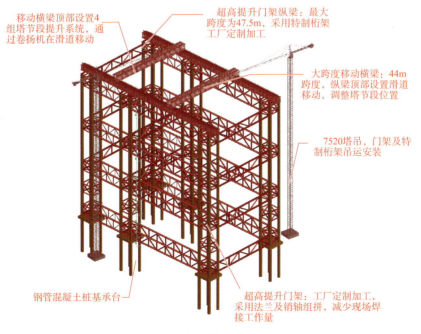

图 8-34　超高提升门架结构布置图

(2) 吊点设计

主塔为空间扭转结构,在吊装过程中需要不断调整塔节段的空中姿态,吊装过程塔节段共设置4个吊点,通过提升系统张拉单个吊点处钢绞线来实现姿态调整,塔节段对位时需要调整横桥向与顺桥向两个方向的姿态,所以吊点设计中配置十字吊耳,通过两个方向的销轴转动来实现塔节段的准确对位。吊点的布置原则:一是吊耳必须设置在塔节段横隔板与竖板相交处(或者竖板与加劲肋板交界处);二是吊点定位根据重心确定,无论塔节段空中对位姿态如何,都必须保证重心在4个吊点之间且必须至少有2个吊点位于重心之上。

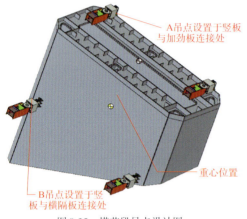

图8-35 塔节段吊点设计图

塔节段吊点设计如图8-35所示。吊具及十字吊耳设计如图8-36所示。

(3) 钢塔安装过程稳定性控制

塔节段吊装过程中,由于重心不断变化,需采取辅助措施保证钢塔的稳定性,采用横向内支撑及纵向预应力临时索两种措施保证主塔横向及纵向稳定。横向内支撑共设置4层,分别位于T_7节段顶部、T_9节段顶部、T_{11}节段顶部及T_{12}节段顶部,纵向预应力临时索是在T_{10}~T_{12}顶部位置分别设置6束钢绞线,主塔两侧对称布置,张拉端设置在钢塔锚箱处,固定端设置在钢箱梁拉索锚板处。

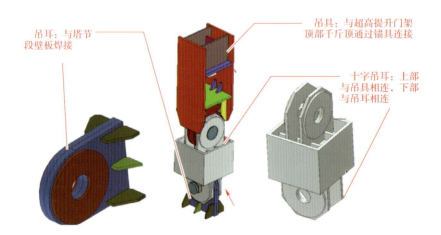

图8-36 吊具及十字吊耳设计图

钢管内支撑及预应力临时索布置如图8-37、图8-38所示。

(4) 拟合塔轴线,确定塔节段安装坐标

钢主塔结构复杂,为消除钢主塔加工误差保证安装精度,在钢主塔制造完成后对塔节段进行实测实量,将实际坐标通过BIM技术建立实际模型拟合塔轴线;根据轴线偏差重新调整模型,通过调整后的最终模型确定塔节段的安装坐标(图8-39)。

(5) 钢塔节段起吊及对位姿态调整流程(表8-6)

图 8-37　钢管内支撑及预应力临时索布置(1)

图 8-38　钢管内支撑及预应力临时索布置(2)

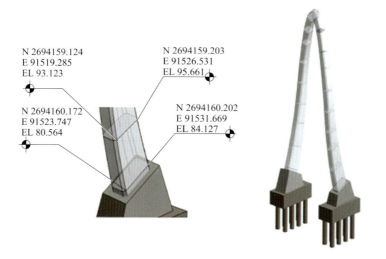

图 8-39　利用 BIM 技术拟合塔轴线建立实际模型,确定塔节段安装坐标

钢塔节段起吊及对位姿态调整流程　　　　　表 8-6

钢塔节段起吊及对位姿态调整	现 场 施 工	流 程 简 述
		运输船停靠喂塔区,超高提升门架移动横梁调整就位,提升系统钢绞线与吊具连接,整体提升节段脱离船舱
		节段提升出船舱后,节段顶部吊点提升,底部吊点不动,将塔节段翻转进行南北方向姿态调整
		塔节段从南北方向进行翻转后,所有吊点的吊具及十字吊耳都旋转至塔节段长边方向,将要调整方向的左侧 2 个吊点提升,右侧 2 个吊点不动,将塔节段大致调整至设计对位姿态
		测量节段实际坐标,通过超高门架顶部千斤顶,精确调整节段空中对位姿态
		采取焊接对位固定钢板、节段口小型千斤顶工装、抽垫钢板等辅助措施,配合调整节段对位姿态

(6) 白沙大桥钢主塔整体安装流程(表8-7)

钢主塔整体安装流程　　　　　　表8-7

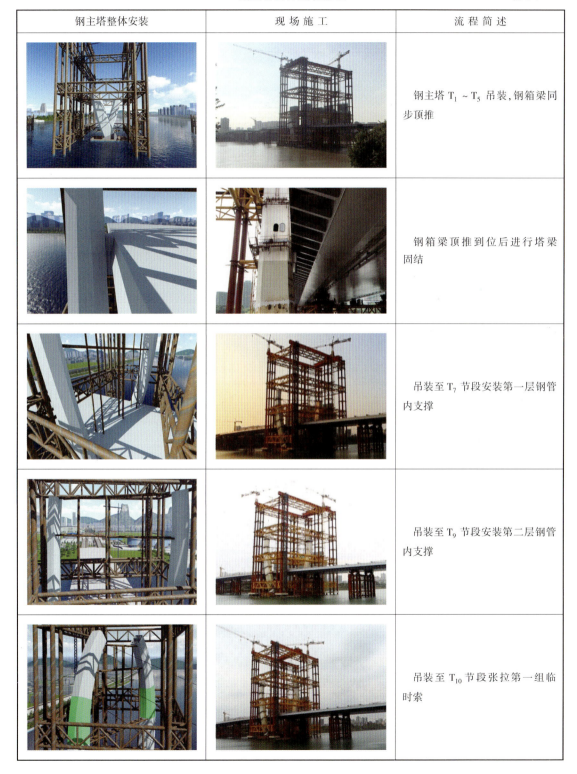

钢主塔整体安装	现场施工	流程简述
		钢主塔 $T_1 \sim T_5$ 吊装，钢箱梁同步顶推
		钢箱梁顶推到位后进行塔梁固结
		吊装至 T_7 节段安装第一层钢管内支撑
		吊装至 T_9 节段安装第二层钢管内支撑
		吊装至 T_{10} 节段张拉第一组临时索

续上表

钢主塔整体安装	现场施工	流程简述
		吊装至 T_{11} 节段安装第三层钢管内支撑并张拉第二组临时索
		吊装至 T_{12} 节段张拉第三组临时索
		吊装至 T_{13} 节段安装第四层钢管内支撑
		测量钢塔线形,对 T_{14} 合龙段进行配切,在20℃以下温度完成合龙

(7)结论

针对钢主塔空间扭转曲线的特点,创新应用钢构件全自动定位测量技术,采用三维立体放样、塔轴线法向分段、板单元小角度折弯与压圆、火修仿形定位、节段无应力二次配切等加工方法,有效控制了空间扭转曲线钢主塔节段制造的精度;采用塔梁交错施工及塔梁固结方案,自主研制应用超高门架智能提升系统、钢管内支撑加预应力临时索辅助稳定系统,利用双向转动十字吊具全向翻转主塔节段等专利技术和空间曲线测量定位技术,实现了钢塔节段安装的精确、稳定、安全、高效。

第七节 科研成果

（1）白沙大桥项目截至2018年11月共获得授权11项，发明专利5项，实用新型专利6项，具体见表8-8。

白沙大桥科研成果汇总表　　　　表8-8

序号	专利名称	专利类型	专利号
1	一种吊装门架及其在异型反对称钢主塔施工中的使用方法	发明	ZL201610580188.0
2	一种保证空间扭曲曲线钢主塔安装线型的装置及方法	发明	ZL201510266138.0
3	一种移动钢管插打锚固式钻孔漂浮施工平台及其施工方法	发明	ZL201610358252.0
4	一种提升吊具及其用于异型扭曲塔塔节段全向翻转的方法	发明	ZL201610385202.1
5	一种空间扭曲曲线异型反对称钢主塔内支撑及张拉系统及方法	发明	ZL201610580195.0
6	一种移动钢管插打锚固式钻孔漂浮施工平台	实用新型	ZL201620492303.4
7	一种异型扭曲塔塔节段全向翻转提升吊具	实用新型	ZL201620528648.0
8	一种钻孔作业平台	实用新型	ZL201620584087.6
9	一种组合吊装门架	实用新型	ZL201620775056.9
10	一种空间扭曲曲线异型反对称钢主塔内支撑及张拉系统	实用新型	ZL201620775057.3
11	一种灌注钻孔桩用料斗	实用新型	ZL201620901418.4

（2）深水溶蚀地质大直径钻孔桩施工工法获得广西壮族自治区工法（批文桂建管〔2016〕107号），编号为GXGF148-2016。

（3）BIM在柳州白沙大桥中的应用获得2018年建工杯一等奖、2018年创新杯二等奖、2018年科创杯三等奖、2018年八桂杯二等奖。

第九章　柳州市官塘大桥

第一节　工程概况

一、工程概况

柳州市官塘大桥位于柳州市中心偏东北方向,横跨柳江,西接莲花大道,连接柳北片区、河东片区,东连柳州汽车城的东环大道及大学西路,通向广西柳州汽车城。用于解决老城区与柳东新区的三门江大桥上下班高峰时段拥堵严重问题,河东北片区与柳东新区的交通瓶颈,官塘大桥建成后,从河东区到达柳东新区驾车只需要10min便可到达,将极大程度将新老城区联系起来。

柳州市官塘大桥工程主线西岸起于莲花大道止点,桩号为K6+322;依次上跨滨江路、柳江,东岸跨越沿江路后截止,止点桩号为K7+477.5,工程主线全长1155.5m,道路标准宽度27.5m。其中跨江段主桥长度462m,桥梁有效宽度39.5m。东岸引桥跨越东城规划的沿江路,长181.5m;西岸引桥跨越滨江路,长79.5m。西岸立交主线1号桥全长232m,主线2号桥全长136m。匝道桥分别有A、B、C、D、E共5条匝道,总长为1554m。引桥、连接线及匝道桥梁均为预应力钢筋混凝土连续梁。

官塘大桥西岸立交如图9-1所示。

官塘大桥主桥(图9-2)为中承式钢箱拱桥,结构体系为有推力提篮式拱桥。主桥钢箱拱肋拱轴线为悬链线,计算跨径457m,净跨径450m,净矢高为100m,矢跨比为1:4.5,拱平面与竖直平面的夹角为10°。钢箱拱肋采用等宽变高的单箱单室截面,全桥钢箱拱肋共划分为58个节段,节段最大质量304.1t,拱肋之间设置1道肋间横梁和8道一字横撑,全桥拱肋用钢量达12195.1t。

图9-1　官塘大桥西岸立交

图9-2　官塘大桥主桥

主桥采用单箱单室扁平流线型全焊钢箱梁,全桥钢箱梁共划分为44节段,节段最大质量245t,全桥钢箱梁用钢量总计9434t。

主桥吊索均采用横向双索体系,全桥吊索共148根。

二、桥址水文与地质

官塘大桥处柳江下游已建成的红花梯级水利枢纽工程库区,红花电站库区常水位77.50m,桥位处常水位约为77.95m,桥位处河段洪水频率为1/100,洪水位为88.50m。桥位所在河段航道等级为内河Ⅱ级,通航水位为下游红花电站十年一遇水位+84.75m(黄海高程),通航净空高度为10m,净宽为110m。

场区所处地区地处桂中,属亚热带季风气候,炎热多雨,年间气温从−2~39℃,年平均无霜期232天,平均降雨量1453.8mm,雨季集中在4~8月份,5~8月份以南北或偏南风为主,其余月份则以北风或偏北风为主,最大风速达24.3m/s,年平均风速2.5m/s。

根据收集到场区附近下游三门江大桥场区资料,河床段基岩上部土层自上而下有③砾砂层、④新近沉积粉质黏土层,该两层均由河流冲积作用形成,沉积于河床表面,砾砂层厚度一般在0.3~1.1m,新近沉积粉质黏土厚度一般在1.2~2.0m,两层土叠加厚度一般在2~5m。

三、主要工程数量

官塘大桥工程主要分为桥梁工程与道路工程,其主要工程数量及主要构造物分别见表9-1、表9-2。

主 要 工 程 数 量　　　　　　表9-1

序号	部位	材料名称	单位	数量
1	主桥工程(包含拱座、基础、3号、4号交界墩、主拱及主梁等)	C60混凝土	m	4057.7
2		C40混凝土	m³	6816.7
3		C30混凝土	m³	22824.3
4		水下C30混凝土	m³	407.2
5		Q370QD钢材	t	11753.026
6		Q345C钢材	t	9419.293
7		Q235B钢材	t	284.036
8		吊索	t	132.984
9		环氧喷涂钢绞线	t	165.646
10		钢绞线	t	113.124
11		钢筋	t	2534.607
12	引桥工程	C50混凝土	m³	32053.2
13		C40混凝土	m³	11805.5
14		C30混凝土	m³	8608
15		水下C30混凝土	m³	13634.4
16		C25混凝土	m³	3638.8
17		C25片石混凝土	m³	5939.2
18		沥青混凝土	m³	3700
19		ϕ^s15.2钢绞线	t	1049.162
20		钢筋	t	12574.764

续上表

序号	部 位	材料名称	单 位	数 量
21		C25 混凝土	m³	220.7
22		现浇 C20 混凝土	m³	193.2
23		C20 片石混凝土	m³	2347.41
24	道路工程	钢筋	t	122.706
25		水稳层	m²	34281
26		20cm 级配碎石层	m²	18202
27		沥青混凝土	m²	18871.98

主 要 构 造 物   表 9-2

序号	构造物名称	结构形式	单 位	数 量
1	主桥	有推力提篮式钢箱拱桥	m	462
2	西引桥	预应力钢筋混凝土连续梁	m	74.5
3	东引桥	预应力钢筋混凝土连续梁	m	181.5
4	主线1号桥	预应力钢筋混凝土连续梁	m	232
5	主线2号桥	预应力钢筋混凝土连续梁	m	136
6	A匝道1号桥	预应力钢筋混凝土连续梁	m	174.5
7	A匝道2号桥	预应力钢筋混凝土连续梁	m	113
8	B匝道1号桥	预应力钢筋混凝土连续梁	m	172
9	B匝道2号桥	预应力钢筋混凝土连续梁	m	174.5
10	C匝道	预应力钢筋混凝土连续梁	m	230
11	D匝道	预应力钢筋混凝土连续梁	m	185
12	E匝道1号桥	预应力钢筋混凝土连续梁	m	125
13	E匝道2号桥	预应力钢筋混凝土连续梁	m	195
14	E匝道3号桥	预应力钢筋混凝土连续梁	m	185

四、参建单位

参建单位见表9-3。

参建单位一览表   表 9-3

参 建 单 位	单 位 名 称
项目公司	柳州市中铁东城投资发展有限公司
代建单位	柳州市城市投资建设发展有限公司
勘察单位	柳州市勘察测绘研究院
设计单位	四川省交通运输厅公路规划勘察设计研究院
施工单位	中铁上海工程局集团有限公司
监理单位	中铁一院集团南方工程咨询监理有限公司
监控单位	中铁大桥勘测设计院集团有限公司

第二节　工程(技术)重难点与创新

一、工程特点与重点难点分析及对策

结合现场调查资料,对本工程难点、重点进行了分析,制定了解决方案,如表9-4所述。

工程特点与重难点分析及对策表　　　　表9-4

序号	工程重难点分析	对　策
1	拱座基础基坑围堰、基坑开挖施工。 1.拱座基坑位于柳江河岸边,常水位浸水位线以内,基底高程63.378m,位于施工水位+78.0m,高程以下14.622m,基坑最大开挖深度达17.622m,围堰施工、深基坑开挖难度较大。 2.拱座基坑位于泥质灰岩夹薄层泥岩地质,存在熔岩以及节理发育现象,透水等级为弱~中透水,基坑开挖时,止水较困难。 3.拱座基础,拱座为大体积混凝土施工,需有效控制混凝土施工裂缝	1.仔细研究设计图纸及地质勘探报告,制定专项基坑围堰及深基坑开挖方案,组织专家评审后实施。 2.基坑围堰采用筑岛围堰,围堰顶高程控制在施工水位线+78.0m以上3m,即+81.0m。围堰内设置1排φ1500mm@1300mm钢筋混凝土咬合桩支护、止水。 3.围堰钢筋混凝土咬合桩外侧设置2排止水帷幕止水。 4.基底岩层透水性较强,基底范围采用高压旋喷桩,防止裂隙渗水。 5.深基坑开挖时,土层采用机械放坡开挖,岩层采用机械破除为主,防止围堰失稳。 6.基坑四周设置好截水沟及排水系统。 7.根据施工情况及围堰情况进行模拟验算,做好深基坑监控方案。严格按照监控方案施工。 8.编制大体积混凝土施工方案,优化配合比设计。承台混凝土分层浇筑,设置冷却水管,降低水化热,采取大体积混凝土内部降温措施,保证混凝土质量
2	提篮式钢箱拱桥拱肋节段制造与安装。 1.拱肋节段为空间异形结构,结构形式特殊,精度要求高,制造难度大。 2.拱肋节段结构截面较大,运输难度大	1.编制拱肋制造专项方案,组织专家评审后实施。 2.组织经认证的操作工人制造,进行焊接工艺评定,组织专家评审后正式开始制造。 3.拱肋节段在工厂加工制造,水路运输至桥位处。通过模拟计算,合理设置拱肋节段支点,确保拱肋节段运输过程中平稳,避免变形。 4.采用计算机仿真、自动化控制技术下料、切割和焊接。 5.按照拱肋节段空间形态设计胎架,进行面板加工和节段组拼。 6.严格执行工艺流程细则,严格把关原材料,焊缝全覆盖进行探伤检验。 7.节段在工厂试拼后,以实际量测结构尺寸通过三维模型模拟定位,沿拱肋节段布置多条定位轴线,消除制造误差后计算实际空间定位坐标,进行拱肋节段定位。 8.在工厂采用模拟、试吊和设计专用吊具等三位一体的措施,确定保证节段吊装空间姿态正确的吊点位置

续上表

序号	工程重难点分析	对策
3	拱肋净矢高100m,净跨450m,全桥拱肋及横撑共68个节段,最大质量304.1t。节段重、吊装高度高,大吨位钢箱拱肋节段的吊装施工是本工程难点及重点。 1. 钢箱拱肋节段最大质量达304.1t,最大吊装高度109.3m,吊装难度大。 2. 拱肋轴线平面与水平面夹角为80°,向桥梁中线倾斜,施工中测量定位和吊装就位难度大,拱肋节段自身稳定性差。 3. 钢箱拱肋为空间异形结构,合龙段的对位、合龙难度较大。 4. 安装过程中,风荷载对支架稳定及节段对位影响较大。 5. 安装过程中温度对拱肋空间位置的偏差影响大。 6. 施工过程中需保证航道正常安全通行	1. 编制钢箱拱肋安装的专项方案,联系海事、航道等部门确定,组织专家评审后实施。 2. 根据吊装重量、高度、幅度等设计吊装方案,经过安全、工期、经济等多方面比较后,确定主拱分三段安装,中段采用门式支架整体提升的方法。 3. 吊装的主要施工方法为:两侧边拱段采用660t/400t浮吊桥位处少支架安装,中拱段采用浮吊于桥位低位拼装成整体,设置水平约束索,最后采用提升系统将中拱段整体提升67.27m至设计位置,最后由浮吊安装合龙段。 4. 水中支架采用1520mm×10mm钢管作为支撑钢管,采用630mm×10mm和325mm×10mm作为横联,并采用BIM技术设计水紫荆花式空间异型支架。 5. 提升系统采用LSD液压同步提升装置,单侧设置8台500t提升千斤顶,共16台。竖向提升与水平约束均采用钢绞线。 6. 邀请国内知名专家对方案进行评审、优化。 7. 对选定方案采用Midas Civil、ANSYS等计算软件模拟工况,确保吊装过程中吊装系统、拱肋节段受力均满足要求。 8. 在正式吊装前进行工况模拟试吊,提前预判浮吊站位,完善吊装流程设计,确定指挥系统,制定应急预案。 9. 建立监控量测、测量定位控制网和测站,选用精度符合要求的测量仪器设备,编制并严格执行测量方案。 10. 通过吊点位置的合理设计,使拱肋节段起吊空中姿态与安装位置一致,方便拱肋节段就位。 11. 进行合龙段施工前,测量已完成拱肋节段实际位置,会同第三方监控单位通过计算机模拟合龙过程,按照模拟过程调整拱肋节段位置至指定值。复核无误后,选取在16~22℃稳定下吊装合龙段合龙。 12. 拱肋节段安装工程中,在顶板上设置临时走道、节段连接位置处设置工作平台和防风防雨防火等设施,保证施工安全。 13. 拱肋节段吊装前委托专业设计单位做好助航标志布置方案,并按方案布置助航标志。吊装过程中,做好吊装区水上安全防护措施
4	正交异型桥面板流线型扁平钢箱梁制造和安装是重点之一。 1. 钢箱梁制造和安装精度要求较高。 2. 钢箱梁吊索区全宽44.5m,无索区宽39.5m,中心高3.5m。结构尺寸较大,运输困难。 3. 钢箱梁最大吊重245t,重量较重,吊装难度较大,安全风险高	1. 编制钢箱梁制造和安装的专项方案,联系海事、航道等部门确定,组织专家评审后实施。 2. 组织经认证的操作工人制造,进行焊接工艺评定,组织专家评审后正式开始制造;加工制造严把原材料关、下料关、运输关和焊接关。 3. 钢箱梁在工厂制造板单元,水路和陆路运输至现场组拼。钢箱梁加工设置在东岸钢箱梁场,试拼、总拼完成后场内运输至现场安装。 4. 1~4号、41~44号梁段采用在设计钢箱梁位置下搭设拖拉支架,浮吊逐节吊装钢箱梁至拖拉支架前端,由牵引装置拖拉钢箱梁至设计位置;4~40号标准梁段由桥面吊机吊装到位。 5. 东西岸对称安装钢箱梁,选取16~22℃进行合龙。 6. 在钢箱梁底设置可行走式焊接施工平台,采取防风、防雨、防火等措施,满足钢箱梁底板、腹板焊接施工要求,确保施工安全

续上表

序号	工程重难点分析	对　　策
5	吊索安装、吊索索力控制及钢箱梁线型控制是重点之一。 1. 吊索均采用横向双索体系，上端设置锚杯锚固于吊点横隔板，下端采用销铰与钢箱梁吊耳连接。 2. 钢箱梁在安装及后期桥面系逐步加载过程中，容易导致钢箱梁线形及吊索索力变化	1. 钢箱拱肋施工完成后，测量拱肋线型与理论值对比，再考虑温度因素的影响等修正吊索设计长度后下料制造。 2. 施工前编制专项方案，规划工艺流程和实施细则，并经评审。 3. 吊索在专业工厂制造，将索盘运输至现场吊装上桥进行安装。 4. 根据监控结果，通过工况模拟计算后期钢箱梁、桥面系逐步加载状态，确定各阶段钢箱梁顶面高程及张拉索力。 5. 吊索安装采取对称原则，统筹控制钢箱拱肋变形、索力、钢箱梁线形的原则，严格控制钢箱拱肋变形，分阶段施加索力，同时测量钢箱梁线形，在吊索张拉端设置索力监测装置。 6. 吊索安装采用在钢箱拱内设置卷扬机提升设备牵引上塔，同时施工过程中加强对成品索的保护。 7. 钢箱梁全部荷载施加完成后，统一调整吊索索力至设计值

二、工程创新点

柳州官塘大桥工程具有以下创新点：

(1) 溶蚀地质拱座基底保护性施工。

主桥拱座基础采用钢筋混凝土扩大基础，拱座基础底面高程位于常水位 + 78.0m 以下 14.62m，基坑最大开挖深度达 17.622m，且基底岩层裂隙稍发育，采用高压旋喷桩 + 高压注浆的施工工艺对拱座基底进行保护性施工。

(2) 大跨度钢箱拱肋 5885t 整体提升安装施工

拱脚段混凝土拱肋为预应力钢筋混凝土箱型结构，钢箱拱肋为等宽变高的单箱单室截面钢箱形结构，全桥钢箱拱肋共由 58 个节段及 10 个横撑组成，节段最小质量 47.3t，最大质量 304.1t，将主拱中间 $N_5 \sim N_{5'}$ 节段划分为中拱段，在桥位以下 67.27m 设置拱肋拼装支架，在 N_5、$N_{5'}$ 节段设置门式整体提升支架，采用 660t 浮吊 + 400t 浮吊将中拱段拱肋分节段拼装焊接成整体后，采用 LSD 液压同步提升系统对中段拱肋整体提升，整体提升质量为 5885t、提升高度为 67.27m、提升跨度为 262m。

(3) 正交异型桥面板流线型扁平钢箱梁安装施工

主梁为单箱单室扁平流线型全焊钢箱梁，共划分为 44 个节段，吊索区宽 44.5m，无索区宽 39.5m，中心高 3.5m，最大吊重 245t。无索区钢箱梁段受场地限制，在桥位处设置拖拉滑移支架，浮吊配合安装，有索区采用 4 台 D1650 型步履式桥面吊机由河岸向河中对称安装。

第三节　大跨度内倾式钢箱拱桥拱肋安装技术

一、钢箱拱肋结构参数

拱肋分为混凝土段和钢结构段，其中钢结构段分别编号为 $N_1 \sim N_{11}$，$N_{2'} \sim N_{10'}$。混凝土节段宽 5.2m，节段高度 10.2 ~ 10.527m。单个拱肋钢箱划分为 29 个吊装节段，编号分别

为 $N_1 \sim N_{11}$、$N_{2'} \sim N_{10'}$;节段宽 5~5.012m,节段高 6.0~10.048m,最短吊装节段长约 10.9m,最长吊装节段长约 25.79m;节段最小质量 47.3t,最大质量 304.1t。钢箱拱肋采用等宽变高的单箱单室截面,拱箱高度沿拱轴线按照线性变化,由跨中的 6.0m 渐变至钢-混凝土交界面的 10.048m。$N_1 \sim N_{11}$ 节段顶底板厚度由拱底 60mm 变到拱顶 36mm,腹板厚度由拱底 30mm 变到拱顶 24mm,钢拱拱肋全宽 5.0~5.012m。N_1 节段与混凝土拱肋连接,节段下端设置有钢-混凝土连接段;N_{11} 节段为跨中合龙段。

为了减小风阻和改善视觉效果,拱箱四角采用切角设计,切角尺寸约为 500mm×800mm。工况模拟图如图 9-3 所示。

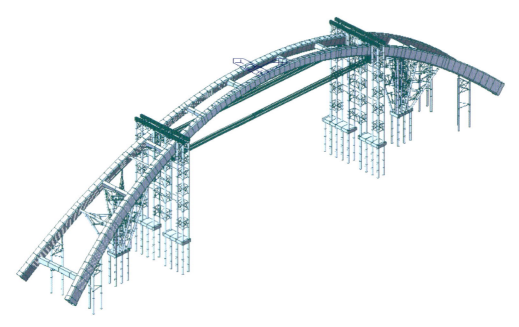

图 9-3 工况模拟图

二、钢箱拱肋整体提升施工验算结果

钢箱拱肋整体提升施工验算应力结果汇总见表 9-5,正值表示拉应力,负值表示压应力。

应力结果汇总　　　　　表 9-5

计算工况	拱　肋		支　架	
	最大应力(MPa)	安全系数	最大应力(MPa)	安全系数
1	-87.3	3.1	-114.1	1.7
2	-87.3	3.1	-112.8	1.7
3	-87.2	3.1	-112.7	1.7
4	-87.4	3.1	-112.9	1.7
5	-87.4	3.1	-112.9	1.7

拱肋合龙过程位移结果汇总见表 9-6。

拱肋合龙过程位移结果汇总（单位：mm）　　　　表9-6

计算工况	拱肋位移			支架位移		
	X	Y	Z	X	Y	Z
1	-31.5	19.3	-206.3	-29.8	-26.4	-26.6
2	35.7	20.1	-209.8	-29.5	-26.4	-27.2
3	35.4	20.1	-214.6	-29.5	-26.5	-27.3
4	34.8	20.2	-214.3	-29.5	-26.5	-27.3
5	34.8	19.9	-214.2	-29.9	-26.4	-27.3

三、国内外拱肋安装施工方法

（1）缆索吊+扣挂法施工方法

新建南广铁路西江特大桥（图9-4）主桥为(41.2+486+49.1)m中承式钢箱提篮拱桥，拱肋为变高度钢箱结构拱肋 $G_0 \sim G_3$ 节段利用500t浮吊安装；$G_4 \sim G_{21}$ 节段采用"缆索吊机+扣挂法"悬臂拼装施工。为确保拱肋顺利吊装、架设及精确就位，缆索吊机采用扣缆塔合建方案，拱肋采用了"6+1"的半长线法制造工艺，预埋段采取了精确空间立体定位技术，3个节段拼装后进行一次精确线形调整，合龙过程中采用了扣索索力调整和合龙温度控制等措施。该桥合龙后，主拱长、宽、高及对角线误差均在±2mm以内，满足设计要求。

图9-4　新建南广铁路西江特大桥

（2）支架拼装+拱上吊机整体提升施工

广州市南沙区凤凰三桥（图9-5）主桥跨越下横沥水道，全长510m，为(40+61+308+61+40)m中承式无推力钢箱系杆拱桥，主桥由121～126号墩身及基础、主墩三角钢架提篮式钢箱拱、系杆索、吊杆索、背拉索组合梁等组成。提篮式钢箱拱拱段跨度249.5m，两片拱肋通过9道横撑连为一体，将上下游拱肋沿着桥轴立面内水平线分为54个节段，单肋最重为84t，拱肋连同船上支架总重4400t。拱肋及横撑在拱肋组拼场制造验收合格后通过水路运输至拼装场，先在小胎架上拼装成单个吊装单元，然后通过400t履带吊逐段吊装至主拱组拼支架上，主拱合龙后安装临时水平拉索及滑靴机构，通过张拉水平拉索及其他措施完成拱肋脱胎，使全部重量转移至下河滑道上，利用千斤顶顶推系统，将主拱肋推至上船指定位置，采用1500t驳船通过绞锚精确定位,使拱肋船上支架落位;在涨潮时段内,通过大功率排水等措施使拱肋重量转移到驳船上,拱肋上船后,采用1500t驳船横向拉出码头,由拖轮拖曳至主桥桥位,精确定位后,通过提升系统完成拱船脱离,解除船上支架,提升至合龙位置经微调后焊接完成合龙。

图9-5 广州市南沙区凤凰三桥

四、方案比选

1. 方案一:低位拼装+中段拱肋门架法整体提升施工方案

(1)将主拱两侧$JH_0 \sim N_4$、$JH_{0'} \sim N_{4'}$节段划分为边拱段,跨径距离93.54m,总质量1531.9t,采用2台浮吊在桥位处进行支架安装,浮吊质量分别为660t和440t。JH_0和$JH_{0'}$、$JH_1 \sim N_0$段、$JH_{1'} \sim N_{0'}$段安装完成后,分别安装预应力钢绞线并浇筑钢箱拱内混凝土,后进行钢-混结合段预应力施工。施工完成后,再逐节安装$N_1 \sim N_4$、$N_{1'} \sim N_{4'}$拱肋节段。

钢箱拱肋节段划分如图9-6、图9-7所示。

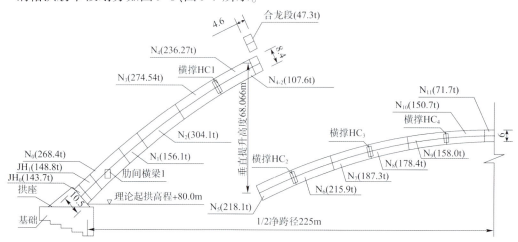

图9-6 钢箱拱肋节段划分侧面图(尺寸单位:m)

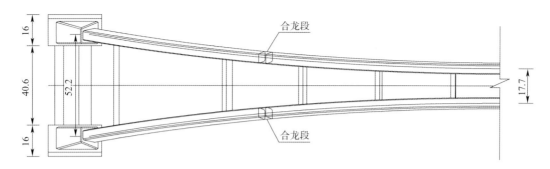

图 9-7 钢箱拱肋节段划分平面图(尺寸单位:m)

(2)将主拱肋中间 $N_5 \sim N_{5'}$ 节段划分为中拱段，N_4 与 N_5 节段、$N_{4'}$ 与 $N_{5'}$ 节段之间设置 4.6m 长合龙段。中拱段跨径距离 257.8m，拱肋、内撑及辅助吊装设备总质量约 5885t。在桥位下少支架安装成整体，设置水平约束索后，采用门式提升支架整体提升 68.066m 至设计桥位处，利用钢绞线设置水平约束限制中拱段侧向位移。

(3)在 N_4、$N_{4'}$ 节段顶部设置导向架、两侧设置滑槽，采用浮吊吊装合龙段入导向架及滑槽滑移就位，实现全桥合龙。

(4)支墩、支架采用直径 1520mm 钢管，钻孔灌注桩基础，最大支墩高度 85m。钢箱拱肋支架钢管柱顶设置工字钢托架，提升系统支架顶部沿横桥向设置柱顶钢箱梁，横梁顶设置提升机构。

(5)提升机构采用 500t 千斤顶，单端设置 8 台，共 16 台。提升采用钢绞线。

低位拼装+中段拱肋门架法整体提升施工设计如图 9-8、图 9-9 所示。

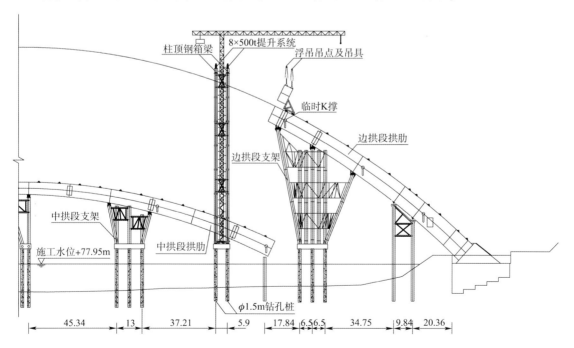

图 9-8　低位拼装+中段拱肋门架法整体提升施工设计侧面图(尺寸单位:m)

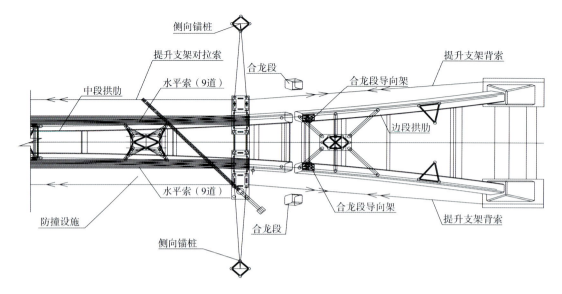

图 9-9 低位拼装+中段拱肋门架法整体提升施工设计平面图

方案一优点：

(1)抗风稳定性好,降低焊接质量控制难度。

(2)在运输和浮吊吊重允许的范围,适当增加节段长度,优化节段制造质量,提高节段就位精度。

(3)千斤顶提升安装就位精度高,降低线形控制难度。

(4)避免占用环江大道,不需改移道路。中间设置通航孔,不需封航。

(5)不需设置锚碇,减少征用施工用地,减少对三门江森林公园内原有植被的不利影响,保护环境。

(6)门式提升支架相对于方案二,对边跨钢箱拱肋影响较小。

(7)增加作业面,浮吊安装效率较高,大幅度缩短工期,安装工期为 7 个月(包含洪水期),主拱安装可避开洪水期施工。

(8)经济性分析,该方案投入成本约为 9200 万元(含栈桥、码头、塔吊、支架、提升系统等)。

方案一缺点：

(1)无同类工法可借鉴。

(2)提升支架高度为 83.0m,高度较高,安装难度较大。

2. 方案二:低位拼装+中段拱肋拱上吊机整体提升施工方案

①该方案拱肋分段及边段拱肋吊装施工方案同方案一。

②拱上吊机与分配梁采用材质 Q345c 的钢箱结构,特殊设计在工厂制造。单个吊机额定吊质量为 560t,单端设置 5 台,共 10 台。由于在边拱段设置竖向千斤顶,可实现吊机后锚力由边拱段和支墩共同承受,优化方案结构受力。

③提升机构设置同方案一。

低位拼装+中段拱肋拱上吊机整体提升施工设置见图 9-10。

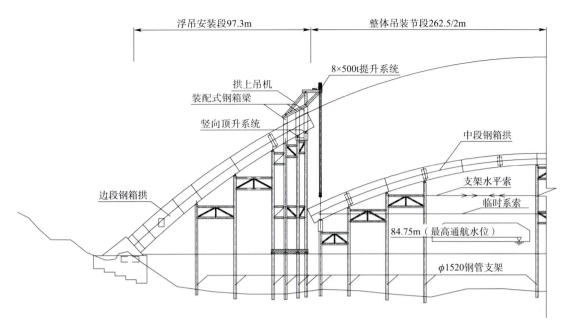

图 9-10 低位拼装 + 中段拱肋拱上吊机整体提升施工设置图

方案二优点：

(1) 优点同方案一(1) ~ (6)项。

(2) 经济性分析，该方案投入成本约为 9250 万元(含栈桥、码头、塔吊、支架、拱上吊机等)。

方案二缺点：

无同类工法可借鉴。

3. 方案三：缆索吊装施工方案

缆索吊跨径为 360m + 502m + 360m，设 4 组主索，额定质量为 $4 \times 130t = 520t$。在东西岸各设置 1 个门式扣塔，扣塔顶部设置主塔。主塔及扣塔中心间距为 502m，横桥向总宽度为 54m。东西岸主塔高度均为 30.7m，塔顶高程 + 247.7m，顺桥向宽 4.0m；东西岸扣塔高 138.0m，顺桥向宽 6.0m。东岸主地锚设置在距离塔架 360m 处，西岸主地锚设置在距离塔架 360m 处，沿主索轴线设置，每个岸各设置 2 个；东西岸扣索地锚在设置距离塔架 80m 处，沿主索轴线向外倾斜 4.3°。在主塔横桥向轴线两侧设置侧向地锚。

缆索吊装系统设置如图 9-11 所示。

方案三优点：

有同类工法可借鉴。

方案三缺点：

(1) 塔架高度达到 170m，西岸塔架和侧向锚碇占用既有环江大道，道路改移受山岭地形限制。

(2) 西岸扣索和缆索塔架后锚在引桥立交区，施工干扰大，且在三门江森林公园内，需要迁移香樟树、破坏原有植被，征地拆迁短期内无法解决。

图 9-11 缆索吊装系统设置图

(3)节段桥位焊接质量控制难度大,对位精度、线形控制难度大,受抗风稳定性影响大。

(4)施工工期12个月,节段安装经历洪水期。

(5)由于该缆索吊跨度大、吊重量大,属于大型缆索吊,现有设备少。根据本项目吊装措施费概预算,该方案措施项目费用约为9430万元(含栈桥、码头、塔吊、缆索吊等)。

4. 比选结果

通过综合考虑,拟采用方案一作为实施方案,即采用低位拼装+中段拱肋门架法整体提升的施工方案,主要基于以下原因:

(1)减少征地拆迁、地理环境影响,缩短安装工期,有效减小洪水期影响,是需要考虑的重要因素。采用方案一可实现。

(2)方案一除门式提升系统柱顶钢箱梁需要特殊设计外,其余钢管支架、提升千斤顶等周转材料和设备按正常设计即可。

(3)大跨度钢拱桥施工中节段轴线偏位、吊装焊接质量,合龙措施、线形控制、抗风稳定性等一直是施工中难题。采用方案一可有效降低风险、提高质量。

(4)门式提升支架钢管可以在工厂内加工成单元件,结合施工方案需配置1台浮吊、2台塔吊施工设备,可以充分利用大吨位浮吊、塔吊起重能力,增大单元件重量、减少单元件数量,从而达到减少高空作业、节约施工工期的目的。

五、溶蚀地质拱座基底保护性施工技术实施

(一)关键工艺实施

1. 整体思路

面对拱座基础底面高程位于常水位+78.0m以下14.62m及透水性极强的深基坑地质,结合施工难度及现场实际情况,采用钢筋混凝土咬合桩+混凝土搅拌桩+岩层岩溶注浆+冠梁+混凝土钢支撑+格构柱等综合技术,以解决基坑渗水和基坑不稳定的问题。

2. 目标

为保证基坑顺利开挖及周边高大边坡稳定,必须解决以下问题:

(1)开挖过程中软弱岩层易造成基坑底部隆起的问题。

(2)基坑外地下水水位较高,基坑开挖过程中通过基坑外侧岩石裂隙、岩溶管道等向基坑渗水,导致基坑浸泡的问题。

(3)柳江江水对边坡冲刷,导致基坑失稳的问题。

(4)深基坑开挖,导致周围高大边坡失稳的问题。

3. 主要施工方法

(1)筑岛围堰施工

在拱座基础施工范围内进行筑岛围堰,围堰顶高程控制在+81.0m,比常水位高程(+78.0m)高3.0m。先在坡脚设置钢筋网石笼,再填筑黏土至设计顶高程,迎水面边坡采用模袋混凝土护坡及土袋边坡防护。

(2)土袋防护

在河水面(水面高程约为+77.5m)以上部分边坡均采用1m厚土袋进行防护,袋内填土宜用黏性土,装填量约为60%。在水流流速较大时,过水面及迎水面袋内可装填粗砂或卵石。

土袋堆码前,需采用彩条布将边坡覆盖,防止河水冲刷,最后按 1:1.5 坡率将土袋整齐堆码至边坡。

彩条布铺设垫底见图 9-12,人工堆码防护见图 9-13。

图 9-12　彩条布铺设垫底

图 9-13　人工堆码防护

(二)钢筋混凝土咬合桩

其主要方法及作用:采用旋挖钻机钻孔,先施工带有连接器的钢筋混凝土 A 桩,再施工普通钢筋混凝土 B 桩,桩直径为 1.5m,桩间距为 1.3m,A、B 桩之间咬合 20cm,桩基入中风化岩层 6m,沿基坑四周设置 1 排,从而达到止水目的。桩基施工时,着重控制好以下几点:

(1) A、B 桩咬合施工时间大于 24h 并小于 48h,既要确保 A 桩的成桩质量,又要确保 B 桩钻进施工进度。

异形钢筋笼制作、异形钢筋笼检查验收分别如图 9-14、图 9-15 所示。

图 9-14　异形钢筋笼制作

图 9-15　异形钢筋笼检查验收

(2) B 桩成孔后,采用刷壁器清理干净连接器侧壁,确保咬合桩止水效果。

(3)混凝土灌注过程中导管应始终埋在混凝土中,严格控制导管不能提出混凝土面。导管埋入混凝土面的深度以 2～6m 为宜,最小埋入深度不得小于 2m,导管应勤提勤拆,一次提留拆管不得超过 6m。水下混凝土灌注必须连续进行,不得中断。灌注过程中要注意测量导管埋深和混凝土面高度,混凝土坍落度控制在 180～220mm 为宜。为保证桩体的质量,灌注后的混凝土应高出设计桩顶高程 0.5m 以上。

(三)水泥搅拌桩

考虑迎水面边坡属回填部分,钻孔时容易造成塌孔,因此在拱座基础围堰迎水面侧共设置4排水泥搅拌桩。水泥搅拌桩按照与支护桩相咬合进行排列,形成密闭围护,桩径600mm,间距0.6m;设计桩长以现场实际钻探孔深度确定,钻进至硬土层或中风化岩层面。采用PC32.5R复合硅酸盐水泥进行喷浆。

为保证水泥搅拌桩的质量,还需注意以下几点:

(1)严格控制下钻和提升速度,保证喷浆量,确保成桩质量。

(2)用测孔仪器控制钻孔深度,确保停浆面搅拌时间。

(3)配制好的水泥浆不得离析,供浆必须连续。因故停浆时必须重叠接桩(长度不小于0.5m);若停机3h,配制的浆液就不能使用,管路清洗干净。

(4)随时检查施工过程记录表和浆液配料浓度。

(5)施工前首先施作不少于5根水泥搅拌桩试桩,并收集以下施工技术参数:水泥浆配比、钻进速度、提升速度、泵浆压力。

(6)搅拌桩施工应有自动记录桩身长度、单位桩长水泥用量并能监测水泥是否到达喷浆孔底的自动计量装置。试桩过程中应对该自动装置进行校核,正式施工过程中应不定期进行检查。

(7)施工中应严格控制喷浆、停浆时间、钻进深度、钻机垂直度及水平位置、停浆面高程、复搅深度等。终钻提升的确定,应以穿透淤泥层进入规定深度持力层为原则。

(8)施工中不得中途中断喷浆,确保桩长。在尚未到达设计桩底高程和尚未喷浆的情况下不得进行钻杆提升作业;若因停电或机械故障等原因而中断喷浆时,应将钻机下钻至断浆点下不小于0.5m的位置,待恢复供浆时再喷浆。

(9)按设计的喷浆量喷浆,施工中发现喷浆量不足时,应及时对原桩复钻复喷。施工过程中应随时检查浆罐内的水泥加入量、剩余水泥量,复核每米喷浆量及成桩后喷浆总量。

(10)钻头直径磨损量不得大于1cm。

(11)水泥入浆罐之前经过4目/cm^2筛网过筛,除杂除块。

(12)对输浆管要经常检查,不得泄漏及堵塞。

(四)岩层岩溶注浆及坑外止水帷幕注浆

开挖前应对基坑底部及四周进行高压注浆处理,分别为基底高压注浆、坑外岩层高压注浆止水帷幕、土层高压旋喷桩止水帷幕。基底注浆孔采用梅花形布置。在基坑开挖范围内均布,钻孔深度为基坑底以下6m,钻孔时采用GY100型工程地质钻机进行钻孔,注浆采用孔口封闭、孔内循环、自上而下分段的方式,注浆段长划分为每段5~8m。

岩层岩溶注浆及坑外止水帷幕注浆施工如图9-16~图9-19所示。

(五)冠梁、支撑施工

冠梁截面尺寸为1m高、2m宽,设置在桩顶,采用大型钢模立模后浇筑混凝土。第一层支撑为钢筋混凝土支撑,截面尺寸为1m高、2m宽,采用大型钢模立模后浇筑混凝土。第二、三层支撑为双拼I45C型钢围檩加壁厚为16mm的D609钢管支撑。采用三角牛腿固定在支护桩上,三角牛腿通过膨胀螺栓与支护桩连接。为增加稳定性,钢围檩需增加花篮螺栓拉杆。钢支撑通过汽车吊架设,并采用液压千斤顶施加支撑预加轴力。

冠梁施工、钢支撑安装分别如图9-20、图9-21所示。

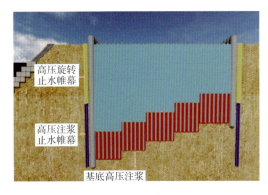
图9-16 拱座基坑止水施工布置图

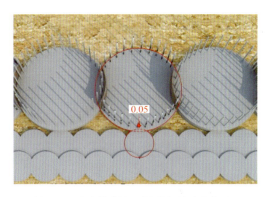
图9-17 止水帷幕施工布置图(尺寸单位:m)

图9-18 止水帷幕施工

图9-19 基底高压注浆施工

图9-20 冠梁施工

图9-21 钢支撑安装

(六)基坑开挖施工

基坑开挖施工为本项目拱座基坑施工中一个最重要的工序,施工中必须严格按照施工规范操作,按"时空效应"原理组织施工,在开挖过程中掌握好"分层、分步、对称、平衡、限时"五个要点,遵循"竖向分层、纵向分区分段、先支后挖"的施工原则。基坑土层采用机械开挖,岩层采用机械破碎开挖。根据开挖进度依次施加锚索及支撑。基坑开挖必须在支护桩、冠梁混凝土达到强度100%方可开挖,基坑开挖过程中必须确保地下水水位于底板以下1m处,开挖过程中及时设置坑内排水沟和集水井,防止坑底积水。每步开挖所暴露的宽度宜控制在3~6m,每层开挖深度不大于2m,严禁在一个工况条件一次开挖到底。为保证基

坑开挖施工(图9-22)安全,开挖过程中还需做到以下几点:

(1)基坑监控(图9-23)

开挖过程中做好支护桩测斜、基坑位移、支护桩沉降、锚索索力等项目监测,利用采集数据(图9-23)对基坑变形、位移、沉降等情况进行全面分析,并委托专业检测机构对基坑底全范围进行地质雷达扫描,确保拱座基础下伏基岩满足设计及规范要求。

图9-22 基坑开挖施工

图9-23 开挖过程采集数据

(2)基坑验收

基坑开挖完成后,应及时清底并由监理单位会同勘察单位、设计单位、建设单位及施工单位进行基底验槽,减少地基土暴露时间,防止因暴晒或雨水浸泡而破坏地基土的原状结构。当基底土质与设计不符时,要根据设计部门意见进行基底处理。基底验收严格按照《建筑基坑支护技术规范》(JGJ 120—2012)要求进行。

六、大跨度钢箱拱肋5885t整体提升安装施工技术实施

1. 关键工艺实施

官塘大桥中拱段安装施工采用门式支架+千斤顶连续提升施工技术,其中,中拱段跨径距离262m,整体提升高度67.27m,整体提升总质量5885t。

整体提升系统主要由提升支架、中段拱肋支架、跨中支架、提升支架缆风系统、中段拱肋临时缆风系统、中段拱肋线形微调系统、水平约束索、连续同步液压提升系统组成。

通过水平约束索和竖向提升索横竖匹配、分级、同步、对称施加索力,实现中段拱肋受力由低位拼装支架向提升支架的受力体系转换,运用LSD连续同步液压提升技术与智能监测指挥系统物联网集成技术相结合的方法,确保拱肋整体提升施工过程安全可靠、精确定位。

水中桩基灌注如图9-24所示。

2. 水中高桩承台施工

结合通航及柳江行洪要求,在水面以上6m设置钢筋混凝土高桩承台。高桩承台施工步骤如下:

(1)平台安装

利用已施作好的钢管桩作为模板基础,在钢管桩基上设置工字钢牛腿,顶部设置施工操作平台。在平台面板上的外侧设置防护栏杆,栏杆采用$\phi 48 \times 3.5$mm无缝钢管,涂反光警示油漆。

图 9-24 水中桩基灌注

（2）钢筋安装

钢筋的配料、制作均在钢筋集中加工场内进行，用船运至施工现场，采用船吊吊装钢筋半成品上施工平台上，绑扎。直径小于 25mm 钢筋接头采用搭接焊，直径大于或等于 25mm 钢筋接头采用机械连接。钢筋连接的接头应满足设计规范及施工要求。

严格按照施工图纸精确放出钢筋大样，按大样进行断料、配料，钢筋的根数、尺寸、间距要准确，确保竖向预应力钢筋的间距、垂直度。确保预留孔的位置、钢筋接头质量、弯曲半径等。

采用与混凝土同等级的预制混凝土垫块，放置适当数量垫块，并绑扎牢固。

（3）混凝土浇筑

混凝土浇筑采用 C30 混凝土，利用地泵泵送混凝土至浇筑点。泵管沿施工栈桥、浮桥敷设。

混凝土施工前，由试验室做好混凝土配合比适配，合格后报监理审批。所有混凝土施工严格按照审批后配合比进行施工，同时按规范要求对砂、石、水泥、外加剂等原材料进行检验，严格控制原材料质量。

混凝土捣固采用插入式振动棒，分层灌注、分层捣固，每层混凝土灌注厚度不得超过 30cm。

混凝土采用一次灌注成型，灌注混凝土前，应对支架、模板、钢筋、预埋件等进行检查和验收，模板内的杂物应清除干净，经监理工程师检查签认后，方可灌注混凝土。承台混凝土浇筑前预埋 2cm 厚钢板，钢板底部设置 $\phi 20mm$ 螺纹钢锚固钢筋。高位栈桥平台的立柱钢管与锚固钢板进行焊接。

在混凝土灌注过程中，必须有专人值班，观察支架、模板、脚手架及作业平台的工作状态，发现异常情况，立即处理或停止灌注。

加强混凝土养生，保持混凝土表面湿润。承台、台身等构筑物可采用覆盖麻包布后浇水养生。墩柱为保证表面光洁，不受污染，可在拆模后采用塑料薄膜密封养生。

高桩承台上部支架安装精度要求高，设置高桩承台作为上部支架和下部桩基之间的传力平台，可有效规避水中桩基施工偏差、提高上部支架安装精度、降低水上作业施工风险、提高支架系统整体稳定性。

水中人行栈桥、高桩承台施工分别如图 9-25、图 9-26 所示。

图9-25 水中人行栈桥

图9-26 高桩承台施工

3. 中拱段支架(中段拱肋支架)、跨中支架施工

中拱段支架和跨中支架立柱(图9-27)采用φ1520mm钢管,横联采用φ630mm和φ325mm钢管。中拱段支架和跨中支架在钢结构加工场整体组拼装,由660t浮吊整体吊装至设计桥位处安装。支架连接均为焊接。

支架陆地整体组拼、支架分层吊装如图9-28所示。

图9-27 中拱段支架和跨中支架立柱

图9-28 支架陆地整体组拼、支架分层吊装

4. 提升支架施工

提升支架(图9-29)立柱采用φ1520mm钢管,共12根;横联采用φ630mm和φ325mm钢管,共6道。直立柱钢管采用法兰盘连接,其余均为焊接。提升支架单元件在钢结构加工场加工制作,水中运输船运输至安装桥位处,然后进行塔吊安装。东西岸各设置1处,单个提升支架横桥向宽49m,纵桥向宽5.9m,支架顶距承台顶面高度87.44m。支架顶部设置2m×1.6m提升钢箱梁。

图 9-29　提升支架

5. 提升装置施工

提升装置位于 $N_6(N_{6'})$ 节段下方，共 4 个。安装时确保提升装置底板高程一致，与拱肋接触处焊缝满焊。

单个提升装置竖向提升吊点孔 4 个，4 个吊点孔中心点与提升支架顶钢箱梁吊装孔中心点 Z 向（竖向）坐标一致。为防止柱顶钢箱梁下孔口处会对竖向提升钢绞线造成磨损，将孔口处打磨成倒圆角。

提升装置每个锚固端需增加尺寸为 0.7m×0.7m×26mm 的 Q345c 钢板，钢板周边与提升装置接触部分均满焊。提升装置模型如图 9-30 所示。

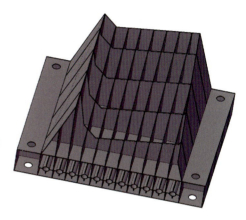

图 9-30　提升装置模型图

6. 缆风系统施工

为了保证中拱段整体提升时提升支架的稳定性，需要对提升支架施加反向对称的拉力还有支架之间的对拉力，从而抵消掉由于中拱段提升时自重作用导致的提升支架内倾。缆风拉力由 6 台 100tYCW100B/YDC1000N 型千斤顶提供，每个张拉端设置 3 根 $\phi^s 15.2$mm 钢绞线，在地锚的张拉端共 4 台，在东西岸各 2 台，对称布置。支架顶部张拉端共 2 台，均设置在东岸柱顶钢箱梁上，对称布置。

提升系统模型如图 9-31 所示。

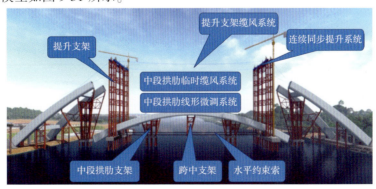

图 9-31　提升系统模型图

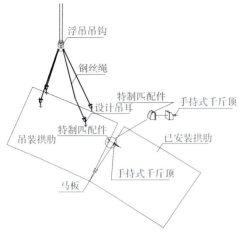

图9-32 拱肋对拉装置调整示意图

7. 中拱段桥位处低位拼装施工

中拱段由26个拱肋节段,8个横撑组成。采用一台660t浮吊和一台400t浮吊吊装至桥位处低位拼装支架上依次拼装焊接成整体。拱肋精确对位过程中,在拱肋接口位置设置对拉匹配件,通过千斤顶顶升或张拉精确调整钢箱拱肋至设计位置。

拱肋对拉装置调整示意图如图9-32所示。

中拱段安装施工前,预先在提升支架高桩承台上安设中拱段提升装置,接触面采用四氟乙烯滑板,全桥共4个。中拱段合龙段安装施工如图9-33所示。

图9-33 中拱段合龙段安装施工

8. 水平约束索、连续液压同步提升系统安装

中拱段整体提升前,安装水平约束索和连续液压同步提升系统。水平约束索由单束18根$\phi^s15.24$mm钢绞线组成,上下游各9束,全桥共18束,备用索4束,张拉端和锚固段在东西岸两侧中拱段提升装置上间隔布置。

中拱段水平索与竖向提升索安装施工如图9-34所示。

图9-34 中拱段水平索与竖向提升索安装施工

9. 监控点布设

在提升支架、中拱段支架、跨中支架、高桩承台、提升支架顶钢箱梁和中拱段上安装应力感应元件、变形监控点、水平倾角探头、风速风向传感器约200个，通过监控点数据的实时传输和人工辅助测量，实现对中拱段整体提升施工全过程监控。

应力采集箱人工辅助测量如图9-35所示。

图9-35　应力采集箱人工辅助测量

10. 中拱段整体提升施工(图9-36)

检查中拱段线形符合设计要求后，采用LSD液压同步提升系统整体提升中拱段拱肋至设计桥位处，采用线形微调系统对中拱段进行平面位置微调整。提升过程中连续同步液压提升千斤顶以360mm高度为一个循环进行。每台千斤顶配备有行程限位和位移检测，监测数据传输到主控台显示器上，实时对中拱段状态进行线形调整。

图9-36　中拱段整体提升施工

11. 中拱段整体提升施工

合龙段长4.7m(含0.1m配切长度)，待中拱段提升至设计桥位处后进行合龙口数据测量，下发合龙段配切数据进行合龙段配切，配切完成后，人工配合660t浮吊和400t浮吊吊装合龙段，完成主拱肋合龙。

合龙段分别在顶板处共设置2个吊耳，前吊耳底部左右两侧设置2块1.28m×0.15m×16mm钢板将吊耳处拱肋底板与拱肋肋间隔板焊接。每组吊耳各配置一条2.0m吊带，将前端的吊耳挂在浮吊大吊钩上，后端的吊耳挂在浮吊小吊钩上。浮吊将合龙段吊装至合龙口对位完成后，采用限位固定钢板配合千斤顶和手拉葫芦将合龙段精调至设计位置。

采用660t浮吊/400t浮吊同时吊装单个主拱肋合龙节段，先合龙下游右幅拱肋，再合龙上游左幅拱肋。660t浮吊吊装合龙段时自合龙口顶下放至合龙位置实现合龙，400t浮吊吊装合龙段时自合龙口底以上3m平推进入合龙设计位置，实现合龙。

合龙段安装前,需要对中拱段进行平面位置微调整及临时锚固。在 N_5 内侧腹板顶部倒角处焊接锚固端钢板,张拉端交叉设置在对应的横撑1顶板处。在横撑1顶板上焊接张拉端操作平台,安置100t手持式液压张拉千斤顶,全桥共4组,配合中拱段缆风系统,统一调整中拱段的平面位置。

合龙段安装微调示意图如图9-37所示,合龙段安装施工如图9-38所示。

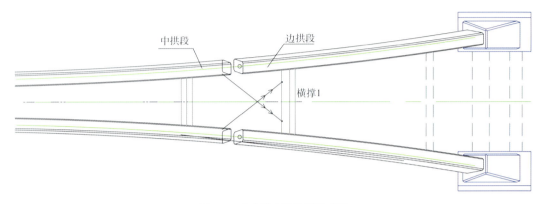

图9-37 合龙段安装微调示意图

图9-38 合龙段安装施工

12. 智能监测指挥系统互联网技术

为了及时掌握中拱段整体提升过程中各构件受力状态,降低施工风险,在中拱段整体提升施工前开发了官塘大桥主拱提升智能监测指挥系统,通过施工现场安装的风速仪、温度传感器、应力感应元件实现数据实时采集,可对施工过程中风速、温度及支架应力应变数据实现实时监测,通过设定预警值,可对施工过程中异常情况实时预警、报警。该系统以数值及三维仿真动画形式直观动态呈现,关键部位现场监控视频实时传送,不仅降低了施工风险,还大大节约了人力、物力。

智能监测指挥系统界面如图9-39所示。

13. LSD液压同步提升控制系统技术

LSD计算机控制系统是LSD液压同步提升控制系统的核心,其由主控计算机、现场控制器、传感器、通信单元及相应的数据线组成。其中,连续同步提升系统采用 LSD 连续同步提升原理,该原理是 PC 控制端通过数字信号传输至液压泵站,液压泵站通过油压传送至连续液压千斤顶,千斤顶再通过油压反馈传送至 PC 控制端。提升过程中,仅由 1 名系统操作人员通过软件操作,即可实现中拱段整体提升施工。

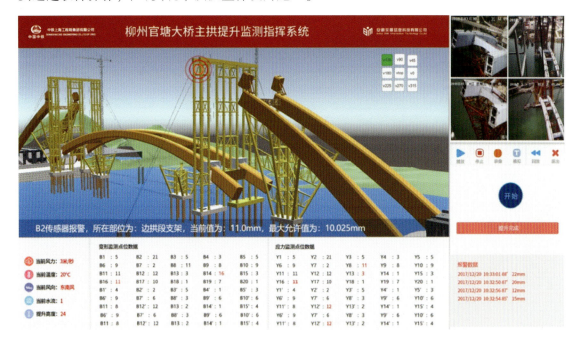

图 9-39　智能监测指挥系统界面

LSD 液压同步提升控制系统原理如图 9-40 所示,控制系统操作界面如图 9-41 所示。

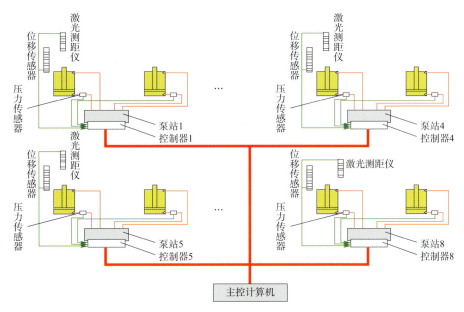

图 9-40　LSD 液压同步提升控制系统原理

七、正交异型桥面板流线型扁平钢箱梁安装施工技术实施

（1）无索区钢箱梁拖拉支架施工。

东西岸无索区梁段 1～3 号、42～44 号钢箱梁采用拖拉支架法施工。拖拉系统钢管支架主要由支撑立柱钢管和横联钢管组成，立柱钢管内设置钢筋笼并嵌入岩层后浇筑。无索区钢箱梁安装拖拉支架如图 9-42 所示。

（2）立柱钢管接长采用连接板连接，管顶设置十字加劲板，分配梁焊接于钢管顶部钢板上，分配梁上部设置调节钢板支垫，滑道梁与调节钢板焊接，并在滑道梁顶部焊接不锈钢滑板。钢箱梁安装前，先在不锈钢板上涂抹黄油，并在对应钢箱梁底板的位置放置 MGE 滑板，最终形成滑道。

图 9-41　控制系统操作界面

图 9-42　无索区钢箱梁安装拖拉支架

四氟乙烯滑板与拉锚器如图 9-43 所示。

图 9-43　四氟乙烯滑板与拉锚器

（3）无索区钢箱梁段拖拉施工。

在南北侧交界墩盖梁处各预埋一根 PVC 管形成张拉孔，采用 ZLD-20t 级自动连续千斤顶作为牵引装置。拉锚器作为牵引钢绞线的固定端，焊接在钢箱梁在底板前端两侧，无索区

每节钢箱梁各焊接两组。横向限位装置焊接在无索区钢箱梁底部,每节钢箱梁各焊接四组,用以限制钢箱梁在拖拉过程时的偏移,如图9-44所示。

图9-44 无索区钢箱梁拖拉施工

浮吊将首节钢箱梁吊装至拖拉支架前端,由拖拉系统将钢箱梁拖拉至设计里程,并通过横向精调系统调整钢箱梁平面位置满足设计要求,最后由竖向千斤顶调整首节钢箱梁顶面同一横断面处两侧的监控点位高程一致,以同一横断面处高程最大值作为控制高程,在高程低的滑道梁处塞垫钢板密实。完成后下落千斤顶,钢箱梁重新由滑道梁进行支撑。此后剩余的无索区钢箱梁节段高程,以首节钢箱梁的高程为基准,顺接对位,高程不足的地方仍在滑道梁处塞垫钢板。

每一节钢箱梁高程调整完成后,先采用限位固定钢板以一定间距将节段间的环缝固定,然后再进行环焊缝焊接,如图9-45所示。

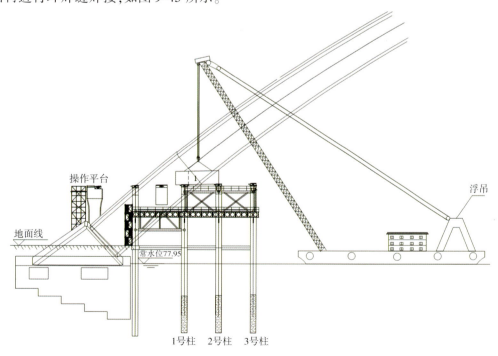

图9-45 浮吊吊装首节钢箱梁示意图

(4)无索区梁段顶升落梁施工。

无索区钢箱梁顶升落梁采用 LSD 连续液压同步顶升技术,施工工艺流程:千斤顶、防坠墩布设—滑道梁与钢箱梁限位割除—钢箱梁顶升 2cm—抽出滑道梁上部垫板—滑道梁与 7.8cm 垫板脱离—滑道梁采用导向滑轮由浮吊拖拉拆除—千斤顶分级下落—钢箱梁落位支座。

滑道梁拖拉拆除示意图如图 9-46 所示。

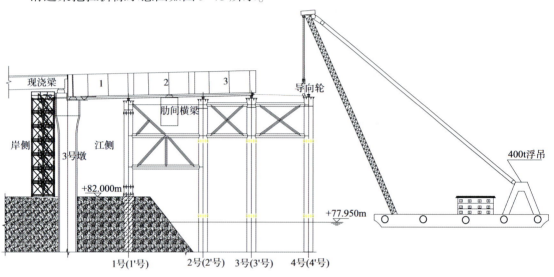

图 9-46　滑道梁拖拉拆除示意图

(5)桥面吊机。

本工程标准节段和合龙段采用柳州欧维姆机械制造公司提供租赁的 QMDJD1650 型步履式桥面吊机进行安装施工,其结构主要由吊机主体桁架、行走机构、支锚机构、调位系统、吊具、提升千斤顶、收放线装置、液压泵站及电气控制系统组成。桥面吊机、吊具结构示意图分别如图 9-47、图 9-48 所示。

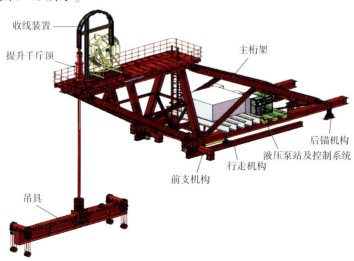

图 9-47　桥面吊机结构示意图

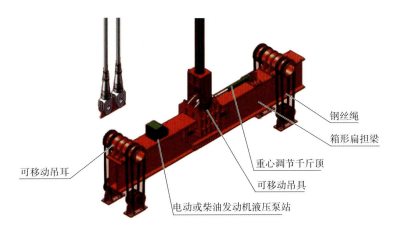

图9-48 桥面吊机吊具结构示意图

使用该桥面吊机有以下优点：

①起吊系统性能可靠，结构简单，安拆方便，操作方便。

②桥面吊机不受潮汐、波浪的影响，且在风速为20m/s(7级风)的情况下仍可进行吊装作业。

③前支点和后锚点的位置可根据现场情况改变，易于调整；通过主桁架前倾距离，微调提升千斤顶位置，使得待安装梁段与已成梁段缝宽可控；千斤顶的液压设备由中央系统控制，可将梁段左右高低差控制在50cm以内，便于梁体安装。

④根据钢箱梁重心位置调整吊具，使得被吊梁段起吊时其纵坡已初步满足要求，便于梁段安装。

⑤吊具采用柔性吊带和卸扣与吊耳销接，连接方便、省力、快捷。

(6) 标准梁段吊装施工。

标准梁段桥面吊机安装施工工艺流程为：桥面吊机前移就位—运输船转运钢箱梁抛锚定位—吊具下放—吊点连接—钢箱梁起吊—钢箱梁粗对位—吊索与钢箱梁连接—钢箱梁精调—限位固定钢板焊接—环焊缝焊接—连接板安装—吊索索力精调—下一循环。

桥面吊机吊装钢箱梁节段安装如图9-49所示。

每一节段钢箱梁安装前，应根据监控指令确定钢箱梁预抬值和相应吊索张拉力值，桥面吊机吊装钢箱梁线形至目标值后，进行钢箱梁匹配件安装及固定钢板焊接，然后进行钢箱梁环缝焊接。环缝焊接过程中吊索与钢箱梁栓接但不张拉，环缝焊接完成后张拉吊索调整吊索索力至目标值，经监控测量并符合要求后，桥面吊机前移进行下节段钢箱梁安装施工。

(7) 合龙段吊装施工。

23号钢箱梁为合龙段，该节段全宽44.5m，中心高3.5m，沿桥轴线方向长度8.5m，质量约为158t。此时22号钢箱梁桥面吊机吊具与钢箱梁吊点脱离不拆卸，使用24号钢箱梁上桥面吊机进行23号合龙段的安装。钢箱梁合龙段安装效果图如图9-50所示。

合龙段安装前，对合龙口应进行至少24h的连续观测，并于当天早上5:00前下发配切数据。为利于合龙段安装，配切时根据监控指令将23号梁配切为梯形，即顶板比底板在顺桥向方向长度每侧小2cm，同时22号和24号钢箱梁合龙口配切与23号钢箱梁匹配。由于合龙段配切安排在白天，为避免因温度影响配切数据准确度，在合龙段配切前应根据配切数据采用石笔画线,画线完成时间在早 8:00 前。

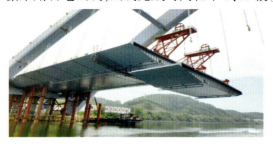
图 9-49　桥面吊机吊装钢箱梁节段安装图

图 9-50　钢箱梁合龙段安装效果图

为保证 23 号钢箱梁节段安装过程顺利进行,桥面吊机吊装过程中利用已预先安设好的手拉葫芦对 23 号钢箱梁节段进行平面位置调整,利用螺旋式千斤顶进行钢箱梁环缝调整至满足设计及规范要求。

环缝焊接完成后,将桥面吊机受力全部卸载完成,并进行吊索索力调整,将吊索下放至吊索张拉前已标记好的线,即完成主桥钢箱梁安装。

第四节　科 研 成 果

(1)"提高空中异形钢箱拱肋安装速度"QC 获得 2018 年广西工程建设 QC 小组活动一类成果、2018 年度中国中铁股份有限公司优秀质量管理小组、2018 年广西工程建设 QC 小组活动一类成果。

(2)"柳州官塘大桥主拱提升智能监测指挥系统"荣获中国施工企业管理协会 2017 年度工程建设行业互联网发展优秀实践案例。

(3)"大跨度内倾式钢箱拱桥主拱肋安装施工关键技术"荣获 2018 年首批交通建设科技成果一等奖,达到"国际领先"水平。

(4)柳州市官塘大桥荣获得广西壮族自治区建筑信息模型(BIM)技术应用试点项目、广西壮族自治区建筑信息模型(BIM)技术应用技能大赛三等奖、广西壮族自治区第二届"八桂杯"BIM 技术应用大赛一等奖。

(5)"柳州官塘大桥主拱提升智能监测指挥系统"荣获国家级软件著作权。

(6)形成"一种内倾式钢箱拱桥拱肋的整体提升装置"(专利号:ZL201610596734.X)、"一种透水性地质大型拱桥基础的施工方法"(专利号:ZL201810117123.1)等 43 项发明专利、实用新型专利。

第十章　柳州市凤凰岭大桥

第一节　工程概况

一、桥梁简介

柳州市凤凰岭大桥位于鹧鸪江大桥与河东大桥之间,西起柳北区跃进路东至河东新区规划路,全长 1569.1m,进一步强化河东新区与柳北区的交通联系。

凤凰岭大桥计划建成于 2020 年。其机动车设计荷载,城-A 级;道路等级,城市主干路。凤凰岭大桥桥型如图 10-1 所示。

图 10-1　桥梁成桥图

主桥桥面宽度为 46.6m(0.4m 廊桥立柱 + 3.25m 人行道与观景台 + 2.5m 非机动车道 + 1.5m 廊桥立柱与立柱与护栏 + 0.25m 侧向净宽 + 11.5m 机动车道 + 0.25m 侧向净宽 + 0.5m 廊桥立柱与护栏 + 2.5m 非机动车道 + 3.25m 人行道与观景台 + 0.4m 廊桥立柱)。主桥为(96 + 124 + 130 × 3 + 90)m = 700m 等高连续组合梁。主桥采用 18 根 φ1.8m 钻孔灌注桩,在河中段采用高桩承台,承台为尖端形,横桥向宽 39.5m,纵桥向宽 6.48m、高 3m;墩身采用多边形截面空心墩,外轮廓尺寸横桥向宽 38.5m,纵桥向宽 5.5m,壁厚 0.8m,高度为 11.606 ~ 20.297m。桥梁上部布置五座桥塔,桥塔形式各不相同:四边塔楼(27.8m)位于主桥两侧,渐进为六边塔楼(36.8m),中间最高为八边塔楼(41.8m)。主梁采用双箱单室组合梁,桥梁中心线处梁高 6.5m,桥面全宽 46.6 ~ 48.6m,设双向 2% 横坡。

凤凰岭大桥主桥横断面图如图 10-2 所示。

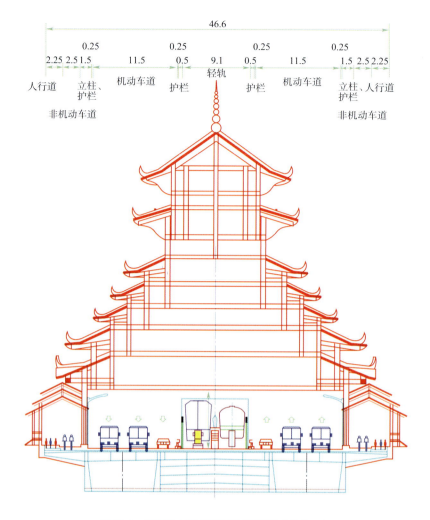

图 10-2 凤凰岭大桥主桥横断面图(尺寸单位:m)

二、桥址水文与地质

根据柳州水文站实测资料统计,柳江柳州河段洪水多发生在每年 6～7 月份,出现机遇约占 70% 以上,5、8 月份出现机遇基本相当,各占 10% 以上,10 月也偶有洪水发生。历史年最大洪水发生于 1996 年 7 月 19 日,水文站最高水位 92.96m(黄海下同),相应最大流量 33700m^3/s,历史年最小洪水发生于 1963 年 8 月 4 日,其最高洪水位 74.10m,相应最大流量仅 4590m^3/s,历史洪水最大水位差 18.86m,大洪水年洪峰流量可达小洪峰流量 7 倍以上,变化甚大。

桥址区域地质构造较为稳定,第四纪以来未发现有明显的新构造运动迹象,因此,场地在构造上是一个相对稳定区域。两岸地面起伏较为平缓,地面上未发现塌陷、地裂等不良地质现象;覆盖层中卵石层较厚,下伏基岩裂隙较发育,岩体较破碎,易溶蚀风化,溶蚀现象比较发育,局部形成强中风化深槽,在局部发现较大溶洞。

桥址处柳江水文图如图 10-3 所示,桥址处地质图如图 10-4 所示。

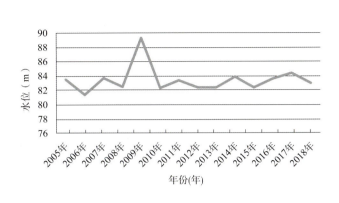
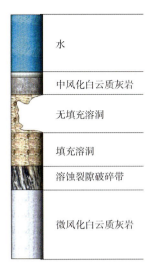

图 10-3 桥址处柳江水文图　　　　　图 10-4 桥址处地质图

三、主要工程数量

本桥梁工程施工范围:桥梁工程,包括桩基、承台、墩(台)身、风雨楼、东岸连续梁、西岸连续梁、主桥叠合梁、附属工程等;路基工程,包括挡土墙、土方、级配碎石、碎石稳定层、沥青混凝土、轻质泡沫土等。其主要工程数量见表10-1。

凤凰岭大桥主要工程数量　　　　　　　　表 10-1

序号	部位		结构名称	单位	数量	备注
1	凤凰岭大桥	主桥工程	边墩 φ1.5m 钻孔灌注桩	根	36	
2			中墩 φ1.8m 钻孔灌注桩	根	90	
3			6.48m×39.5m×3m	个	5	中墩承台
4			6.25m×39.5m×3m	个	2	边墩承台
5			5.5m×38.5m×h	个	5	中墩
6			4.0m×38.5m×h	个	2	边墩
7			钢箱梁	t	19196	不含桥上部风雨亭等结构
8			塔楼	座	5	
9			桥面板	m³	5687.5	526 块
10		引桥工程	φ1.5m 钻孔灌注桩	根	64	
11			承台	个	14	
12			墩台身	个	14	
13			现浇梁	m	220	
14		道路工程	西岸接线道路	m	87	
15			东岸接线道路	m	176	
16			B、C 匝道	m	434.2	
17		挡土墙	扶壁式、悬臂式挡土墙	m	728.5	

四、参建单位

业主单位:柳州市城市投资建设发展有限公司;
设计单位:中铁大桥勘测设计院集团有限公司;
监理单位:中铁一院集团南方工程咨询监理有限公司;
施工单位:中铁上海工程局集团有限公司。

第二节 工程(技术)重难点与创新

一、工程重难点分析与对策

在工程施工前通过调查,结合现有施工经验,本工程的重点、难点及对策见表10-2。

凤凰岭大桥工程重点、难点及对策　　　　　表10-2

序号	工程重难点分析	对　　策
1	1.本项目包含700m跨江主桥、两岸引桥、主线道路、A桥梁匝道及B、C匝道等,工作内容较多。水中施工、钢箱梁大跨度顶推、桥面板预制安装、风雨楼施工等重难点工序较多,施工组织困难。 2.本项目主桥为跨江桥梁,水中施工较多,水中作业、材料运输困难,施工工艺复杂、工序众多,施工难度较大。 3.本项目工期为3年,需跨越3个柳江洪水期,水中施工工程量大,河床覆盖层薄、基岩面起伏等不确定因素多,跨洪水期施工度洪要求高: (1)钻孔平台、码头、钢栈桥等有190多根钢管钻孔桩; (2)施工期间跨柳江3个洪水期,洪水来势猛,涨幅大	针对性解决措施如下: 1.对于水中施工、钢箱梁顶推等重难点工序施工前编制专项施工方案,邀请专家评审后组织实施。施工时,采用专业性作业队施工,提高工作效率。 2.针对各个主体结构特点,采取针对性解决措施:设置水中栈桥,满足水中构筑物材料运输需求;在水中墩位置设置钻孔平台满足水中桩基施工需求;水中桩基采用冲击钻机成桩;水中承台采用双壁钢吊箱施工;墩身采用大型模板现浇施工;钢箱梁采用在西岸设置梁场现场组拼,设置顶推支墩,步履式顶推施工。 3.在2018年洪水来临之前,组织水中栈桥、钻孔平台等水中构筑物施工,减少施工准备时间,确保在2019年洪水期来临前完成所有水中下部结构施工,为后续工序提供工作面。钢吊箱在钢箱梁场分层制作,分层安装钢吊箱,施工水中承台、墩身等。焊接平台、钢箱梁制造与水中承台同步施工

续上表

序号	工程重难点分析	对　策
2	溶蚀地质钻孔桩施工不确定地质因素多、难度大。 1. 水中中墩共有54根φ1.8m钻孔灌注桩，岸上中墩共有36根φ1.8m钻孔灌注桩。 2. 场区岩溶发育具有不均匀性、无规律性，溶洞（槽）、裂隙破碎带等岩溶不良地质现象均有发育，为典型的溶蚀地质	针对性解决措施： 1. 搭建栈桥，满足混凝土罐车在上面行车条件，设置钻孔平台，采用冲击钻机施工。 2. 编制溶蚀地质钻孔桩施工方案，进行试钻验证工艺流程，并组织专项评审。 3. 加强冲击钻机固定措施和钻孔平台的稳定性措施，做好施工过程的垂直度监控。 4. 采用隔桩钻孔，加强泥浆配置与循环利用，配置泥浆船和清渣船。 5. 配置浮吊进行钢筋笼安装、护筒安装，减少吊装焊接工作保证施工质量和安全。 6. 严格执行斜面入岩、溶洞处理的工艺细则，根据地勘资料制定针对性溶洞处理方案，加强施工过程管理，提高溶洞处理效果。 7. 采用商品混凝土，混凝土罐车运输至桩位，保证混凝土浇筑的连续性，水下混凝土浇筑采用大直径导管。 8. 钢护筒下端下沉至岩面，并与岩面紧密贴合
3	主梁为等高双箱组合梁，梁高6.5m，顶板宽46.6m，底板宽2×13.61m，钢箱梁总重约为16940t。主梁的制造、运输及安装施工是本项目的难点及重点。 1. 梁段结构尺寸较大，由拼装场至顶推焊接平台，梁段运输及竖向提升施工难度较大。 2. 柳江为Ⅱ级航道，航道净宽、净宽要求较高，顶推支墩跨度必须满足既有航道通行要求，利用栈桥平台支墩接高作为顶推支墩，顶推最大跨度达112m。 3. 钢箱梁为双箱组合梁，宽度达46.6m，顶推长度达700m，精度要求高，顶推施工难度大	针对性解决措施： 1. 编制钢箱梁制造和安装的专项方案，联系海事、航道等部门确定，组织专家评审后实施。 2. 组织经认证的操作工人制造，进行焊接工艺评定，组织专家评审后正式开始制造；加工制造严把原材料关、下料关、运输关和焊接关。 3. 钢箱梁在工厂制造板单元，水路和陆路运输至现场组拼。钢箱梁加工场设置在西岸引桥位，试拼、总拼完成后，通过模块车运输至拼装平台焊接。 4. 钢箱梁焊接平台顺接桥梁主线，拼装焊接平台设计长度（顺桥向）为96m，宽度（横桥向）为48m。焊接平台设置防风、防雨、防火措施。 5. 焊接平台处设置龙门吊栈桥及1台50m/200t龙门吊，钢箱梁分为2个单箱室及1个中翼缘板共3个部分，采用龙门吊垂直吊装上焊接平台，先组拼成双箱室结构，再焊接环向焊缝，焊接完成后顶推安装。采用龙门吊垂直运输至焊接平台上组拼，焊接完成后顶推安装。 6. 由于钢箱梁为双箱组合梁，整体横向刚度较小，采用4条滑道步履式多点连续顶推法安装。 7. 利用既有钻孔平台支墩接高作为顶推支墩，水中顶推支墩采用设计桥墩上设置步履式顶推设备，支墩最大间距112m，满足Ⅱ级航道通航需求。满足80m单孔双向通行航道要求。 8. 步履式顶推装置采用多点自平衡顶推工艺，顶推装置具备水平及竖向两套千斤顶系统，可通过横向千斤顶调整纠偏，确保钢箱梁顶推线形及平面位置与设计一致。 9. 每8节段为一轮，在焊接平台上焊接一轮、顶推一轮。顶推前对顶推设备进行标定和试顶，细化顶推流程和协同指挥系统，并制定应急预案。 10. 设置60m长钢导梁，钢导梁与箱梁端部栓焊连接。顶推支墩间距较大，在第一轮次钢箱梁顶部设置锚点及塔架，通过钢绞线施加预应力锚固于第二轮次钢箱梁锚点上，改善钢箱梁顶推过程中受力。 11. 顶推过程中温度影响钢箱梁的长度，使支墩产生偏移，根据监测数据，利用约束索纠正支墩垂直度，保证支墩稳定

续上表

序号	工程重难点分析	对策
4	主桥PM7号、PM8号、PM9号承台为水中高桩承台,承台尺寸长39.5m、宽6.48m、高3m,水深约17m,水中墩工程量、施工难度较大,是本项目施工的难点。难点分析如下: 1.主墩承台为高桩承台,基底位于常水位以下3.5m,水下施工难度较大。 2.承台采用钢吊箱施工,吊箱尺寸较大,施工难度较大。 3.承台采用大体积混凝土施工,施工质量要求较高	根据设计图纸、现场环境特点,制定以下解决措施: 1.针对主墩承台结构设计特点,采用有底钢吊箱施工。钢吊箱顶高程设置在+86.0m高程,吊箱壁厚1.0m,底部设置2.0m厚封底混凝土,满足深水基础施工需求。 2.钢吊箱由有资质设计单位设计,采用Midas Civil、ANSYS等有限元计算分析,确保结构安全、稳定。施工过程做好钢吊箱监测,确保结构使用安全。 3.钢吊箱分为2层制作,首层钢吊箱在钢平台上组拼成整体后,群顶下沉。第2层钢吊箱拼装完成后,注水下沉至设计顶高程。 4.钢吊箱在桥位处安装完成后,浇筑封底混凝土。抽水至设计基底后,进行体系转换,最后以分层浇筑承台混凝土。 5.编制大体积混凝土施工方案,优化配合比设计。承台混凝土分层浇筑,设置冷却水管,降低水化热,采取大体积混凝土内部降温措施,保证混凝土质量
5	主桥钢箱梁顶桥面板为26cm等厚度混凝土桥面板,桥面板全宽42.16m,预制、安装施工是本工程施工重点。重难点分析如下: 1.桥面板设计混凝土标号为C50混凝土,现浇湿接缝为C50微膨胀纤维混凝土,预制板施工质量要求较高。 2.组合梁钢梁与混凝土的连接质量是关键,是质量控制的重点	针对性解决措施如下: 1.通过市场调查,确定优质原材料生产供应商,制定原材料,在商混搅拌站专门拌制。通过适配、实体试验,确定最优配合比。 2.加强原材料进场检验,对原材料、水、外加剂要求十分严格,混凝土拌和过程严格按照既定工艺控制。 3.采用定制模具预制,利用成品预制板检测软件,对进场每一套模具及每一块成品板按照暂行技术条件要求进行检验,严格控制检验精度,严格执行测量复核制度。 4.编制预制板养护专项施工作业指导书,对蒸养过程严格要求,板场采用自动蒸养控制系统控制预制板蒸养温度。 5.预制板提前1年预制,成品板必须经过存放6个月后才允许使用。 6.编制预制板专项安装施工方案,经过专家评审后实施。安装过程中,加强预制板施工的测量监控及安装质量卡控。 7.合理规划桥面板安装顺序,通过Midas Civil有限元分析软件建模,模拟安装施工工况,计算最合理安装顺序。由每跨跨中往墩顶负弯矩处对称安装。预制板安装完成,选取最佳温度、及时施工铰缝
6	钢箱梁桥面设置5座建筑物塔楼——风雨楼。风雨楼为本项目标志性建筑,采用轻钢结构,造型美观,构造极具特色,施工工艺复杂。其施工为本项目重点	针对性解决措施: 1.通过三江风雨桥等传统构筑物实地考察,查阅资料,充分了解侗族风雨桥精髓,使桥、亭、廊三者施工有机结合。 2.风雨楼屋架为轻钢结构,由在厂内制造、专业安装队伍安装。 3.风雨楼采用分层安装,单层按照柱、梁、屋架施工,并设置钢管临时支撑结构,使施工过程结构稳定,单层结构按设计安装完成后,灌注柱内混凝土。主体结构全部施工完成后,自上而下逐层安装屋面及装饰结构

二、工程创新点

凤凰岭大桥工程技术创新点具体见表10-3。

凤凰岭大桥工程技术创新点　　表10-3

序号	技术创新点	内容简介
1	深水钢吊箱施工	钢吊箱底高程为74.0m（常水位77.5），采用群顶门架+整体下浮方案安装双壁钢吊箱，保证钢吊箱下放精度
2	超宽叠合梁大跨度顶推施工	凤凰岭大桥主梁宽46.6m，总重16940t，最大顶推跨度为130m，采用超长钢导梁+步履式智能化顶推施工技术保证钢箱梁顶推精度
3	大型风雨楼信息化与模块化施工	为保证施工质量与工期，风雨楼采用BIM技术进行模块化分解与工厂加工，现场整体组拼

第三节　深水钢吊箱施工技术

一、概况简介

凤凰岭大桥主桥PM7号、PM8号、PM9号承台为水中高桩承台，承台尺寸长39.5m、宽6.48m、高3m。主桥水中承台底高程为+74.0m。承台施工选在柳江枯水季节进行，根据水文资料施工常水位为+77.5m。主桥水中承台采用双壁钢吊箱法施工。

凤凰岭大桥水中基础结构如图10-5所示。

图10-5　凤凰岭大桥水中基础结构图

二、深水钢吊箱下放施工

钢吊箱采用分块拼装、分节整体下沉法施工。钢吊箱在钢结构加工场内分块制作，平板车运送至施工平台，在拼装平台上组拼底模及首节钢吊箱，利用群顶门架系统下放入水。第二节钢吊箱直接在首节吊箱上对称拼装，群顶门架下沉。钢吊箱封底混凝土浇筑后，主墩承台采用大体积混凝土施工方法一次浇筑成形。

双壁钢吊箱分块及拼装顺序如图10-6所示。

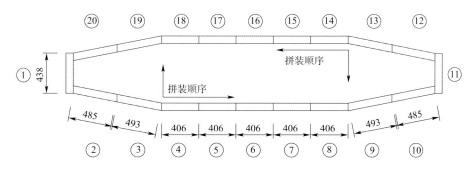

图10-6　双壁钢吊箱分块及拼装顺序示意图（尺寸单位：cm）

钢吊箱布置如图10-7～图10-9所示。钢吊箱底模构造如图10-10所示。

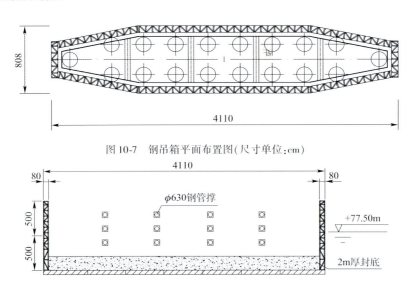

图 10-7　钢吊箱平面布置图(尺寸单位:cm)

图 10-8　钢吊箱立面布置图(尺寸单位:cm)

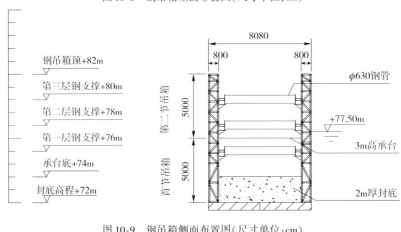

图 10-9　钢吊箱侧面布置图(尺寸单位:cm)

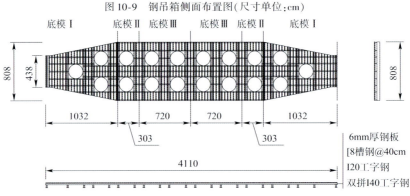

图 10-10　钢吊箱底模构造图(尺寸单位:cm)

主桥水中承台双壁钢吊箱设置3层内支撑。第一道内支撑设置在承台底以上2.0m,各层内支撑设置间距为6m(2m+2m+2m)。每层设置3道顺桥向的直角内支撑,内支撑均采用 $\phi 630\times 8mm$ 钢管制作,钢管两端设置1cm厚钢板,钢板与围堰模板之间设置双根I45工字钢作为围檩,围檩及钢管端头采用[20槽钢制成的牛腿托架焊接固定在吊箱壁上。

钢吊箱底模尺寸为41.1m×8.08m,用6mm厚钢板为面板满铺,预留出钻孔桩钢护筒位置,采用[8槽钢为小背肋,布置间距为40cm,以I20工字钢为大背肋,大背肋下设置双拼I45a工字钢,作为钢吊箱体的起吊支撑梁,其贴近桩基钢护筒两侧设置。每个吊箱的底模在钢结构加工场上分块制作,装运到现场,在拼装平台上组拼成整体,与首节钢吊箱焊接后一同下放入水。

钢吊箱采用8套50t千斤顶组成的群顶系统同步下放入水,群顶系统利用未拆除的钢护筒进行设置。护筒顶的垫梁采用双拼I45a工字钢,千斤顶底部跨梁采用双拼I45a工字钢,顶部扁担梁采用双拼I25a工字钢,采用PSB785、φ32精轧螺纹钢吊住钢吊箱底模,采用4个同步器同时给千斤顶供油,通过同步回油法逐渐下放钢吊箱。

群顶系统布置如图10-11所示。下放系统如图10-12～图10-14所示。

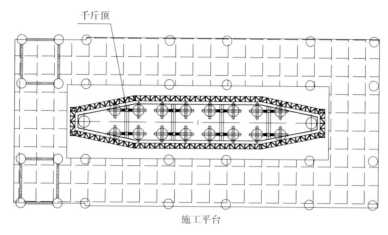

图10-11 群顶系统布置示意图

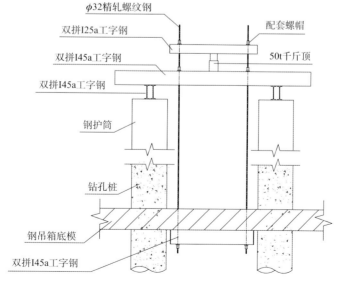

图10-12 下放系统立面图

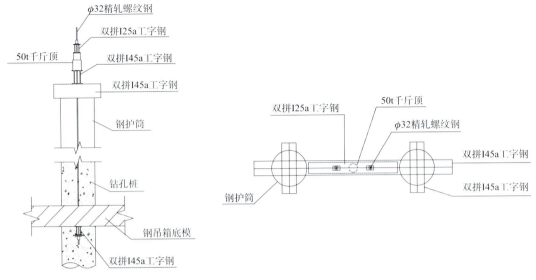

图 10-13　下放系统侧面图　　　　图 10-14　下放系统平面图

由于主桥水中承台施工属于本工程的关键工序，其直接影响后续主墩、钢箱梁的施工，因而在进场后必须尽快组织施工。主墩承台采用先桩基后钢吊箱施工的方法，在具备进场条件后，立即组织人员、机械进场，利用临时浮式平台进行钻孔平台 $\phi 1520mm$ 钢管桩的锚固入岩施工，搭设主墩钻孔桩施工平台，在钻孔平台上采用冲击钻机进行主墩 $\phi 1.8m$ 钻孔桩施工，桩基施工完成后拆除钢吊箱范围内施工平台，在外侧钢管焊接型钢钢架作为钢吊箱的限位架。

主墩承台钢吊箱主要施工步骤如下。

步骤一：在钢结构加工场分块制作钢吊箱和底模，通过平板车运送至施工平台上，采用 25t 汽车吊在拼装平台上分块组装钢吊箱底模和首节钢吊箱，焊接牢固。首节钢吊箱在拼装平台上组装如图 10-15 所示。

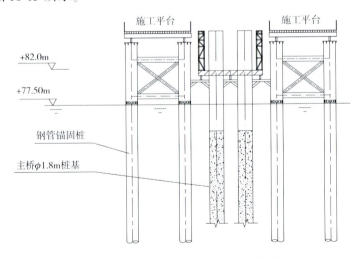

图 10-15　首节钢吊箱在拼装平台上组装图

步骤二:在护筒顶设置双拼工字钢垫梁,在工字钢横梁上布设 8 台千斤顶,吊住钢吊箱底模,拆除拼装平台后,使用群顶同步下放钢吊箱入水。首节钢吊箱群顶同步下水如图 10-16 所示。

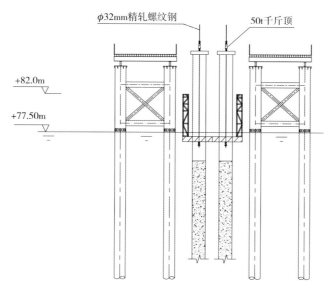

图 10-16　首节钢吊箱群顶同步下水

步骤三:首节钢吊箱下放入水后,由千斤顶底部双拼工字钢承担钢吊箱重量,与周围钢管桩和护筒临时连接稳定后,在首节钢吊箱上对称拼装第二节钢吊箱,如图 10-17 所示。

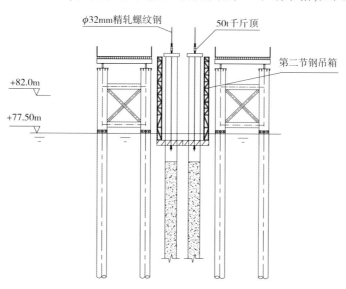

图 10-17　第二节钢吊箱在首节钢吊箱上拼装

步骤四:采用群顶系统继续同步下放钢吊箱,直至围堰底部达到设计高程,如图 10-18 所示。

步骤五:调整钢吊箱位置直至符合设计要求精度,利用钢护筒、工字钢及精轧螺纹钢支撑围堰重量后,拆除千斤顶,完成第一次受力体系转换,如图 10-19 所示。

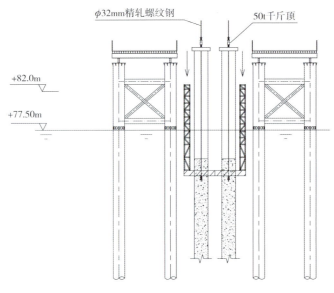

图 10-18　钢吊箱整体下沉到位

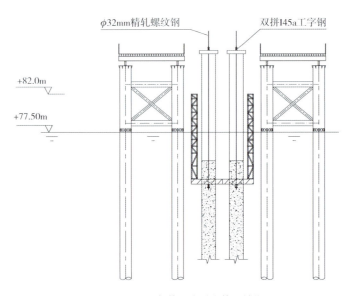

图 10-19　钢吊箱第一次受力体系转换

步骤六：浇筑钢吊箱水下封底混凝土,混凝土厚度 2.0m,如图 10-20 所示。

步骤七：待封底混凝土达到设计强度后,边抽围堰内的水边安装内支撑,逐层抽水逐层安装内支撑(图 10-21),在封底混凝土上设置横担,将钢吊箱重量作用在护筒上的力由横担分配至封底混凝土上,解除护筒受力状态,切除钢护筒,凿除桩头,完成第二次受力体系转换(图 10-22)。

步骤八：拆除第一层钢支撑,绑扎承台钢筋,浇筑承台大体积混凝土,如图 10-23 所示。

步骤九：待主墩墩柱浇筑到常水位以上时,采用水下切割法切除承台混凝土面以上的钢吊箱。

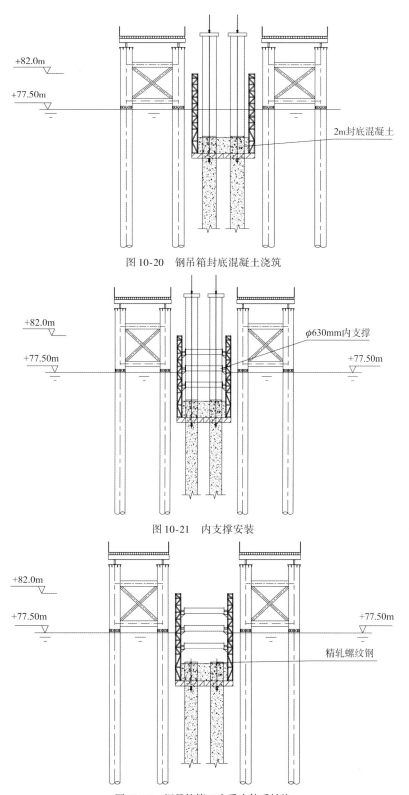

图 10-20　钢吊箱封底混凝土浇筑

图 10-21　内支撑安装

图 10-22　钢吊箱第二次受力体系转换

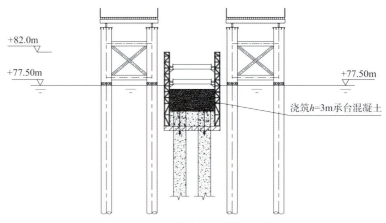

图 10-23 承台大体积混凝土浇筑

三、钢吊箱体系转换

钢吊箱围堰施工过程中,钢吊箱的受力情况产生两次转换。第一次:钢吊箱下放到位后,需在钢护筒上设置横梁,采用精轧螺纹钢设置吊点,将钢吊箱底模托起固定,将钢吊箱重量全部转换至钢护筒上。第一次受力体系转换见图 10-24。第二次:封底混凝土达到设计强度后,抽干围堰内的水,在封底混凝土上设置枕梁,将围堰重量传导至枕梁上,解除护筒上的受力状态,拆除钢护筒进行下一步施工。第二次受力体系转换见图 10-25。

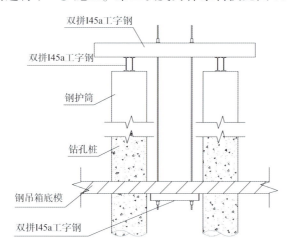

图 10-24 第一次受力体系转换示意图

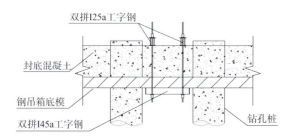

图 10-25 第二次受力体系转换示意图

钢吊箱受力体系的转换,需要通过设置吊点进行。两个钢护筒之间,设置两个吊点,每个墩共由 16 个吊点将钢吊箱及封底混凝土重量传导至桩基钢护筒上。上吊点采用双拼 I45a 工字钢组成,其下设置双拼 I45a 工字钢横梁架在钢护筒上,第二次体系转换时采用双拼 I25a 工字钢直接架设在封底混凝土顶面。下吊点作用在钢吊箱底模下的双拼 I45a 工字钢上。吊带采用 $\phi32$、PSB785 精轧螺纹钢,吊点位置根据钢护筒位置提前设计,并在钢吊箱下放前设置精轧螺纹钢吊带,精轧钢吊带长度不足时,采用配套连接器接长。

四、结论

针对凤凰岭大桥深水钢吊箱项目采用自动化群顶系统+自浮式下放方法,可有效保证钢吊箱下放精度。

第四节　超宽叠合梁大跨度顶推智能化施工技术

一、概况简介

凤凰岭大桥主梁为等高双箱组合梁,梁高 6.5m,顶板宽 46.6m,底板宽 $2\times13.61m$,钢箱梁总质量约为 16940t。采用步履顶推施工技术,步履顶推装置是一套集顶升、平移、横向调整于一体的顶推设备,实现结构的顺桥向、竖向、横桥向的移动或调整,从而保证顶推施工的顺利进行。

二、钢箱梁顶推支墩安装

在顶推支墩顶部设置步履顶推装置,步履顶推装置单个墩上布置 2 套,步履式顶推装置竖向千斤顶置于主梁腹板下方。步履顶推装置顺桥向两侧设置拼装钢箱垫梁,顶部设置钢垫梁结构,实现步履式顶推的顶升和落梁。

在焊接平台搭设钢管桩临时墩,设置 3 个顶推支墩,跨度为 36m+18(6 号墩)m。每个顶推支墩设置 8 根 $\phi1520\times10mm$ 的钢管。钢管顶部设置纵梁和横梁。顶推支墩 $\phi1520\times10mm$ 钢管,安装在钢筋混凝土扩大基础预埋钢板上。

步履顶推装置从西岸向东岸设置,7~10 号墩总共有 8 个顶推支墩,跨度为 72m+18m+112m+18m+112m+18m+112m+18m,临时支墩采用扩大基础,利用主桥桥墩施工平台钢管桩接高作为顶推支墩。

桥墩步履装置安装断面图如图 10-26、图 10-27 所示。

顶推支墩布置如图 10-28、图 10-29 所示。

顶推支墩顶部设置横梁及纵梁,横梁采用由 4 排工字钢组拼的钢箱结构,横梁与钢管端头板焊接;横梁顶部放纵梁,纵梁采用由 8 排工字钢组拼的钢箱结构。在纵梁顶部布置步履式顶推系统,两侧设有垫梁,垫梁采用双层四排 I56a 工字钢组拼的钢箱结构。垫梁顶部设置步履装置顶推过程中的钢垫梁结构。

顶推支墩顶顺桥向构造如图 10-30 所示。

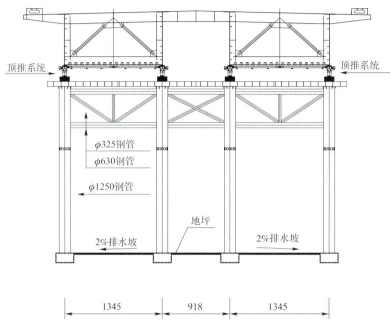

图 10-26　桥墩步履装置安装及支墩断面图(尺寸单位:cm)

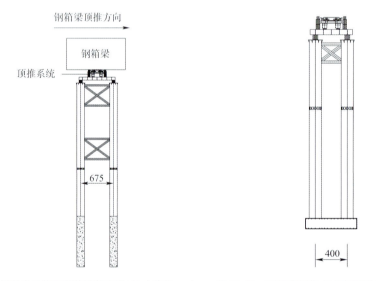

图 10-27　桥墩步履装置安装纵断面图(尺寸单位:cm)　　图 10-28　顶推支墩侧立面布置图(尺寸单位:cm)

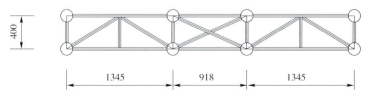

图 10-29　顶推支墩平面布置图(尺寸单位:cm)

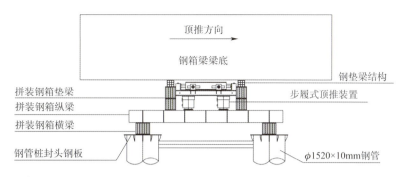

图 10-30 顶推支墩顶顺桥向构造图

顶推施工装备安装：

(1)施工装备能力需求及配置

主桥$(90+4\times130+90)$m$=700$m 连续组合梁钢主梁质量约 16310t。拟采用 2000t 级步履顶推装置,设备能力储备系数满足施工使用要求。

(2)性能参数

步履顶推装置是一套集顶升、平移、横向调整于一体的顶推设备,实现结构的顺桥向、竖向、横桥向的移动或调整,从而保证顶推施工的顺利进行。步履顶推装置如图 10-31 所示,顶升千斤顶与钢梁腹板对齐,步履装置与钢梁结构接触长度约 1.9m(>1.2m),满足要求。

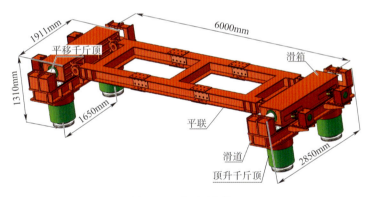

图 10-31 步履顶推装置

步履式顶推装置滑箱是支撑主梁的受力结构,上部放置 2~5cm 橡胶板或高密度木板,可以使主梁局部受力均衡;滑箱下部焊有不锈钢板,与滑道上的聚四氟乙烯板构成滑移面。聚四氟乙烯板上表面做成蘑菇头状,其间可涂硅油,降低滑移面摩擦阻力;滑道两侧布置 4 套带导向轮的纠偏装置,既可解决顺桥向的导向问题,又可解决横桥向的调整问题;4 台顶升千斤顶活塞头装有球头,可自适应小范围的坡度。

(3)动力及控制系统

BDT 步履式顶推系统包括五大结构、三大系统:滑箱结构、滑道结构、顶升千斤顶结构、平移千斤顶结构、纠偏装置结构;液压泵站系统、分控制系统及总控系统。系统利用"顶""推"的两个步骤交替进行,先将整体钢箱梁托起;再向前托送;之后将钢箱梁置于桥墩临时结构上;顶推油缸缩缸到底,继续实现下一个循环。通过顶推步骤的往复循环,最终将钢箱梁顶推到预定的位置。

步履式顶推配套液压泵站采用电动机驱动1台负载敏感变量泵,从变量泵输出的油液经过比例多路阀,由比例阀控制进入各个回路的油液的通断及流量大小。负载敏感变量泵根据比例阀阀芯的开口大小,调节其变量斜盘的角度,从而调节输出流量值,使之与比例阀的开口值相匹配,从而达到节能的目的。步履式顶推液压泵站如图10-32所示。

图10-32　步履式顶推液压泵站

控制系统采用分布式计算机网络控制系统,由1个主控台(工控机+组态软件)、若干个现场控制器、若干传感器、若干数据线及控制线组成。步履式顶推系统主控制台(图10-33)和现场控制器连成网络,如图10-34所示。

图10-33　步履式顶推控制系统主控制台

主控计算机根据各种传感器采集到的位移信号、压力信号,按照一定的控制程序和算法,决定油缸的动作顺序,完成集群千斤顶的协调工作。可对每个现场控制器进行远程控制,显示千斤顶顶的油压及位移;显示每个墩两侧顶升的距离;显示箱梁是否发生横向移位。可远程起动、停止泵站,远程调节泵站的流量、压力以及控制泵站完成各种动作。在联机状态下,所有的操作均由主控计算机完成,现场控制器只进行急停操作。系统具有数据保存功能和故障报警功能,在达到预先设定的行程或负载限制时自动停机。

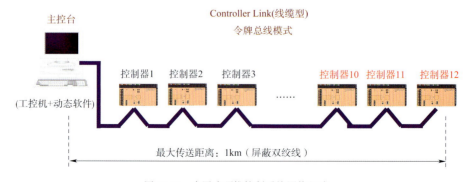

图10-34　步履式顶推控制系统网络组成

(4)控制系统的同步控制

①顶推控制策略是以位移控制为主,顶推力为辅。位移监控采用位移传感器,如图10-35所示。

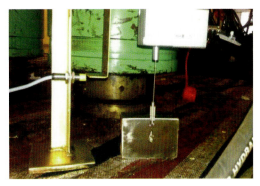

图10-35　步履式顶推控制系统位移传感器

同一桥墩上水平顶推同步控制:以1号千斤顶为主动点及比较基准(伸缸速度一定),2号千斤顶为随动点并与1号千斤顶比较。2号千斤顶的行程>1号千斤顶时(位移量差设定值为3mm),则减小该顶的比例阀流量;反之,则增大相应比例阀流量。同墩两侧顶推同步要求≤5mm。

不同桥墩上水平顶推同步控制:1号千斤顶为主动点及比较基准,其余桥墩的千斤顶与之比较。各墩千斤顶顶位移量差超过设定值(3mm)时则减小或增大相应的比例阀的流量。各墩顶推同步要求≤5mm。

②顶升控制策略是以位移控制为主,压力控制为辅的同步控制。

竖向顶举千斤顶将主梁顶离垫梁、回缩时将主梁下降回落到垫梁时保持同步。每套顶推装置安装4套位移传感器,同一墩台以一侧为基准,位移传感器安装在滑道和垫梁之间以检测顶升的高度,此过程同步精度控制在5mm之内。

每套顶推装置(4台竖向顶举千斤顶)上安装4个压力变送器,计算机可监测各受力点的荷载变化情况,准确协调整个系统的荷载分配。每个受力点的最高压力、同一桥墩上各受力点之间的最大压差可通过现场控制器、主控台设定。当荷载达到设定值时,系统会自动停机,并报警示意。

(5)顶推纠偏控制

由于存在荷载分布不均和摩擦力大小不一的客观性,当顶推过程中产生偏移现象,可以通过设置在滑箱侧面的纠偏千斤顶实现纠偏。在条件允许的情况下,采取限位的方式。

三、步履式顶推施工的主要步骤

步骤一:设备就位(图10-36)。

步骤二:竖向千斤顶顶升(图10-37),滑箱接触到桥梁。

步骤三:顶起桥梁(图10-38)。

步骤四:向前平移1个顶推行程(图10-39)。

步骤五:桥梁落于垫梁上(图10-40)。

步骤六:滑箱脱离桥梁(图10-41)。

步骤七:平移顶回程,进行下一次顶推(图10-42)。

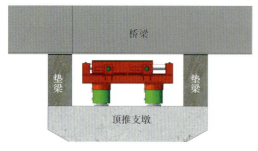

图10-36　设备就位

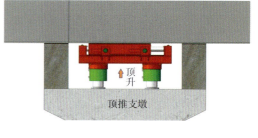

图10-37　竖向千斤顶顶升

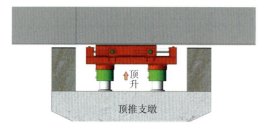

图10-38　顶起钢梁

图10-39　钢箱梁推进

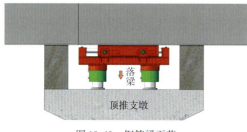

图10-40　钢箱梁下落

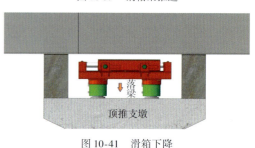

图10-41　滑箱下降

图10-42　回程,进行下一次顶推

四、导梁设计与安装

为顶推需要而设计的导梁,其作用为:①导向作用;②减少钢梁悬臂长度,减少支点处负弯矩。

为消除导梁前端下挠,方便导梁上墩,导梁前端设置空隙鼻梁利用设于临时墩顶上的千斤顶施以顶力起顶。

钢导梁同钢箱梁四道腹板对应布置,长度60m、宽度36.2m,钢导梁自重≤600t,钢导梁结构如图10-43、图10-44所示。

待钢箱梁顶推完成60m后,拼接后续梁段。之后进行临时塔架安装,塔架由8根φ630mm钢管和φ325mm钢管组成,φ630mm钢管作为主受力钢管,焊接在钢箱梁顶面,正对钢箱梁腹板。塔架高度24m,在塔架顶部对应安装有8个索鞍。在塔架前端40m、后端80m的位置,进行吊索安装并张拉。临时塔架结构、塔架安装纵断面分别如图10-45、图10-46所示。

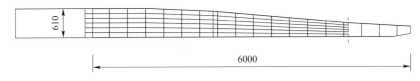

图 10-43 钢导梁立面布置图(尺寸单位:cm)

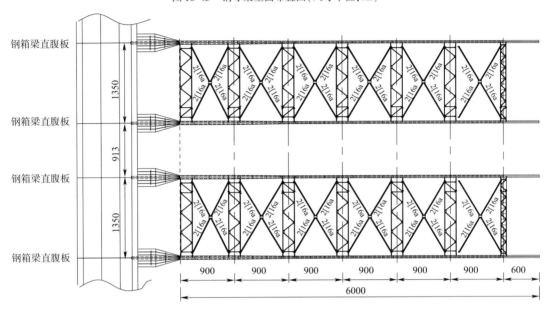

图 10-44 钢导梁平面布置图(尺寸单位:cm)

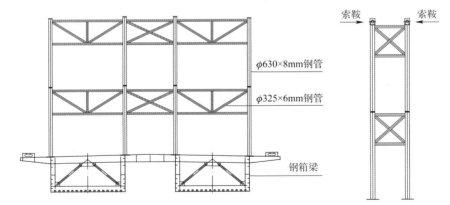

图 10-45 临时塔架结构图

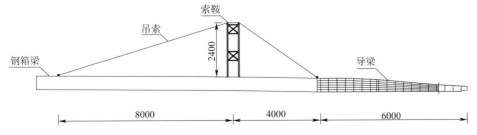

图 10-46 塔架安装纵断面图(尺寸单位:cm)

第五节　风雨楼施工关键技术

一、概况简介

凤凰岭大桥上部建筑通过桥面两侧两条长廊贯穿桥上五座景观性建筑物塔楼。建筑整体造型源自侗族风雨桥,桥、亭、廊三者有机的结合一体。五座歇山或攒尖顶式的桥塔之间等距布置。塔与塔之间通过等距的双斜坡式瓦顶桥梁连接。

攒尖顶的桥塔取宝塔造型,而后将之简化与美化,降低高度缩小层高,顶尖塑以侗族崇拜的葫芦,形成了似塔非塔的优美造型与独特风格,在青山绿水下显得轻盈庄重而又醒目别致。

桥塔设计横桥向采用单塔布置,五座桥塔顺桥向及横桥向宽度均为43.2m。桥塔形式各不相同:四边放在桥头,渐进的采用六边,中间最高的用八边,形成了强烈的韵律感,给人强烈的视觉感受。四边寨门采用五层,建筑高度29.2m;两侧边塔为五层,建筑高度40.635m;中央桥塔为七层,建筑高度46.385m。

塔楼效果图如图10-47所示。

图10-47　塔楼效果图

二、风雨楼模块化与信息化施工

桥上风雨楼采用BIM技术整体建模,根据现场起重能力分解成若干部位,进行集中化与预制化工厂加工现场组拼,保证施工质量与工期。具体施工步骤如图10-48所示。

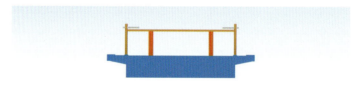

a) 步骤一:安装底层钢柱和钢梁及底层支架体系

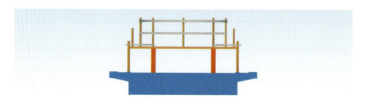

b) 步骤二:安装第二层及第三层钢柱和钢梁

图　10-48

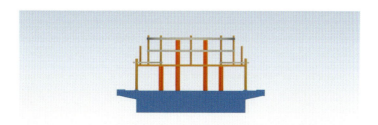

c) 步骤三：安装内层支架体系

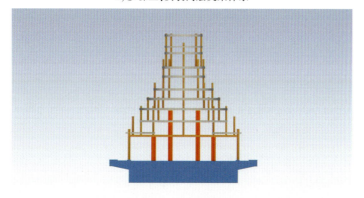

d) 步骤四：安装上部钢柱及钢梁

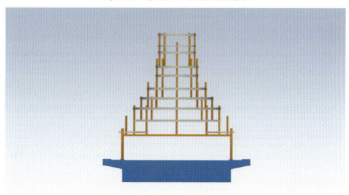

e) 步骤五：由上及下拆除支架体系

f) 步骤六：进行各层楼亭屋面檩条、基层、面板、立柱预埋件施工直至楼亭封顶完工

图 10-48

g)步骤七:楼亭黄色琉璃瓦安贴、楼亭喷漆装饰

图 10-48　施工步骤

第六节　科 研 成 果

BIM 在柳州凤凰岭大桥中的应用获得 2018 年建工杯优胜奖。

参 考 文 献

[1] 陈宝春,韦建刚,周俊,等.我国钢管混凝土拱桥应用现状与展望[J].土木工程学报, 2017,60(6).
[2] 安建峰.异形孔桥墩水力特性研究[D].南京:河海大学,2008.
[3] 邓联木,叶闽,王道增.天然河流中大尺度紊动结构的观测分析与雷诺应力计算[J].水动力学研究与进展,2001,6(16):187-192.
[4] 韦明吉.柳州市文惠大桥设计简介[J].广西交通科技,1996,21(2):11-13,18.
[5] 覃新育.新型吊索在柳州文惠大桥换索工程中的应用[J].煤炭技术,2008,27(5):151-152.
[6] 李亚东.亚东桥话,新浪博客,2018.
[7] 四川省交通厅公路交通勘察测绘研究院.柳州静兰大桥施工图.
[8] 中铁大桥勘测设计院集团有限公司.柳州白沙大桥施工图.
[9] 四川省交通厅公路交通勘察测绘研究院.柳州官塘大桥施工图.
[10] 上海市政工程设计研究总院(集团)有限公司.凤凰岭大桥工程施工图.